现代性研究译丛

启蒙面面观
——社会理论与真理伦理学

〔英〕托马斯·奥斯本 著

郑丹丹 译

商务印书馆
2007年·北京

© *Thomas Osborne*

ASPECTS OF ENLIGHTENMENT

Social theory and the ethics of truth

UCL Press, 1998

根据伦敦大学学院出版社 1998 年版译出

现代性研究译丛

总　序

中国古代思想中历来有"变"的智慧。《诗》曰："周虽旧邦，其命维新。"斗转星移，王朝更迭，上下几千年，"故夫变者，古今之公理也。"(梁启超)

照史家说法，"变"有三个级度：一曰十年期的时尚之变；二曰百年期的缓慢渐变；第三种变化并不基于时间维度，通称"激变"或"剧烈脱节"。这种变化实为根本性的摇撼和震动，它动摇乃至颠覆了我们最坚实、最核心的信念和规范，怀疑或告别过去，以无可遏止的创新冲动奔向未来。倘使以此来透视中国历史之变，近代以来的社会文化变革也许正是这第三种。

鸦片战争以降，随着西方列强船坚炮利叩开国门，现代性始遭遇中国。外患和内忧相交织，启蒙与救亡相纠结，灾难深重的中华民族在朝向现代的道路上艰难探索，现代化既是一种激励人建构的想象，又是一个迂回反复漫长的过程。无疑，在中国，现代性仍是一个问题。

其实，现代性不只是现代中国的一个问题，在率先遭遇它的西方世界，它同样是一个难题。鸦片战争爆发后不久，法国诗人波德莱尔以预言家的口吻对现代性做了一个天才的描述："现代性就是短暂、瞬间即逝、偶然"，是"从短暂中抽取出永恒"。同时代的另一位法国诗人韩波,则铿锵有力地呼吁:"必须绝对地现代!"如果说波德莱尔是对现代性变动不居特性的说明的话,那么,韩波的吁请显然是一种立场和态度。成为现代的,就是指进入现代,不但是形形色色的民族国家和社会,而且是千千万万男女个体。于是,现代性便成为现代这个历史概念和现代化这个社会历史过程的总体性特征。

现代性问题虽然发轫于西方,但随着全球化进程的步履加快,它已跨越了民族国家的界限而成为一种世界现象。在中国思考现代性问题,有必要强调两点:一方面是保持清醒的"中国现代性问题意识",另一方面又必须确立一个广阔的跨文化视界。"他山之石,可以攻玉。"本着这种精神,我们从汗牛充栋的西方现代性研究的著述中,遴选一些重要篇什,编辑成系列丛书,意在为当前中国的现代性问题思考提供更为广阔的参照系,提供一个言说现代性问题更加深厚的语境。所选书目,大多涉及现代性的政治、经济、社会和文化诸层面,尤以80年代以来的代表性学者和论著为主,同时兼顾到西方学术界传统的欧陆和英美的地域性划分。

作为一个历史分期的概念,现代性标志了一种断裂或一个时期的当前性或现在性。它既是一个量的时间范畴,一个可以界划的时段,又是一个质的概念,亦即根据某种变化的特质来标识这一时段。由于时间总是延绵不断的,激变总是与渐变错综纠结,因而关于现代性起于何时或终于(如果有的话)何时,以及现代性的特质究竟是什么,这些都是悬而未决的难题。更由于后现代问题的出现,现代性与后现代性便不可避免地缠结在一起,显得尤为复杂。有人力主后现代是现代的初期阶段,有人坚信现代性是一个尚未完成的规划,还有人凸显现代与后现代的历史分期差异。然而,无论是主张后现代性是现代性的终结,还是后现代性是现代性的另一种形态,它都无法摆脱现代性这个关节点。

作为一个社会学概念,现代性总是和现代化过程密不可分,工业化、城市化、科层化、世俗化、市民社会、殖民主义、民族主义、民族国家等历史进程,就是现代化的种种指标。在某种意义上说,现代性涉及到以下四种历史进程之间复杂的互动关系:政治的、经济的、社会的和文化的过程。世俗政治权力的确立和合法化,现代民族国家的建立,市场经济的形成和工业化过程,传统社会秩序的衰落和社会的分化与分工,以及宗教的衰微与世俗文化的兴起,这些进程深刻地反映了现代社会的形成。诚然,现代性并非一个单一的过程和结果,毋宁说,它自身充满了矛盾和对抗。社会存在与其文化的冲突非常尖锐。作为一个文化或美学概念的现代性,似乎总是与作为社会范畴的现代性处于对立之中,这也就是许多西方思想家所指出的现代性的矛盾及其危机。启蒙运动以来,浪漫主义、现代主义和后现代主义,种种文化运动似乎一直在扮演某种"反叛角色"。个中三昧,很是值得玩味。

作为一个心理学范畴,现代性不仅是再现了一个客观的历史巨变,而且也是无数"必须绝对地现代"的男男女女对这一巨变的特定体验。这是一种对时间与空间、自我与他者、生活的可能性与危难的体验。恰如波曼所言:成为现代的就是发现我们自己身处这样的境况中,它允诺我们自己和这个世界去经历冒险、强大、欢乐、成长和变化,但同时又可能摧毁我们所拥有、所知道和所是的一切。它把我们卷入这样一个巨大的漩涡之中,那儿有永恒的分裂和革新,抗争和矛盾,含混和痛楚。"成为现代就是成为这个世界的一部分,如马克思所说,在那里,'一切坚固的东西都烟消云散了。'"现代化把人变成为现代化的主体的同时,也在把他们变成现代化的对象。换言之,现代性赋予人们改变世界的力量的同时也在改变人自身。中国近代以来,我们多次遭遇现代性,反反复复地有过这样的深切体验:惶恐与向往、进步与倒退、激进与保守、激情与失望、理想与现实,种种矛盾体验塑造了我们对现代性的理解和判断。

现代性从西方到东方,从近代到当代,它是一个"家族相似的"开放概念,它是现代进程中政治、经济、社会和文化诸层面的矛盾和冲突的焦点。在世纪之交,面对沧桑的历史和未定的将来,思考现代性,不仅是思考现在,也是思考历史,思考未来。

是为序。

周宪 许钧
1999年9月26日于南京

献给 J.M.O.

人们思考的世界不同于人们生活的世界

——加斯顿·巴什拉

目　录

前言 …………………………………………… 1
致谢 …………………………………………… 10
导论：论启蒙性 ……………………………… 12
第1章　理性、真理及批判主义 …………… 37
第2章　科学启蒙面面观 …………………… 73
第3章　治疗启蒙面面观 …………………… 117
第4章　美学启蒙面面观 …………………… 160
第5章　质疑启蒙：福柯和韦伯关于真理
　　　　伦理学的论述 …………………… 198
第6章　启蒙主体：知识分子颂 …………… 232
结论：社会理论、社会学和批判伦理学 …… 273

参考书目 ……………………………………… 299
索引 …………………………………………… 323
译后记 ………………………………………… 336

前　　言

本书讨论了真理、批判主义和伦理学。它关注社会批判理论中针对各种反基础主义的后果所进行的争论，甚至肯定了——虽然是用特殊的方式——某些特定反基础主义的运用。本书关注社会科学和社会理论中的各种批判主义，以及这些批判主义的不同目标和结果。简言之，它首先关注的是启蒙问题。

我之所以想要写这本书，是因为对社会科学和当代社会理论论争所用的一些术语感到不满。对我来说，这些领域似乎被一种有点徒然的界限，用各种不同的方式划分为一些相互竞争的立场——基础主义和反基础主义、现实主义和相对主义、现代主义和后现代主义、感性(常常是德国的)理性主义和不负责任的(常常是法国的)后结构主义等等——就我所知，很多人都这样认为。这种情况产生了大量知识分子奇观，并倾向于相互嘲讽。本书决不是对这些立场经过研究的或学术性的判决。实际上，尽管启蒙这一观念没有什么原创性，但它既不试图对这些立场进行综合，也不是对它们的提升，而是更实用地，作为从总体上超越这些争论的实质内容而关注其他问题的一种方式，因此我们可以在真理和批判主义这样一些困难的问题上再像"成人"那样行事。

也许考虑本书目标的最佳方式是，把它看作是对米歇尔·福柯

2 启蒙面面观

的著名文章"什么是启蒙?"所提出的一些主题的一个扩展——我建议使用这个词汇。在那篇文章中,福柯提出,启蒙的观念应该被理解为一种总体的精神气质或态度,而非特定的教条(Foucault 1984a;参见 Foucault 1996)。本书实际上是对这种观点诸多后果的个人阐述。请注意,这种观点使得启蒙成为一个非常一般化的问题,严格说来,成为与启蒙时期①(the Enlightenment)诸问题不同的问题,后者指的是以一些著名人物的名字为代表的知识史上的一段时期,比如卢梭、伏尔泰或孟德斯鸠。

如果说福柯关于启蒙的某些思想激发了文中很多内容的话,我要强调的是,本书不是"福柯主义"著作,不论福柯主义意味着什么。无论如何,它决不是对福柯文本的抄袭或评论。本书甚至对福柯本人提到的也不是很多。我感到欣慰的是,本书唯一直接提到福柯的部分是第五章,不论福柯的追随者还是批评者都会在某种程度上被那一章所阐述的内容征服,这主要是因为第五章所展现的福柯不是寻常的、以往的、流行的那种形象。总之,吸引我的福柯形象并不是通常的福柯形象:颠覆性的欧陆哲学家、关于僭越的神秘先知、反传统的后结构主义者、关于权力的综合理论家、有关社会控制的功能主义理论家,或是关于总体控制性社会的阴郁先知。所有这些福柯形象都可以被遗忘。激发本书的福柯——时常是在幕后——更像个守口如瓶的动物:他是具有康德传统的伦理思想家、优秀的现代主义者而非赶时髦的后现代主义者,他是关

---

① 为区别文章中的 enlightenment 和 the Enlightenment,将前者译为"启蒙",后者译为"启蒙运动"或"启蒙时期"。——译者注

注"不成熟的"人文科学的严格而传统的历史认识论者,而且似乎最不可能的是,他甚至有点像个不那么成功的盎格鲁－萨克逊经验主义者。那么,这就不是淘气的、反叛的福柯,而是——正如我某次曾听说的——以自己面目出现的福柯。这个福柯形象迄今仍普遍不为人所知,不为人所想像,本书即是对这一福柯形象的敬意。

如今,我们把福柯当作职业的哲学家。然而他是将人们的特定注意力引向社会和人文科学的哲学家,这一点导致一些人认为福柯是社会学家。我认为这是个大错误——或者说,如果福柯是个社会学家,那么他也是特别糟糕的一个,这一点以后会逐渐明确。然而,另一方面,激发了书中后述章节内容的并非就是"哲学的"福柯。很多著作都把福柯当作哲学家来写,但是本书并非如此,这对那些在哲学领域训练有素的人来说是非常幸运的。实际上,就福柯实际上表现出来的形象而言,他首先表现的是社会、人类和其他科学的批评者而非哲学家。也就是说,他并不把这些科学作为一种原则,而是把这些科学的地位当作反思和质疑,甚至是自我质疑的持续来源。这并不是说我认为这些社会和人文科学的问题是福柯唯一的关注点,而只是说这些是本书所首要关注的问题。而且,这也解释了为什么读者会发现,本书对哲学和哲学家的讨论少于对社会理论有关议题的讨论,少于对这些议题的社会学解释的局限的讨论。

对本书接下来的内容来说,社会理论和社会学是很不相同的。社会学家一般考察被称为社会的东西,而社会理论家则不一定如此。如果说本书对各种社会学理论都很有批判性的话,这并不是因为它旨在成为那些试图使自己合法存在的自以为是的"理论"的一种,而是致力于发现这些理论解释一些特定问题时的局限。这就是为什么本书的大部分章节都包括对特定种类的社会学思想的各种局限的讨论,包括对我所说的"划时代(epochal)"社会学、"关于社会的科学"的观念以及激进或批判社会学的观念等各方面的讨论。本书并不谴责社会学,但是在试图用各种方式来揭示它的一些局限的时候,它确实在为使社会理论多少独立于这种社会学而开启一个空间。这并不是要抛弃社会学。比如说,我认为这种分离的效果主要是拯救"投射"(project)这样一个观念:也就是说,认为社会学和社会科学实际上应该有些用处,而不仅仅只是容纳着各种无意义的无端"解释"。可见,我并不希望谴责社会学——决不是——而只是要赞扬社会理论。

这可能是一种特殊的社会理论。也许本书很难说是对社会理论的传统操练(exercise①),这部分地是因为,社会理论似乎并不是我正描述的这种学科的非常恰当的名称,"批判理论"也许更适合。但是我一般没有使用它,因为这个词汇已经具有特定的内涵,因为它常常和非常特定的文学批判联系在一起,还因为它常常通用来指代特定流派的思想家。所以,只要这种"批判"元素被认为隐含其中,就不得不对"社会理论"这个词汇进行界定。但是,也许本书并不传统,因为它并不是那些对时代精神的宽泛诊断之一,也不是读者们在阅读社会理论著作时可能会期待的对所有对立思想的批

---

① "exercise"一词在本书中反复出现,尤其是后文与伦理有关的部分,多用这个词汇表达对自我的训练之意,根据行文需要多译为"操练"或"修炼"。——译者注

判性消灭。实际上,本书是对隐含在很多社会理论中的傲慢态度的批判。本书主张,社会理论这样一门学科——如果它要成为这样一门"学科"的话——应该致力于建构一套核心的、严格的概念体系。毫无疑问,社会理论可以用各种概念来表述,也可能涉及多方面内容。本书指出,其核心概念之一应该是——实际上确实是——启蒙的概念。本书确实是一次操练,力图构思一种研究启蒙问题的社会理论。

这里所构思的这种社会理论不同于欧陆——或欧陆派——体系宏大且雄心勃勃的理论化做法,甚至也不是我在此所勾勒的启蒙立场所暗含的思想,即,社会理论应该关注有关启蒙的实证"理论"的发展。正如我在本书结论部分所指出的,本书所阐述的社会理论应该把自己当作一种总体上依附性的学科来看待。我这么说并不是表示,社会理论,正像如今常常看到的那样,应该致力于无尽的令人沮丧的二手评论("福柯说……哈贝马斯说……哈拉维说……罗蒂说……"),而是说——毫无疑问这构成了它的"社会"方面——它应该对我们在启蒙方面的现存实践进行持续的田野工作。那么,考虑到已经存在或期望存在的各种启蒙形式,这种社会理论应该是依附性的。具有这样一种依附精神就解释了为什么一方面本书的核心章节(第二章到第四章)并不是对社会理论的评论,而是致力于对启蒙一些特定方面的选择性图景的构建,以及为什么,另一方面,本书那么大的篇幅都在关注实际存在的社会科学的一些趋势——因为一种"自主的"社会理论的主要功能应该是反思这些社会理论本身宣称它们针对特定启蒙所具有的地位。尽管这种依附性研究视角中很少牵涉甚至没有牵涉到哲学问题,但它有助于将我们在此对待启蒙问题的方式看作类似于研究后形而上学哲学的一些特定的宏大主题,比如意义、时间或思想问题时的研究思路。也就是说,并不试图对一个主题在理论上进行挖掘,而是在它被使用时对之进行描述。比如,我们并不把启蒙当作一个闲着的引擎来对待,而是在它工作的时候描述它。

这种研究思路主要被如下信念所引导,即,仅凭界定无法得到启蒙的最终界定。它一直如此。如果关于启蒙的理性主义模式不会对启蒙进行很好的界定——如本书所认为的——也并非一定要采纳比较非理性主义的观点,认为企图界定本身就是糟糕的。但是,我们要采纳一种特定的关于启蒙的唯名论思想,这种唯名论非常奇怪地导致一种现实主义,因为我们的唯一选择变得不是要对启蒙进行理论化,而是要对启蒙的工作状态进行勾画。然而,这并不是完全无意义的唯名论操练。实际上,它希望减轻我们在启蒙问题上的一些焦虑。

这些焦虑可以有很多名称。怀疑主义、相对主义、反基础主义和后现代主义是我们立刻能想到的典型代表。所有这些主义都指向关于启蒙问题的一个类似主题,它们使人忧虑,担心真理也许不再是过去之真理,因此,并非所有这些主义都在批判主义的范围之内。与这种焦虑有关的立场有两个讽刺性的表现方式,其一是满怀激情地支持这种立场,彻底赞同"什么都行"的后现代主义。另一种做法是全盘否定,抨击反对启蒙者,坚持理性的权力以及批判的权利。实际上,这些并不完全是讽刺。无论如何,本书并未采取前述任一方式,而是在这些问题上采取了双重标准。

首先,试图回避因为赞成或反对启蒙而受到攻讦,我在真理和批判主义问题上采取的是一种内敛视角。我所指的是这样一种视角,它认为事情并不一定都像它们在当代"理论"中所显出的那样激烈:这一理论视角试图为萦绕在社会理论和社会科学中的争论的极端性降温,提出我们至少要针对部分的既存实践来调整我们的观念。正像那些未经联合的社会主义者过去常常使用的口号,他们说自己"既不对华盛顿也不对莫斯科"效忠,本书的题词则可以简略地概括为"既非现实信仰主义也非后现代主义"。这并不是说本书是那些旨在告诉人们一些未经验证的"应该怎么做"的有计划的努力之一。相反,本书的基本论点之一在于,我们在社会和人文科学方面已经有很多好的实践,而且在理论中情况也并非如很多人所认为的那么糟——世界本身因为很多方面确实比较糟糕而对社会科学有很大的需求,理论界情况则与此不同——实际上,我们没必要总是担心天会塌下来。特别是针对社会理论而言,本书实际上是致力于重构一门本已存在的学科,而不是自以为是地试图白手起家重新创造社会理论,去对我们已经经历的所有事情进行猛烈批判,或是去重新评价所有的价值。

其次,本书讨论了启蒙批判态度的含义。我认为这样一种批判态度的观念应该是——实际上也确实是——社会理论的核心内容,而且这种观念需要和后现代反基础主义的诸多形态区别开来,并应该被看作是启蒙本身的一个内在方面。本书非常关注启蒙批判态度这一概念。也许这一概念最特殊之处就在于它是一个伦理概念。也就是说,指的是非常宽泛意义上的伦理学。由此可以回想福柯的观点——伦理学是一种精神气质而非道德。本书大量运用了真理伦理学、启蒙伦理学和批判伦理学等观念。

我们可以说伦理学概念在此处被利用来做了很多事情,也许太多了。但是本书既不是关于伦理哲学的书,也非提出一种特殊伦理或道德观点的伦理著作。使用伦理学观念的本意只不过是暗示我们所关注的诸多方面的一个总体空间。坚持对真理问题的伦理关注是要将这种关注方式与政治学或意识形态关注甚至是认识论关注相对比。这也是要强调内在于真理讲述或启蒙不同风格之中的困难,这样一些关注和它们作为前存在原则的运用一一样,也是一种"痛苦"。最后,也是最重要的,伦理学术语试图展示一些严格的有意的东西:也就是说,这些东西并非在其引导我们的各种生命行为的意义上说是"伦理的",而是相反,它可能牵涉到和日常生活的有意断裂。服从一种伦理意味着有意地而且有点人为地甚至以其他承诺为代价暂时退回到一种特定的承诺之中。关于持续启蒙批判的态度的观念恰恰在后一种含义上是伦理性的。

因为这样一种伦理关注,读者们会发现本书在有些地方很倾向于探讨教学和教育问题。本书并没有提供教育"理论",但是它确实试图讨论我们可能从传授社会理论这样的学科中期待得到怎样的价值或效果。这样说可能使这种讨论显得也许比它的本意要更加有计划性一些,有时候似乎显得像道德问题。但是我在谈伦理或"教育"关注这样一个观念的时候最关注的其实是任何与道德(morals)或道德体系(morality)有关的内容。本书并不提供任何一种道德体系,当然也不提供和启蒙有关的道德体系。关注伦理与假定一种有关个人自己的道德权威完全不是一回事。相反,它实际上是将那种态度——包括如今常常被称为"伦理"态度的那种政治态度,比如各种可疑的本质上具有说教意味的共产主义——坚定地重新放回被质疑的地位。如果本书主要是探讨关于质疑所有一切的精神气质,这并不是暗示关于这种无尽质疑的道德的一种枯燥的、自我沉醉的而且最终无意义的呼吁。如果我们传授这样一种东西,那几乎和一劳永逸地告诉我们的对话者,我们已经发现了最终对付和将真理本身控制在我们手心的正确的最终道路一样不负责任和不成熟。

致　　谢

实际上，本书后面所列参考书目仅仅只是最基本的标注，而并不全面。因此，我的首要责任是要感谢所有那些其著作被我借用来服务于自己目的而未被列入参考文献中的人们，如果我无意间这样做了，或者更糟的是，我甚至没有意识到自己这样做了，我对他们表示歉意。同时，格拉翰姆·伯切尔（Gramham Burchell）、科林·高顿（Colin Gordon）、艾恩·哈金（Ian Hacking）、艾恩·亨特（Ian Hunter）以及——最重要的人——尼古拉斯·罗斯（Nikolas Rose），他们无意中激发了本书的写作，而且他们很可能并不太愿意这么做。我贸然在此感谢他们——并未获得他们的同意，甚至他们谁也没有看过这本书——并非暗示他们赞同本书的观点，我甚至不敢说他们必然对本书哪怕有一点点兴趣。当然他们决不必为本书的任何不足负责。更明确的感谢——虽然感谢的是一些似乎和本书并非直接相关的事情——要给予安德鲁·巴瑞（Andrew Barry）、凯瑟琳·爱德华（Catharine Edwards）、阿兰·厄温（Alan Irwin）、朱蒂丝·奥斯本（Judith Osborne）、阿龙·里德雷（Aaron Ridley）、拉尔夫·斯克罗德（Ralph Schroeder）、乔治·大卫·史密斯（George Davey Smith）、朱蒂丝·斯奎尔斯（Judith Squires）、莉莎·塔姆林（Lisa Tamiln）、查理·特纳（Charlie Turner）、艾文·沃勒迪（Irving Velody），以及我无法忘怀的朋友伊凡·康纳(Ivan Connor),尽管他从未看过或得知本书的任何内容,他却可以在本书的一些地方发现他自己出现了。大卫·欧文(David Owen)通读了全文,我最感谢他的主要是他给我的很多具体的看法、概念、公式和参考。还要感谢詹姆斯·布朗(James Brown)和UCL出版社(University College London Press)的一位匿名评审,以及向我约稿的卡罗琳·温特斯吉尔(Caroline Wintersgill)——尽管她担心本书的标题会使我显得更像是安德鲁·洛依德·韦伯(Andrew Lloyd Webber)而非马克斯·韦伯(Max Weber)的支持者——她为本书的结构和争论提供了很多实质性的修改意见。我在布里斯托大学各位同事们对我的善待也使我感到自己对他们亏欠良多。尤其要感谢史蒂夫·玢顿(Steve Fenton),是他使我能够放假一段时间来撰写此书,因此也使得我能或多或少持续获益于萨缪尔(Samuel)和伊默根(Imogen)无可估价的知识灵感。

导论:论启蒙性

攻讦——否定性启蒙——启蒙批判——后现代主义——现实主义与启蒙——启蒙面面观——否定性人类学——启蒙伦理学

一个幽灵——启蒙,徘徊在社会科学领域。无论何地,"我们"被启蒙的程度问题都是争辩的焦点——不论这一"我们"是指"我们"现代人(或后现代人)、"我们"西方人、"我们"欧洲人,或者甚至就是指"我们"世界居民。对有些人而言,启蒙的观念本身就是虚构的东西,是各类文化专家和官僚们玩弄诡计的借口,这些人甚至可能迫使我们自由。另一些人则宣称,在这个充满暴力、剥削和绝望的时代,启蒙是我们唯一的希望,仅仅去批判启蒙就是故意向堕落屈服。但是不论我们认为自己是赞成还是反对启蒙,对所有关心我们所拥有或追求的知识的地位的人而言,启蒙的概念本身——这样一个概念所确定的关注范围——毫无疑问就是确定我们取向的关键点。即使启蒙这一词汇不常使用,情况依然如此。实际的情况是,只要人们意图争辩或纠缠于真理和权力、信念和伦理、知识和社会、专业知识和自由、表达和拯救等这样一些概念对子之间的关联,只要他们试图就这样一些问题采取某种立场——

就像所有社会科学工作者必须做的——人们就在谈论启蒙。至少从这个意义上说,后现代关于超越启蒙的说法显然是幼稚的,我们所有人都身处"启蒙性"之中。正如哲学家康德1784年在其关于这个主题的著名文章中所揭示的,我们不是生活在一个启蒙了的时代,而是生活在一个启蒙的时代:在这个时代,如果不能说启蒙是显而易见的既存现实,那它至少也是核心的文化追求之一(Kant 1970:547)。

本导论力图以简明、印象式的方式探讨启蒙问题,然后概述本书将要讨论的部分主要论题。什么是启蒙?为什么启蒙问题对社会科学和社会理论格外重要?从最宽泛、最一般的意义上说,启蒙指的是将理性应用于人类事务。启蒙是一个过程,通过这一过程,首先在自由的名义下,理性被运用于人类既存现实的各个方面。[2] 启蒙运动时期——一般指18世纪的法国启蒙运动——创生了现代人、社会科学以及他们的主要追求,并开始赋予自由以理性形式,将之作为社会的一个秩序化原则(Kumar 1979; Hamilton 1996)。启蒙运动的伟大思想家们都认为理性作为迷信和教条的对立面,是一个自由及公正社会的确定基础。社会科学主要寄寓于这一过程之中。实际上我们可以说,作为主体和客体,社会科学对启蒙有着双重兴趣。一方面,社会科学对自己作为启蒙的公认推动力量感兴趣;它们感兴趣的另一方面则是,自18世纪以降,现代社会的部分现实就是对启蒙的追求本身。

攻　讦

社会科学已经清楚地认识到这种双重关系难以理顺。一方面，奥古斯特·孔德理想中将取代哲学成为科学王国皇后的社会学显然并没有出现。社会学试图成为关于所有事物的"学问"的事实使得很多人觉得它非常可笑。无论如何，社会科学并没能把自己建构成启蒙了的社会必不可少的工具。另一方面，这些学科对启蒙的理念本身也有很多尖锐的批评。实际上，目前很多社会科学的实践者开始相信，启蒙的理念越来越表现为一种铁笼而非自由。因而在很多思想家那里，尤其是在那些信奉后现代主义的思想家那里，出现了力图逃脱启蒙逻辑、驳斥启蒙及其衍生物的挣扎。同时，如今人文科学领域的很多人会产生一种感觉，即自己陷于一场名副其实的启蒙政治学的攻讦之中。这是严格意义上的政治学，它建立在敌我之分的基础上。卡尔·施米特（Carl Schmitt）认为这种敌我之分正是所有政治学的核心，是一种要么赞成要么反对的决然逻辑（Schmitt 1996）。其结果是，社会科学及其他领域中那些不知在这一政治学中应采取何种姿态的人就感到非常焦虑。

这一政治学的固有困难之一在于启蒙这一概念的内涵本身似乎并不完全稳定。人们对它有不同的所指。我们来看看关于启蒙的这样两个版本：历史的和态度的。

启蒙运动有其历史问题，但这不是本书的主要论题，那些希望阅读关于启蒙运动思想的学术性内容的读者可以就此打住，转而寻找其他著作（Cassirer 1951；Gay 1966，1972；Hampson 1968）。当然,这些内容并非和我们的主题截然无关。比如,社会理论和社会科学中一个常见问题是,到底18世纪启蒙运动建立起来的那些原则今天在多大程度上依然有效,或在多大程度上已经无效。就是这样一个问题,也取决于我们如何来界定启蒙。对这个问题,首先要考虑的是,我们是取比较狭窄的视角,只关注卢梭、孟德斯鸠、伏尔泰以及1715年至1789年间法国先哲们的著作,还是采取宽泛得多的视角,不局限于法国这一地域,并根据历史分期,回到笛卡尔(参见 Gay 1972; Porter & Teich 1981; Hulme & Jordanova 1990: 3)。我们对启蒙运动的定义越宽泛,那些被选择来界定它的核心原则就越宽泛。这类界定中有一种认为,启蒙运动只是强调理性在社会和政治生活中居首要作用的那些思想的集合。启蒙运动思想家都鼓吹将理性运用于一切事物,热爱科学,信仰并投身于进步,怀疑所有的迷信和对生活的宗教化组织,坚信自由能够改进人类的生存状况,使人性前所未有地接近其本质。

我们可以按这种方式来看待启蒙,但是这种看法也有局限。其中一个根本性的局限是,它将——或试图将——启蒙看作一种实质的或特定的教条。如果我们用历史视角来看待启蒙及其遗产,这实际上是法国先哲们和其他一些人所采纳的特定视角。但是我们可能会因而被强烈地引向接纳关于启蒙单一的、核心的教条,而不是使用否定性的术语。理性本身就可能成为教条,理性主义本质上就是这种教条。但是在绝大多数情况下,如果不考虑在这个问题上后人所加的各种评注,启蒙思想家们其实并没有呼吁以理性为秩序的社会。实际上,甚至是他们中最"社会学的"人,比如孟德斯鸠或者亚当·弗格森,都不能被真正称为关于社会的科学家——这一类人还要等到下一代才能出现,实际上,就是亨利·圣西门和孔德自己。如果正如后现代主义者告诉我们的,以理性为规则的社会梦想已经死去,那么这并不是启蒙的危机,而是一种社会学理性主义的危机。实际上,理性主义从它诞生之时起就处于这种危机之中。当启蒙和启蒙时期被等同于社会学理性主义,或者等同于任何一种理性主义时,都太容易立刻被抛弃,并发现我们陷于谴责任何形式的对理性的社会运用的泥沼之中,实际上就是陷于一种特定的反启蒙攻讦之中。

遵循这种逻辑的一些人——政治左派和右派都有——似乎相信近来共产主义的瓦解,甚至西方自由社会中福利主义的没落都显示了启蒙事业的终结。例如,政治哲学家约翰·格雷就持这种观点。他写道,关于正义的抽象理论之梦现在已经是多余的,因为它立基于现在看来是荒谬的关于普遍性的教条之上,这种普遍性教条认为所有地方的人潜在都是相同的,因此消减了文化差异和多元性本质(Gray 1995;参见 Bauman 1992a)。这种观点与那些宣称我们正处于历史的终结时期的教条类似。历史终结观认为针对相互对抗的普遍主义的意识形态斗争现在已经结束了,所剩下的无非是差异性的文化条件、习惯和传统(Fukuyama 1990, 1996;参见 Hirst 1989)。对格雷和其他"终结主义"理论家而言,我们现在已经超越了启蒙,而且被有效地从中释放出来了;而坚持启蒙原则就是有效地将我们自己与共产主义或极权主义的可怕力量结合起来,不论我们的本意如何。

然而,如果说存在着这样一些反启蒙攻讦,启蒙本身也不甘示弱。比如,一个非常著名的例子是德国著名哲学家于尔根·哈贝马斯指责一些法国后结构主义者的"青年保守主义"。这些后结构主义者藉相对主义、无责任性及维护社会现状等为由背弃了启蒙(Habermas 1985)。对哈贝马斯而言,似乎甚至只要质疑启蒙就可能立刻面临如下的风险,即,对社会现状无所作为、听之任之。还有什么比质疑及否定启蒙更能标示出这些背叛者的特征呢?否定启蒙等于否定进步,或者说否定希望本身。

否定性启蒙

有没有办法逃脱这些攻讦呢?对米歇尔·福柯而言,启蒙——这里指的是一般意义上的启蒙(用小写字母)——最好被当作一种精神气质或"态度",而不是一系列确定性的历史教条。启蒙的本质特征之一不是教条而是一种否定性原则。也就是说,启蒙质疑了它自身,它基本上是"自我觉知的",它倾向于转向自身,去质疑自身的内容(Foucault 1984a; Gordon 1986a; Hulme & Jordanova 1990: 1)。实际上,启蒙的这一特征才是本书要关注的中心。我主张用否定性启蒙原则这一极端形式来命名启蒙的这种批判特质。根据这一原则,被启蒙甚至可能导致我们不知道启蒙是什么。正如恩斯特·卡西尔(Ernst Cassirer)所指出的,"这一哲学的永恒结果并不在于指明它所发展的内容并力图去建构一套新的教条",正相反,其最终结果是一种永远敏于"打破体系的严格限制"的普遍性态度(Cassirer 1951: vi, ix)。关于启蒙的分析就是希望准确把握启蒙本身这种反思性的或者说否定性的特征,可以说,是要在它关注自身形象的时候把握它。如此,就它寻求对自身进行永恒的扰乱而言，启蒙分析——甚至包括启蒙批判——总的来说还是赞同启蒙的。质疑启蒙正是启蒙的一个方面，而并不必然是敌视启蒙的行为。

启蒙批判

那么，启蒙否定性特征的一个相关方面就是对启蒙的批判态度。本书主要关注这种态度的特征、致力于此的学科，以及是什么使得它区别于其他的也许不那么明显特殊的批判习惯。启蒙批判理念的最极端形式可以导致对启蒙总体上的有意否定，但是并不是批判的所有形式都这么严重。无论如何，从一开始就需要强调，不论其特征如何，这种批判观念实际上是一件困难的事，或者至少有时是潜在地奇特的事情。因为在质疑启蒙地位的时候，我们确实冒着两种风险，要么彻底将之排斥于视野之外，要么——也许更糟糕——将之转化为后现代琐碎性的借口。我们可以将赛奥多·阿多诺和马克斯·霍克海默颇受好评的著作《启蒙辩证法》作为前一种情况的例子。对阿多诺和霍克海默来说，启蒙的遗产已经被颠覆了，理性已经成为控制自然的工具。运用马克斯·韦伯和马克思的观点，阿多诺和霍克海默认为启蒙本身已经成为导致法西斯主义及总体性监控世界等噩梦的力量。这些观点和后来一些社会理论家比如齐格蒙特·鲍曼的观点有亲和性。鲍曼认为大屠杀绝非西方文明化过程中的一个反常现象，相反，它正是我们西方理性现代性诸原则的必然后果(Bauman 1986)。但是实际上，阿多诺和霍克海默的辩正视角在某种程度上使他们有别于该争论的一些更为浪漫化的(虽然还说不上幼稚的)形式——也就是随后社会科学和其他领域中非常流行的关于该主题的铁笼说。类似地,将彼德·斯洛特迪基克(Peter Sloterdijk)的《犬儒①理性批判》(*Critique of Cynical Reason*)(1987)作为后现代琐碎贩卖的直接例子也是不公平的,尽管它确实是关于这种转变的杰出的专门诊断。彼德·斯洛特迪基克的目标是近几十年控制了后现代知识精英(既顺利又可悲地,正如夸张的广告词常说的那样)的讽刺性的"启蒙了的虚假意识",是他试图用欢笑和嘲讽(*kynicism*)的狂欢感去加以替代的一种感觉。

尽管这并不是本书所采取的策略——本书并非像欢笑策略那样仅仅充斥着欢笑——但欢笑策略本来当然也可以是消解对启蒙各种攻讦的方案之一。毫无疑问,这只是很多方式中的一种。同样,我也并不宣称一定要采取本文所采取的态度。不读这本书不会损害任何人。本书的目的只是要给那些感到需要回应启蒙攻讦

---

① "犬儒主义"(cynicism)一般认为是苏格拉底的弟子安提斯泰尼创立的,另一人物第欧根尼则因为住在木桶里的怪异行为而成为更有名的犬儒主义者。当时奉行这一主义的哲学家或思想家,他们的举止言谈行为方式甚至生活态度与狗的某些特征很相似,他们旁若无人、放浪形骸、不知廉耻,却忠诚可靠、感觉灵敏、敌我分明、敢咬敢斗。于是人们就称这些人为"犬儒",意思是"像狗一样的人"。至于这个称谓是不是肯定来源于此,学界的观点并不一致。

另外一种说法是指安提斯泰尼经常到雅典的一个被人们叫做"快犬"的体育场去和人们谈话、辩论,在这个地方形成了他的思想和观点的最初的追随者队伍,因而被称作"犬儒派"。"犬儒主义"则由这一学派的观点理念和生活行为演化而来。

"犬儒主义"的称呼无论是怎样的由来,这一主义信奉者的行为用现在的话来说"反正是挺歪的"。这些人的行为无拘无束,我行我素,无所顾忌,不知羞耻,无动于衷,粗俗无礼,虚荣自负,傲视一切,自我欣赏。——译者注(引自:千里夫,"犬儒主义的起源",《故乡》,2002年10月17日)

以及——最重要的是——这种攻讦所预设的二元主义(binarism)逻辑的人一些解脱。因为这种攻讦永远只不过是一个十足的替代问题,是关于是或否的逻辑的问题。逃离这种二元主义是必要的,其原因很简单,就是如果不逃离它的话,就会永远陷入一种循环之中,这种循环往好里说也是不成熟,是一种有点孩子气的辩证法。如果不逃离这种二元主义,我们还会永远陷于这样一种状态,即,只是冲着敌人虚张声势,而从不承担责任去面对困难、培育针对真理地位和批判主义可能性的深思熟虑的——不同于条件反射式的——态度。陷入这种二元主义逻辑之后,我们将根据其他人设定的位置来界定我们自己的位置。因此针对启蒙的争论就具有辨正的特征。我们总是把自己的位置看作是启蒙了的,总是他人未被启蒙。

后现代主义

关于启蒙的这种二元政治,在社会理论中并行于启蒙争论的针对现代和后现代的争论中尤其明显。社会理论中既存在着对现代和后现代的攻讦,也存在着对启蒙的攻讦。实际上,这两种争论是紧密相联的,那些赞同后现代认识论的人常常被认为是与启蒙相对立的。但是这种论战已经导致了某种无意义的火药味。作为一种社会学范畴,也就是说,作为对一种完整的社会形式的描述性术语,后现代并不是非常有说服力。作为现代的二元对立概念,后现代这一范畴必然对社会变迁进行了过度的戏剧化。另外,它原本无意于成为总体性社会学范畴,如今在这一点上则多少有点弄巧成拙了。但是,如果采取一种更狭义的文化观,这个范畴充其量也就是没有危害而已。从认识论上说,它当然有趣。让－弗朗西斯·利奥塔声名狼藉的著作《后现代状态》确实是关于后工业社会知识文化的一部非常有想像力的书,它为所有的后现代争论奠定了基础,论证说近年来科学结构发生了急剧的变化。但是利奥塔的书并不是对任何现实社会的完整的社会学描述,而是正如其标题所陈述的,是一种"关于知识的报告"。我们最好就这样来理解它(Lyotard 1984a)。

尽管我的这些说法对利奥塔相当同情,但本书并非后现代社会理论。当然,本书也不是常见的对后现代的抨击(Eagleton 1996; Norris 1996)。和任何抨击一样,抨击后现代的目的通常是支持某些过时的意识形态,而不是彻底消灭所有的敌人。事实上,从对后现代主义的有力谩骂中人们常常感到,现代辩论家们需要他们的后现代对手,就像17世纪时的教廷需要伽利略一样。实际上,我们在社会理论和社会科学中看到的大量对后现代主义的有力对抗只是一种手段,它试图证明,如果采取后现代主义的认识论观点——不论是对是错——我们都将弄巧成拙,陷入相对主义和批判无力的困境。简言之,对很多人而言,可怕的是天会塌下来。这是一种错误观点。从认识论上说这是错误的,因为尽管我们总是可以指出后现代争论的不充分之处,但这并不能回避一个事实,即所有理论都存在正义性的内在问题。甚至理性主义理论,比如像埃米·涂尔干的理论,也常常被循环论证问题所困扰,其结论和诊断常常包含在其前提之中。而非理性主义理论则在联结应该和实际是的问题方面有困难。对后现代主义自鸣得意的嘲讽往往也适用于他们自己。

也许最难处理的还是历史分期问题。阅读一些专业反后现代主义者的文献,我们有时会感到,似乎直到20世纪50年代前后认识论中还根本没有无法确切描述的东西。好像弗朗西斯·培根爵士或查尔斯·桑德斯·皮尔士从未存在过,更不用提孟德斯鸠、康德、黑格尔等人了。实际情况是,如果天要塌下来,它早就该塌下来了(参见 Toulmin 1990)。

所有这些都并不是说理论世界很轻松,事实上,情况正好相反。我们要说的实际上是,理论世界确实困难,而且一直都存在着困难,因此,我们所要求的正是用以应对这种困难的一种批判性的精神气质。但是,如果我们选择针对松散的范畴而非概念来行事的话,这会使事情变得尤为困难。我认为现代/后现代对子就是这样一个范畴。它有时被打扮成一个现实主义社会学概念,但实际上,正如我在下一章中要讨论的那样,这样做效果不是很好。讨论现代和后现代的时候,关于这些范畴的社会学方面的实质性讨论非常少,更多的则是在似乎非常空洞的领域中不断创造出新的词汇。现代和后现代本质上是理想型概念,不太适用于社会层面(参见 Giddens 1991a; Woodiwiss 1997)。对现代和后现代采取社会学现实主义观点,会导致一种认识,即,其实这两者都并不存在。

现实主义与启蒙

但是启蒙则是另一回事。本书中我所提出的观点是,社会理论家最好将其讨论限制在启蒙问题上,而不要去谈论现代和后现代问题。确实存在着启蒙问题，即使它不能承诺——谢天谢地它不做这种承诺———定有最终解决方案。我认为关于启蒙我们应持现实主义态度。但是非常奇怪的是，采取这种现实主义态度却要求一定程度的理想主义。这是因为关于启蒙的现实情况是，它是一种热望、一种理想、一种精神，而且它就需要用这些术语来加以分析。我认为对现代和后现代之争更好的解读方式是把它看作关于启蒙的争论，而不要在社会学术语内部来加以解释。大略说来，哈贝马斯这样的现代主义者认为启蒙还没有消亡，鲍曼或格雷这样的后现代主义者则认为它已经死去。从某种意义上说，这两种观点都带有社会学意味，它们都把启蒙地位看作是对整个社会的反映，该社会要么是现代的要么是后现代的。但是即使这些思想家实际上也处于被攻讦的范围。启蒙被作为一种主观偏好或选择呈现给我们：虽然我们所做的选择要受到检验。

这又将我们带回到福柯。正如我所言，他想彻底逃离对启蒙的这种攻讦的逻辑。也许他的这一企图是失败了，但是这种尝试是重要的。福柯对"关于社会的科学"不是特别感兴趣，事实上，正如我在第五章将要揭示的，用任何像社会学术语之类的方式来理解福柯实际上都会误解他。福柯是个哲学家，但也许并不是传统意义上的哲学家。实际上，他更是一种特殊的系谱思想、一种启蒙批判的先驱(Gordon 1996；参见本书第五章)。福柯说，启蒙的观念总是冒着成为教条的风险。一旦成为教条，它就不再是针对启蒙的启蒙——最好不要将它理解为一种确定的教条，而应该理解为一种否定性的精神气质，一种退出(Ausgang)或逃离的意愿——或者只是持续进行。福柯也会反对现代和后现代之间常见的二分法。他认为,即使存在着现代的话,它也不是一个社会学的或划时代的概念。

> 我想知道我们能否不将现代性想象为一种态度,而非一段历史时期。我所说的"态度"是指与当代现实相联系的一种模式,是特定的人们所做的自愿选择,最后,它是一种思考和感觉的方式,也是一种行动(acting)或行为(behaving)方式,这种方式既标明所属关系又将自己当作一种任务。毫无疑问,这有点像希腊人所说的精神气质。其后果是,我认为,与其试图将"现代时期"与"前现代"或"后现代"区分开来,还不如去发掘现代态度从其形成之日起如何与诸种"反现代"态度做斗争要有益得多(Foucault 1984a: 39)。

我想,福柯的这种立场主要可以被当作一种促进因素,使我们摆脱启蒙攻讦,而转向可以被称为——也许和人们通常认为福柯所持的哲学立场不一致——现实主义的启蒙观。

如果不从严格的哲学意义而按比较流行的观点来看,福柯促进的是现实主义启蒙观。引用斯坦利·卡维尔(Stanley Cavell)的说法,这种启蒙观旨在为"成人"提供实用主义的、在世的、成熟的社会理论。福柯的态度使我们得到解放,而不必一定要在关于现代和后现代这样的宏大社会学问题上采取某种立场。它将我们从二元主义以及对启蒙或反启蒙的攻讦中解救出来。同时,它的现实主义又来源于如下事实,即,实际上我们确实和启蒙联系在一起,我们确实生活在一个启蒙时代,这个时代如果不是已经被启蒙了的,至少也是质疑启蒙的时代。确实存在着一种感觉,甚至介入针对启蒙的争论本身实际上也必然是支持启蒙的。否则,为什么它值得我们通过对理性的公共运用来对付我们的对手?政治理论家,比如说约翰·格雷喜欢将自己视为后启蒙主义者,但这显然并非完全的非理性主义或反启蒙立场,原因很简单,因为格雷仍然信奉正义和优良社会,信奉正是就回避对完美的热望这一点而言,社会才是"优良的"(Gray 1995:30)。

如今,关于启蒙特征的这些立场中非常突出的是它们的投射特征。启蒙争论总是用投射性术语表达的,被陈述的是期望被当作启蒙的理想立场。这里的基本学科是哲学,或至少是有时仅仅被称为"理论"的东西。我们在寻求我们立场的基础。如果我们首先已经对这些基础的可能性产生了怀疑,像颇具影响力的哲学家理查德·罗蒂一样,情况则尤其如此。在这种情况下,我们寻求的是这些基础的替代物(Rorty 1989)。那么,大多数这种基础性讨论是在一种总体的理论化的层次发生的——他们常常采取评论的形式。针对这些东西有比较健全的出版市场,重点为那些好奇者提供信息,告诉他们应该或不应该采取哪种启蒙形式(Dews 1987;Habermas 1987a;参见 Hoy & McCarthy 1994;Kelly 1994)。这个市场被善良的愿望、世故的分析和毫无机会实现的东西搅乱了,比如有点带有误导性的"福柯-哈贝马斯"争论这一说法。

相对于上述这些内容,我提出一种更实际的现实主义转向。我认为福柯把启蒙看作一种"精神气质"的观点的后果之一在于,它促使我们超越关于启蒙的哲学视角,而用更经验的、医学的或诊断的视角来看待问题。医生通过解构某种情况下的各组成要素来进行诊断,因而能够得出关于疾病的整体情况——它的特征、可能的治疗方式以及预后。为了对启蒙采取现实主义态度,我们不需要一些关于启蒙的抽象的、基础主义的或反基础主义的理论,而需要一种将启蒙视为存在物的诊断学。社会理论最好是采取有意识的依附性态度,去考察我们已经拥有的关于启蒙的实践活动,而非自下而上建构一种关于启蒙的理论,或对其他人的思想提供无尽的评论。因此,我所呼吁的这种特殊的,也许还有点庸俗的现实主义激发的是一种对于启蒙的"世俗"态度,一种非纯粹理性批判(见本书第一章)。

下面,本导论将预览本书的一些主要议题,由此向大家展示这样一种世俗态度可能会具有的一些倾向性。

启蒙面面观

如果我们用诊断的方式对待启蒙,这个概念就需要被打破成它的一些组成部分来加以理解。我们怎么来解剖启蒙呢?有很多途径可以利用。冒着用各种理由和特殊呼吁惹烦读者的风险,我下面要简短地强调一下对本书而言非常关键的特定解剖策略的局限性。如果本书特别关注启蒙的三个重要方面——和科学、治疗和艺术联系在一起的方面(第二章到第四章)——这并不是因为这些方面在某种程度上被当成超验的领域,而是因为它们代表了对持续的启蒙批判这一社会理论核心理念的特殊激发形式。很显然,其他领域或实践活动也可以被选择,但是启蒙的这些面相具有激发性是因为在这些领域,真理问题和批判主义的交织尤其引人质疑——困难，模糊，因而具有示范性。情况甚至可能是，恰恰是因为这种示范性特征，尽管该特征实际上只是保守的、受历史条件制约的，这些领域或它们的对应物已经具备了超验地位——比如在康德的纯粹理性、实践理性和审美理性的三位体中。

所以，我说本书要集中于在科学、治疗和艺术等领域，这并不意味着我认为不应该考虑其他的领域，也不是说我提到的材料不能按不同的方式来探讨。我并没有考察传媒业、管理和商业、政治领域、官僚领域，或者甚至毫无疑问可能还有宗教等领域中的启蒙诸面相，也许我本该这么做的。人们可能注意到的另一个省略之处是性别问题。当然，其实它根本不是一个省略的问题，因为当性别问题确实是启蒙诸面相的一个持续维度的时候，我们如果只把它当作其中的一个方面来处理，这是无法想像的。但是，如果这个问题甚至以这种普遍维度的形式也几乎未被考虑的话，那是因为——正如本书结论在谈论其他问题时，针对当代女权主义的一些特征试图揭示的那样——尽管性别问题对有关启蒙的各种问题来说当然都是至关重要的（正如所有性别研究、妇女研究等所取得的成就所展示的那样），但是我敢说，它对这些问题却不是那么有激发性。

这肯定不是从总体上排除有关性别的各种问题，决不是。实际情况是，如果启蒙批判只选择那些最困难、最无法解决的启蒙面相来进行，那么性别问题很难符合这一要求。其原因很简单，因为在性别问题上反启蒙就仅仅是未被启蒙的，也就是说，这种做法显然是要遭批判的，因此也就不是特别"有趣"。这并不是说对那些对性别问题感兴趣的人而言这里没有什么有意思的东西。从非常一般的意义来说,我觉得,如果要将我们在(大写的特指的)"理论"世界所见到的所有那些宏大的、有男子气的、划时代的、自下而上建构一切的视角,代之以偏好更为世俗的、依附性的以及更混乱地在世的批判视角,那些注意到那种大写的特指的"理论"几乎排他性地就是男人们的世界并为之感到遗憾的人一定会感兴趣的。

甚至我要讨论的那些领域都显然存在问题。比如,就像我在第二章所做的,谈到科学精神会导致明显的局限。我主要关注自然科学,并以实验科学为"核心",但是这并不包括像生物学和生命科学等这样一些科学形式,以及与科学的技术层面有关的一些重要问题。但是我的初衷并不是要建立类似启蒙"总体理论"这样的东西。实际上,我所考虑的启蒙的这三个方面就本书的关注点而言有特殊的价值,主要在于这些领域都寻求发展它们自身领域特定的真理类型,社会理论和社会科学不论是通过应用还是通过批判都被吸引到这些领域来了,因此这些领域有助于对这些学科的地位产生质疑。而且在这些领域中,关于启蒙的批判态度这一主题可以得到最具启发性,因此也最突出的勾画。

毫无疑问,我所选择的关于启蒙的三个面相在不同的方面都具有启发性。选择科学,是因为它在传统上一直被当作启蒙的典范树立着;选择治疗术,是因为治疗试图帮助人们自己去进行启蒙,但是效果不明;选择艺术,毫无疑问,在于它和启蒙理念关系的含糊性,不论是作为对这一理念的反应,还是作为一种经过投射的具体体现(如果具有可选择性的话)都是如此。通过批判,社会科学已经被吸引到这三个领域来了。科学已经成为像布鲁诺·拉图尔(Bruno Latour)那样的社会学家所分析的对象,治疗和人文科学被福柯自己以及那些受他影响的人，比如尼古拉斯·罗斯分析过了，而艺术则被皮埃尔·布迪厄(Pierre Bourdieu)等理论家探讨。在每个领域，批判主义问题都特别值得质疑，这部分地是由于那些对这些领域进行批判的人，对他们自己批判立场的地位常常显得有点不确定，而且还因为启蒙的每个领域本身都已经是对世界的某个领域的批判。但是我对这些启蒙面相进行讨论，目的并不是要一劳永逸地终结关于批判的这些问题，也不是要为这些领域提供"理论"，而是要去勾勒在其内部非常容易碰到的各种批判困境的一些面相，如果还有的话，就是要去展示为什么这些困境应该被看作是它们自身内在逻辑的一般后果。我的目标就是立刻去将我们对启蒙的一些不同含义的理解搞复杂，然后——也许更重要的是——要缩减对这种复杂性据说会导致的各种后果的某些阐释。

现在，非常常见的情况是，只有科学被树立为这种启蒙的典范（见第二章）。甚至对科学的反启蒙批判家们来说，情况也是如此。这样一种针对科学的视角常常导致对启蒙的理性主义观点。我想坚持指出的是，现实主义启蒙观并不等于理性主义启蒙观。科学并不是所有理性的完全确定形式，关于科学的哲学和社会学也许都有点易于犯上述这样一种错误。但是科学既不是一种方法论，也不仅仅是一种社会学机制。实际上，它作为一种启蒙热望可能是最"真实的"。也就是说，在这种意义上，科学只有在有关科学的精神(spirit)和精神气质(ethos)这个层面上才是真实的。我们所要求的是对这种精神或精神气质的现实主义态度。如果要说这样一种现实主义有些什么影响的话，那就是它会导致和反科学视角相反的方向。也许有关于科学的文化(a culture of science)这种东西，但是我们并非生活于一种"科学文化"(scientific culture)之中,后者指的是一种完全由科学所决定的文化。这样一种理念导致一种范畴错误。我认为科学启蒙是有局限而非普遍的。而且即使科学的观念本身具有伦理先决条件,科学本身并没有内在的或不可避免的道德意涵。同时,反基础主义论争的运用——像布鲁诺·拉图尔所做的那样——有助于赞颂而非拒斥科学。

科学并非启蒙的唯一装备,尽管它常常被当作其所有方面的潜在衡量标准。单单集中于科学会冒很大的风险,去盲目迷恋西方理性的特定方面。西方变为科学的同义词(比如在厄内斯特·盖尔纳(Ernest Gellner)和弗朗西斯·福山(Francis Fukuyama)的著作,以及马克斯·韦伯的部分著作中)。自然地,在这种视角看来,理性的其他形式失去了其特定性,或者只是被称为伪科学。治疗学科就常常被贴上这样的标签,而且,在很多情形下,很多学科毫无疑问确实缺少话语的诸"科学"形式所要求的一些标准(见第三章)。福柯将这种情况归结为以下事实,即,这些学科,按他的称呼,还没有从中世纪宗教裁判所政治-司法模式的起源中获得独立性,而经验科学则做到了这一点(Foucault 1979: 226—227)。这至少说明,治疗学科需要的是以它们自己的名义而不是作为科学理性化的副产品被分析。然而,我的判断并不一定必然与福柯对"这些学科及其考察内容的琐碎而恶意的细节"的抱怨一致。并不是启蒙时期发现了自由并且创造了这些学科,相反,这些学科本身就是启蒙的一个方面,虽然这一方面牵涉到与科学所不同的逻辑。我们需要避免一种幼稚的研究路数,即,将所有学科都当作科学来对待,并因而轻易遭受反启蒙偏见的侵袭。

很显然,坚持关于启蒙理性的一种非理性主义理论就是要为分析远离于科学和哲学宏大模式的非纯粹理性诸形式留下空间。自 19 世纪早期以来,主要是在与启蒙时期所具有的诸趋势的关系中,艺术世界已经将自己的地位调整为一种特殊的启蒙(见第四章)。像弗里德里希·席勒这样的浪漫主义者利用美学范式协调主观主义和客观主义这两个相伴相生的流派。在我们的时代,哈贝马斯通过求助于经由艺术而获得救赎的古老观念来保卫启蒙遗产,而福柯——带着更反浪漫主义的面纱——著述了关于存在的美学,一种超越道德准则和知识规范的美学创造力的原则(Habermas 1985: 12; Foucault 1989)。我认为,尽管我们需要对科学启蒙进行非理性主义理解,艺术领域则得益于理性主义思维方式。当然,艺术可能是一种反启蒙模式,是关于真理的场所,是超越理性进行协调的地方。但是,同样地,美学理性也可以被看作美学特定理性逻辑的一个场域,这种逻辑——只要它回避了美学主义的偏见——可以被当作超越艺术世界本身的诸领域的一种启蒙模式,不论这种模式有什么局限。

我关于启蒙理性实践的讨论,在很大程度上不同于那些仅仅根据那些传播理性的人——比如专家、知识分子或其他人——的社会特征来考虑理性诸形式的终极目标的各种视角的社会学主义。然而,关于启蒙的任何理性主义视角都不得不考虑可以被称为"将启蒙当作职业"的问题,也就是说,关于"当我们以启蒙的名义说话的时候,谁在说话"的问题。18 世纪,启蒙主要是一个知识分子现象。如果没有出现一个新型的结构松散的权威群体,启蒙是不可想像的。这些新型的权威认为自己是以一种普遍理性的名义在说话,这种理性与教会、权贵、国家没有关系,或关系不大。实际上,知识分子的地位从本质上是与启蒙的这种含义联系在一起的,知识分子是代表他人或自己以启蒙的名义说话并将对启蒙的持续认识戏剧化的人(第六章)。但是我认为,启蒙作为一种职业的问题并不是一个社会学问题。这一问题并非赋予这种特殊的知识分子声音以某种社会功能,而在于揭示:在某种程度上,这种知识分子声音的功能只不过是将启蒙诸原则风格化。因此,要对知识分子声音持现实主义态度,并不是要产生一种关于知识分子场域的结构社会学,更不是要产生关于知识分子权力及其分布的理性主义理论,而是要在其经由一些特殊的知识分子人物得以具体体现和个人化的时候来分析理性的不同作用方式。

否定性人类学

这也许是一种特殊现实主义。但是,它是以什么名义来发言的呢?显然,近些年来社会理论中比较流行的并不是批判现实主义(Outhwaite 1987)。这说明现实主义的功能是从一个特殊的视角——通常是从整体的无阶级的社会——来批判现实。这总的来说很不错,尽管这些观点总是似乎包含着潜在的乌托邦意味。实际上,我主张对启蒙采取现实主义视角,这种主张也包含一种乌托邦意涵,虽然这种乌托邦和批判现实主义的乌托邦是明显不同的(第一章)。这没有什么好奇怪的,因为人们常说,乌托邦和现实主义是联系在一起的。现实主义分析世界的实际状况,然后设计另一个不同的世界作为替代,或者,至少,那"另一个"世界是我们对现实的现状进行影响的基本标准。但是我们这里所说的乌托邦主义的本质是什么呢？简言之，我认为它应该被描述为反事实的、"人类学的"以及伦理的，而不应该被描述为社会学的。

我认为对启蒙（和社会理论）的批判分析学的主体问题不应该是社会的结构，而应该是人类能力的可变性。就其应该更多关注关于人类本性的主题而非这种关于社会的科学而言，它不是社会学的，而是人类学的分析（第一章）。

如果说就其对人类本性的关注而言启蒙批判态度是人类学的，它可以被称为——至少在某种程度上——"否定性的人类学"（参见 Honneth and Joas 1988：8；引用 Kamper 1973：26）。这种人类学开始于其限制假定、规范性理想，以及人类应该完全交付于文化的看法，直到自下而上的自我界定，以及人类的本质甚至可能来源于其没有本质这一认识。这一假定尽管立基于现实主义前提，但它是伦理的而非现实主义的。它不是现实主义的，因为人类服从于传统、习惯、既定的生活方式、遗传特征，而且被他们的生物学特征、性别、习俗和环境等型塑——所有这些都早于他们能够成为文化存在，可以将自己的价值观——不论是否自由选择——加诸于自身或这个世界。但是，因为人类是这样一种文化存在物，所以文化科学的价值取向之一就是对人类的质疑。在这一点上，我们可以说它是伦理的。换言之，实际上正是这种视角会促使（will）人类成为文化存在物。它会寻求以人类的文化方面的名义来言说，这就是为什么启蒙批判的彻底"否定性"的形式——比如说，在福柯的系谱学中——有时会为有意识的伦理目的导致某种非真实性。但是，从规范的角度看，否定性启蒙这一视角的任务是要将现实本身在某种程度上带得离这种伦理所要求的更近一些。

启蒙伦理学

当我说启蒙持续批判观念的部分特殊性在于其伦理特征的时候，我并不是要表明，这种启蒙批判应该被当作与生活的整体方式有关的东西来加以考虑，而是说它恰当地采取了我们在不太确定的环境中在自己身上进行有意的严格操练的形式。这一点使得它和后现代主义的很多变种区别开来。根据哲学家理查德·罗蒂的观点，启蒙批判者在这种意义上可以和"讽刺者"相提并论。罗蒂对世界基本上持一种偶变观。对罗蒂来说，讽刺导致对所有事物——文化、语言、真理、自我——无所不包地采取偶然性原则。被启蒙实际上就是认识到偶然性。本书勾勒的视角与此不同之处在于，罗蒂显然将讽刺当作一种对生活的总体看法，而非有意识的严格观点。这种看法就像主体性的讽刺形式、道德、完整的认识论或一种讽刺的"世界观"。在我看来，本书所关注的那种对启蒙批判的怀疑态度并不太像这种情况（Rorty 1989；见第一章）。实际上，启蒙批判的乌托邦意涵丝毫无助于揭示各门科学或学科本身的实际发现。尽管它将事情想像成完全不同的样子，它似乎还是可以在某些方面或多或少完全不触动它们。

实际上，我认为对启蒙的这种否定性观点的好处之一就在于它与后现代或对真理的"讽刺"理解保持了一定的距离。正如我们已经看到的，在一种受到限制的意义上，这种否定性观点是伦理性的，它导致一种严格的价值取向——这在某种程度上与否定性人类学联系在一起——而且有意将这种取向推向极致。这样,该否定观更像一种操练而不是一种确定的法理学的"教条"。它是我们出于策略考虑而做的事情,它要去激发人们注意到,我们是文化存在物,而且要成为文化存在物,我们需要始终惦记着找出一个办法来。在这一点上,启蒙批判态度的这种否定性并不能证明人类是纯粹文化的。实际上,它想像人们是文化的,并且正是为了更新文化想像力而促使人们将这一想像推到极限。但是,就其是一种操练而言,就像在所有操练之后,我们不得不掸掸灰尘或是换件衣服再回到——如果带着批判力的更新——生活中来。只是在日常生活的安全性方面,我们不能想像自己——像后现代主义者做的那样,甚至作为道德的一个方面——通过每天的所有责任处于文化的洪流之中,似乎并不存在知识这样的东西,也不存在所谓好的东西。在这种意义上,我们从道德教育角度来描述启蒙批判理念是有道理的。但是它并不是去教育整个的人,而只是有意识地质疑我们文化伪装中的特定方面。这种文化批判主义本身就不是生活的一种完整方式——我们并不进入寺院来进行对启蒙的否定性批判。然而,我们可能进入教室和讲堂来做这个工作(见第六章;参见 MacIntyre 1990:218)。

毫无疑问,我们可以发现对启蒙——以及否定性启蒙——持批判态度的例子,仍然很欢快地在哲学、文学批判、历史、社会学、艺术,甚至是自然科学中被运用着。并不存在与这种态度一致的特有的学科优势,而且对任何学科或工作而言,对其有独特的贡献的情况,也是非常少见的。这也有——部分——例外。在本书结论部分,我提出,社会理论应该成为特别关注这种批判的学科。要以单个的思想家为例,我们会想到韦伯和福柯(第五章)。这两个人都特意将注意力投向详细阐述某种文化科学。这种文化科学也是一种启蒙批判,而且在福柯那里,它伪装成对启蒙问题的完全否定性的态度。但是这些人不应该被看作这种工作的"奠基人"或"思想大师"。在他们的著作中可以被发现、被阐明的实际上是启蒙批判的一些面相。由于福柯和韦伯的根本差异,他们各自代表了这样一门学科的特定可能方向,这种示范形式本身就是由这样一个事实所揭示的,即,他们不能被确定或化约为话语的任何单一或确定的形式。他们各自都有很多自称的信奉者和门徒,但是并没有单一的流派,如果不对他们的著作或多或少地进行某些令人遗憾的误读而想去"跟从"他们,几乎是不可能的。

最后,我想重申一下,由启蒙批判理念导致的否定性并不意味着要采取一种"否定的"启蒙观,成为坚决的后启蒙或反启蒙。相反,情况是,启蒙本身就体现为针对它自己的一种特定的否定性。这种否定使我们转而关注特殊背景下的启蒙实践的谱系学。因为如果启蒙的目的是要实现自由,这一角色的部分要求就必然是去理解我们当下实现这种自由的一些局限。正是本书的这个方面使得它不仅仅是——或者根本就不能被称为——一本抽象的"理论"著作,反而是对启蒙精神某些实际方面的田野工作。

· · · ·

第 1 章 理性、真理及批判主义

理性化的局限——知识社会论题——真理和启蒙——作为权威的真理——以真理的名义治理——真理及反基础主义——乌托邦主义——禁欲主义与策略

本文导论部分已经指出,在社会理论家、哲学家以及各种评论家中潜在地日渐盛行着关于启蒙地位问题的讨论。我想,如果将这种讨论理解为关于启蒙地位的讨论,而不是像某些人认为的那样是关于整个社会的状态与命运的讨论的话,是有所助益的。显然,我的观点隐含着对某些种类的社会学的怀疑。如果担心这种怀疑论是针对所有形式的社会学或社会科学,读者们应该先看本书的结论部分,在那一章中他们将发现情况并非如此。实际上,我的质疑主要是针对可以被称作划时代的那些社会学或社会理论。

划时代的社会理论指的是那些试图将时代精神纳入某种确定的社会指称之中的理论,比如说我们生活在后现代社会、现代社会、信息社会、理性化的社会、风险社会等这些说法,在被称为社会理论的研究领域中特别流行。这种划时代的社会学及理论倾向于反对对启蒙持批判态度的精神,因为它们事先设定了自己的对应物,使得没有什么能被它们的参照术语所"遗漏"。这里需要先明确一点,那就是启蒙诸批判,比如说韦伯或福柯的理论,本身就常常被当作是这种划时代的社会学。因此,在这一章里我将花相当大的篇幅讨论与启蒙主题非常接近而且非常容易与之混淆的两种划时代性——理性化主题以及我所说的知识社会论题——的一些局限。仅仅作为在人们头脑中运行的实际画面,这两个主题显得非常普通,所以如果要明晰我们自己的启蒙画面,讨论这两个主题就是重要的了。之后,我会转向更为实证的任务,去勾勒一个框架,描述我所设想的对启蒙的批判态度看上去应该是怎么样,这一任务涉及到对真理概念的讨论,以及对"人类学"和伦理学的进一步反思。

理性化的局限

对现代性所做的划时代诊断都有一个倾向性,那就是把西方类型的理性之特征作为其解释框架的中心。比如说曾经流行的世俗化论题——或者像去传统化、去制度化等这些类似概念——中常常隐含了这种对西方理性的强调,这些论题非常易于把各种类型的理性化过程当作集体"伦理"和信念的腐蚀剂。换言之,将现代性当作特定问题来思考非常容易导致将它看作对启蒙的背叛、生活的逐步理性化,以及对伦理、自由和选择的侵蚀。

也有对理性化论题持必胜主义的观点,比如说厄内斯特·盖尔纳在《信念的合法化》(*Legitimation of Belief*)或《理性与文化》(*Reason and Culture*)中的论述(Gellner 1974, 1992a)。这里西方的特定性是与认知的不同侧面——理性主义、机械主义、经验主义等——

一致的。但在更多的情况下理性化被当作一种有害的或至少是矛盾的事。这一阵营的核心人物是最伟大的社会理论家马克斯·韦伯。也许正是韦伯著作的独特性促使评述者们去寻找他全部著作的中心议题。长期以来理性化都比较符合这种中心议题的角色。对很多人而言，韦伯的意思似乎是说，面对现代科学、技术及科层制的发展，世界变得去巫魅化了。这就是著名的"铁笼"说（Weber 1992b：181，此处参照的刚好是禁欲主义和"身外之物"，而不是这种理性化①）。对韦伯主义者而言，这种语境下的理性化指的是通过计算程序控制世界的能力，尽管在多大程度上可以找到一个答案本身就颇有争议（Schluchter 1979：14；参见 Brubaker 1984）。只要说理性化本身就是一个批判性的概念就足够了，当描述过程时，这个概念总体上预先假定了主体性和理性化自身之间存在着辩证关系，而启蒙往往被看作是对主体性的侵蚀。如此，这一概念导致了特定的典型局限，这些局限预先就设定了像理性化这样一个概念能做到的和不能做到的。

第一个局限就是理性化论题试图潜在地置于主体性和理性自身之间的二分法（Hindess 1987）。我们宛如假定理性化过程中有一个外在且预先给定的主体性。现在，具有讽刺意味的是，实际上韦伯本人也并不能说确实就是在这样一个二分框架中进行研究（参见 Turner 1992）。这主要是因为韦伯本人并没有简单地将理性化与现代性单独地联系在一起。实际上，对他而言，理性化首先是

---

① 原文为"巴克斯特认为，对圣徒来说，身外之物只应是'披在他们肩上的一件随时可甩掉的轻飘飘的斗篷。'然而命运却注定这斗篷将变成一只铁的牢笼。"——译者注（见于晓、陈维纲等译，韦伯著作《新教伦理与资本主义精神》，三联书店 1987 年）

在宗教内部产生的。实际上,它的原型就是被称为世界宗教的那些世界观,就其本义而言,甚至克里斯马本身就是一种理性化力量。换言之,这已经说明韦伯本人并没有在理性与主体性之间进行划分,也没有直接探讨范式性的西方理性化过程。该主题比较晚近的一个评论者认为最好在科技理性主义、形而上学-伦理学理性主义及实践理性主义之间进行划分,这一事实便是明证(Schluchter 1979:14—15)。要明确的是,根据韦伯的观点,理性化这一概念主要是一种研究工具或者是针对现实抽离理想类型的一种原则,而不是对世界的一种描述。对于西方世界而言,与众不同的并不是理性化过程本身,而是它所经历的那种理性化,也就是与韦伯所说的"全局观"(Weber 1992a:13)有关的那种理性化。

现在,除去主体-理性的二分问题之外,关于理性化论题更进一步的问题是分期问题。该论题潜在地促进了关于世界的"补充二元主义"理论。在前理性化或非理性化时代与理性化时代之间也有个二元论。但是随之而来就出现了补充问题。因为进行一个不太确定的分期几乎是不可能的,那么,理性化时代之后又将是什么呢?后理性化?对理性化的消减?这些二分化的问题与那些困扰有关现代性的社会学理论的问题是一样的。所有这些问题在过于戏剧化社会变迁的特征,以及将这种变迁简化为一两个基本元素等方面都是类似的。这种思想认识必然导致我们最终发现自己处于一种三难处境:要么全面否定现代性,要么全面肯定它,又或者——这是最让人困惑的一点,因为它涉及非常微妙的方面——胡乱揭示构成现代性核心的矛盾状况。

实际上,问题就在于将理性化视为关于现代性的一种实证社会学的主要特征,在于认为现代性在某种程度上可以被简化为一个抽象的理性化问题。只要现代性这一概念被理解为划时代的术语,也就是说,它属于某个时期,而不是一种精神或态度,那么我们将不得不面临很多批判。这是因为这种时代分期必然使他们自己陷入二分化的逻辑,这种逻辑预先就提供了批判所能使用的术语,要么赞成要么反对。用启蒙态度来考虑理性的现代性问题可以帮助我们回避这种二分逻辑。但是这样虽然不会把现代性简化为启蒙,但它完全可能用一种更具局限性的方式仅仅关注启蒙的现代性——也就是说,在多大程度上理性是"现代的"。

这样一种探寻不太可能成为"关于社会的科学",但是它还是会运用社会学,即使在分析理性诸实践时它主要是在批判其中流行的各种假定。

知识社会论题

关于现代启蒙的任何最基本意义上的社会学似乎都会坚持认为,启蒙理想是与我们的知识体系发展过程联系在一起的。一个处于启蒙阵痛阶段的社会肯定是一个知识时代,也许是一个知识社会。我们可以用其他一些并不必然依赖在任何传统意义上的知识权威的术语来考虑启蒙问题。比如,启蒙可以采纳一种神秘的形式,就像东方宗教所实践的种种启蒙教学形式一样。启蒙也可以像福柯或皮埃尔·哈多(Pierre Hadot)所探讨的古代世界的自我实践形式那样采纳一种伦理形式。又或者,启蒙还可以采取被称为对话的形式,也就是说,启蒙可以被理解为在学习的背景下进行的一种开放式的实践。稍后以及尤其在第六章结尾及结论部分,我会进一步探讨启蒙的这种对话形式。目前只能说,如果我们将视野扩展到整个人类历史,那么会发现,特意将启蒙与追求客观知识联系起来的想法是比较晚近才出现的事情。它稍早于启蒙这一黄金岁月——也许研究知识的社会学家会将1620年作为它正式出现的日子,在这一年培根的《新工具论》(*Novum Organon*)发表。

但是我想说的是,用知识的生产与传播来考察现代性的特定特征存在很多问题,前面我已经提出了一些,我还想说的是,真理体系的概念可能开启一条达至更好——因为限制得更严格——术语体系的道路。对于阅读福柯的读者而言,这没什么好奇怪的,因为他经常论述真理的历史或真理的游戏。这个词明显是在后结构反传统主义或调侃的立场上被采纳的,因为个人怎么能获得关于真理的历史呢? 然而,我认为,关于用真理而不用知识的语言来谈论启蒙,我们有很多好的理由。

理由之一就是,关于知识的语言就像关于理性化的语言,太灵活以至于用处不大。就拿关于知识社会的分期来说吧,我认为我们能够将这个主题运用于经济社会学的方式与有关于现代性划时代倾向的社会学家所运用的方式区分开来。经济社会学家可能追寻知识成分在20世纪早期的出现。对早期管理学大师F.W.泰勒(F.W.Taylor)来说,为福特工作导致一种严格的知识产生,这种知识认为为福特工作导致:在不同形式的组织和控制情况下衡量工人们的生产能力——"以证明最好的管理是真正的科学,以明确界定的法律、条款和原则作为基础"(Taylor 1967:7)。随之而来的是,福特类生产组织的内在问题导致生产内部知识分配问题的激化(Aglietta 1987：124—125；Lipietz 1987：35)。此后,资本主义生产过程就被一支日渐扩大的工程师队伍所控制,而资本主义管理则落入日益独立的专业管理者阶级之手,他们在实质理性基础上引导着资本的积累过程(Abercrombie & Urry 1983：167—168,170—175)。随着生产的福特体制的结束以及积累的后福特主义或"非组织化"体制等这类现象的出现,发达资本主义社会的经济组织出现了更进一步的发展。生产开始分化为前所未有的小而专门化的单位,但是也有一种强烈的感觉,那就是生产力的主导优势部分发生了改变——从福特类的大型制造工业转向后福特类的小规模通讯类"朝阳"企业。

然而,我认为如果这种发展不被理解为经济社会学的特定术语,而是用一种宽泛的划时代主义来解释的话,就会出现一些问题。这是很多关于现代性的社会学所使用的策略。因此,对一些人而言,后福特主义发展标志着工业主义本身的终结,我们已经跨入了后工业社会秩序之中,这一社会显得或多或少由知识体系所决定(Bell 1973；Touraine 1974)。甚至后现代社会这一理念,按其最著名的形式而言,也只是 20 世纪 50 年代末出现的后工业社会在知识层面的对应物,信息社会这一概念当然也没有什么不同(Lyotard 1984a：3；Lyon 1986)。比如说,美国社会理论家丹尼尔·贝尔认为,信息社会依赖于"价值的知识理论",因此知识本身以某种自身即具有生产力的资本形式出现(Bell 1980；Forester 1985；Webster 1995)。

如此,我们就进入了知识社会论题的极端形式,即,认为我们西方社会不是资本主义社会或者工业社会或者消费社会,而是这样一种知识社会(Stehr 1995；参见 Machlup 1962，1981)。尽管这种理念显然有多种形式，但它的基本要素是关于一个曾经建立在各种生产的基础之上而今则以各种信息、交流和认知关系为主的社会的理念(Poster 1990)。我想，正是在这一点上，一种特定的怀疑主义被合法化了。因为，一旦知识类型不再被解释为诊断生产变化的特定性的工具，而是对整个社会进行界定，一种特定的解释弹性就会取代我们的批判能力。

在某种意义上，难道不是所有社会都是知识社会吗？如果按照历史唯物主义的某种庸俗版本来看，难道知识社会不是更像资产阶级吗？——总是在上升，对任何事物都加以解释。例如，研究现代性最重要的社会学家之一，齐格蒙特·鲍曼，毫无疑问会将知识社会——他自己并不用这个词汇，尽管他的论述中隐含了这个意思——界定回18世纪。对研究现代性的社会学家而言，一个以知识为特征的社会看上去和一个启蒙了的社会是一回事。无论如何，对鲍曼而言，启蒙精神和现代性在企图和目标上是一回事。或者说，启蒙精神表现为现代性的"上层建筑"。鲍曼将福柯的权力/知识关系概念激进化了，将之转化为这样一种关于社会的理论。在这儿，正是启蒙时代本身给了我们边沁的圆形监狱——因为认为自己被人观看，因而所有人都自我监控的那样一个疯狂的隔离(carceral)[①]空间：

[①] 福柯使用"carceral archipelago"这一概念，指的是这样一种情况：规训权力像补丁一样在社会中扩散，无处不在。此处结合圆形监狱一词将之译为"隔离"空间。——译者注

第1章 理性、真理及批判主义

作为社会中权力的一种"规范"技术,一种不对称的控制,边沁"圆形监狱"的伟大设计所象征性地表征的体制是第一个在宏观层次被运用的。它将大多数人,即权力的对象,永久地置于"被观看"的地位,没有权利或者是现实的希望达到彼此互惠,或与他们的监控者互换位置(Bauman 1987:47;参见 Foucault 1979)。

简言之,启蒙了的理性最开始就是鲍曼所说的现代性的"权力/知识"综合症。而且对鲍曼而言,现代性的这种精神里弥漫着对不确定性和模糊性的恐惧,这种恐惧导致它在其实践中筑起一个铁笼,因此导向一个被全面管理着的社会的噩梦。不惜一切代价,陌生人——模糊的外来者——必须被消除。在鲍曼对现代性带有幽闭恐惧的考察中,我们在几页的篇幅内从弗朗西斯·培根、康德、笛卡尔、洛克到腓特烈大帝的社会控制政策再跨越到关于纳粹的种族灭绝政策的讨论(Bauman 1991:26—28)。对鲍曼而言,我们现在已经超越了现代性且不可退回,但是我们当然并没有超越知识社会论题。如今前所未有地存在着一种对知识和专门技能的渴求,因为根据鲍曼对当今后现代认知弥散性的看法,"不同传统之间的交流成为我们时代的主要问题",它需要人类各种不同对话的专家——"在不同文化传统之间进行翻译的专家","在当代生活可能要求的专家中处于最重要地位"的那些专业人士(Bauman 1987:143)。

这种划时代性质的观点并不都像鲍曼自己的分析一样持悲观主义立场。在这一点上,厄内斯特·盖尔纳的有影响的著作再次成为例证。格尔勒针对的是现代西方的悖论,知识于其中被民主化或自主化以及一般化。知识的普遍存在——在教育人们忠于文化和国家的时候——导致知识劳动分工方面明显的衰落。

>当知识成为社会关注的奴隶时,它界定了一个特殊的阶级。当它只为自己的目的服务时,它不再做这种界定。在这种悖论中当然有种深刻的逻辑。真正的知识是平等的,它没有关于真理的特权来源、检验者和传递者。它不能容忍有特权的或受局限的资料。知识的自主性是一个平衡器(Gellner 1988:123)。

对盖尔纳而言,如今我们不仅有认知方面的专家,而且有不顾某种"文化酪乳"——实际上就是文化的本质——的"认知方面的概念共同体"(同前:205—206)。

盖尔纳著作的例子尤其表明了和一种悖论的关系——除去知识社会分期的困难外——当我们用社会学和划时代方式来考虑知识系统的后果时,这种悖论似乎是必要的。因为,处于这种位置,知识越是被扩张成为一种社会资源,在某种程度上,要精确界定什么是知识的本质就越难。也就是说,知识越是扩散,它就越是与社会生活的结构及文化整合在一起,也就越不像知识。因此,知识社会论题中的关键词汇就具有这种突出的弹性以及不确定性。实际上,在盖尔纳所说的现代性中,认知最终隐入文化之中(在其他理论家那里,它则逐渐陷入符号沟通或单纯是表象,或者信息之中)。简言之,知识的角色似乎从一个专门化的资源转化为所有文化活动的总体方面——然后又再倒回来。所有这些都意味着知识作为一个待解释之物,在本质上是不确定的。我们不能将关于现代性的一种划时代理论建立在关于知识的社会运用的增长的论题之上。

在此,我并不是说所有关于知识社会的论述在本质上都是虚假的,而是说,从关于社会的全面的科学视角来看,其中任何一种论述作为一种阐释在本质上都是不确定的。我认为,所有关于知识社会、后现代化以及信息社会的争论,仅在经验数据层面都没有清晰的边界。它们大抵都是某种形式上的范畴。除去这些论述经由分期及其解释原则的不确定性所遭遇的弹性之外,这种论述主要是针对所谓人类学理性的。这只不过是说,人类,尤其是思考着的存在,是被赋予了认知能力或智力的存在。回应曼海姆的观点,思考只不过是人类存在的一个方面(Mannheim 1936:268;参见 Gramsci 1971:9; Godelier 1986)。这一看法影响着与知识社会论题有关的讨论的逻辑。因为,一旦给所有具有人性的物种设定这种知识基线,明确并强调正在讨论的特殊变迁的单一性就非常困难。因为,在人类学意义上,所有的人类社会都可以被看作某种知识社会。

知识社会论题的这些版本倾向于关于社会的划时代看法,同时也倾向于现实主义观点。这些版本认为特定的社会按特殊的方式与知识、专门技术或科学相联系,同时试图揭示这种关系中什么东西是特别现代的。为了取代这种社会-划时代的现实主义,我将代之以一种严格得多且并不如此雄心勃勃的视角:一种关于启蒙的现实主义。因为社会学的现代性和启蒙的理想是不同的东西。为了将这种差异操作化,我建议——至少是在研究启蒙问题的社会理论的限制下——我们应更关注对真理关系的解释,而不是将知识置于中心位置。

真理和启蒙

我们的日常语法在讨论这些事情时,常常导致我们用这样一种方式来考虑知识,即,通过一个"知识的主体"来从概念上"抓获"一个"知识的客体"。这样的概念已经受到多种形式的社会学乃至其他思想的攻击。其中之一来自于解释学传统,它将人文科学的任务看作是对人类行动的解释。这种解释不符合知识的主体-客体模式。实际上,我们总是可以用这样一个问题来回应主体-客体模式的支持者:主体来自哪里?按照现象学家及其他一些学者的看法,我们可以指出,就是这种主体-客体模式预先假定了构成我们日常生活背景的世界的一些先在形式,这种背景我们能——也不能——了解。当前更时髦的另一个趋势发生在曾被称为知识社会学的领域。如今在社会科学界,听到人们说所有知识都是一种"建构"是非常平常的事。其实人们通常很难搞清楚这到底是什么意思,但有件事或多或少是确定的:那就是,社会建构主义基本上并不违背知识的这种主体-客体模式。在这里,只不过主体并没"抓获"客体而是生产、制作、建构客体——这些显然最终在逻辑层面上和抓获客体基本是一回事。建构主义总是冒着仅仅演变为主体主义一个变种的风险。

但是当我们要明确启蒙的梦想时,我建议不要谈论知识——

不论它是怎么建构的——而只谈论真理。知识是主体对客体认识的产物,这一点可能会得到承认,因此我们拥有对外部世界的知识。但并不是讲述真理的所有形式在考虑这种直接的主客关系的时候,都可以被当作这种知识问题。我认为真理概念不像知识概念,它表明了思想劳动中具有一种伦理成分。这种伦理成分正是对启蒙的批判态度试图把握并描述的。有不同种类的真理:我们探询自己的真理、我们行为的根源、作为美学作品客体的特殊真理,以及科学真理或激发人文科学的批判真理。所有这些都预设了对手头问题的不同伦理倾向、讲述真理的不同方式以及对真理自身不同的功能。

值得注意的是,用这种方式谈论真理的不同理性并不必然导致事物的神秘等级。这一点过去一直被忽视。对于那些一直想从主体主义中移植某些元素到真理问题中来的人来说,这种等级太诱人了。举个著名的例子,甚至 J.S.穆勒(J. S. Mill)也认为真理不仅仅只是知识,要了解真理必先了解自己:"除非通过积极研究了自身的精神,否则人类本性中最重要的现象甚至不能被观察到。"对穆勒而言,发掘知识是一件有关伦理的事,涉及类似"与自我的关系"等这类东西(Mill 1980: 332)。相似地,马丁·海德格尔(Martin Heidegger)至少在他后期的哲学著作中提出一种不太有吸引力的、浪漫的或神秘的,而不是——可论证地——反科学的论断,认为也许存在更深的、更"具调节作用的"真理,这种真理比建议性的思想或算计性的真理更有价值(参见 Heidegger 1966: 46)。

与这种强调相反,我们的启蒙观不涉及关于真理的任何特殊的哲学观点。它只是提出,真理的所有形式都依赖一种伦理学。

如果仅从抽象的角度看,这种伦理学可以被称为真理讲述的道义论。我从开始就想坚持的是,尽管这种关于真理的伦理视角是要承认存在着讲述真理的多种方式,但从任何意义上说它都不会使我们陷入关于真理的相对主义——或者说,更不会导致主体主义。真理讲述的游戏并不必然与它们自身之外的东西相关,而且,这些游戏使得辨别何者为真何者为假成为可能(参见 Hacking 1982; Hacking 1983b)。考虑到真理的游戏比较少,这种观点的后果实际上并不像我们原以为的那样具有颠覆性。这并不是说存在着很多不同的真理,而是说真理是困难的,很难获得,而且最终是伦理性的,源于人们对这个世界的投入。也不是说要采取等同于像理查德·罗蒂等这样一些当代后现代或后实用哲学家所采纳的观点。对罗蒂来说,真理就是语言和隐喻问题,真理的进展只是发现"不断增长的有用的隐喻"(Rorty 1989: 9)。沿着这条道路走下去,必然面临主体主义和相对主义的所有常见危险,因为根据这些概念,真理可以针对任何事物,这就陷入一种无意义且不加鉴别的保守主义逻辑。

关注真理这一问题的对启蒙的批判态度也许具有实用主义倾向,但它和罗蒂所赞同的那种实用主义走的是不同的道路。它不是用我们说的关于真理的语言学观点,而是用关于真理可能性的伦理学概念在考虑问题。我说的真理的伦理学并不是指真理的道德——讲述真理的好的或坏的方式——而是指真理讲述与"伦理工作"相联系的不同方式,即,我们为了将自己转化为自己行动的主体而对自己所做的工作。我们以科学为例,将它看作关于真理的伦理。我并不是说,为了进行科学工作我们不得不在工作中展现自己伦理的一面。毫无疑问,很多科学家通过习惯、本能、简单的智慧或刻苦训练来开展工作,而且并没有用任何明显的方式"影响他们自己"。但是这不是我要说的。我要说的是,一个科学家为了确认自己是个科学家,一个从事"科学"职业的人——也为了被他人如此看待——将不得不把这种科学性作为一种导致科学个性表现之特殊行为模式的特殊天职,而非仅仅是一种特殊的行为活动。那么,关键的则是类似于作为一种特殊伦理倾向的科学的自我形象那样的东西。这些伦理图景并不仅仅是意识形态,尽管毫无疑问在科学中有很多意识形态。它们可以被认为内在于科学作为一种活动的那种规范性,正是如此,它们获得了一种实践地位,它们是科学认识自身以及被认识的工具。

对真理的这种"伦理"观并不意味着,不具有颠覆性的反思性,就不可能试着去独自谈论真理。但是它确实意味着真理是一项困难的事业。采取这种真理的伦理观显然并不是要使真理观念彻底消散,相反,它是要强调真理既是一种义务又是一种劳动(参见 Malpas 1996)。真理的所有类型取决于严格术语意义上的伦理工作的类型。甚至笛卡尔——举个真理理性主义模型的经典例子——也对他自己进行了这项工作。要不然著名的怀疑方法又是什么呢?当然不是试图为所有知识提供确定的基础,而更像是产生自我确信的伦理企图(Gaukroger 1995:321)。笛卡尔的《沉思录》(*Meditations*)如果不是顺服于真理的特定形式的伦理修炼,那它又是什么呢?——或者是这样一种说法,正如最晚近的笛卡尔传记作家所说的,"一种精神之旅,其中真理只能通过净化以及随后而来的某种重生来发现"(ibid:336;参见 Blumenberg 1983:

183)。

　　这就回避了我们到底为什么需要顺从真理的问题,而实际上正是在此处我们需要一种最基本意义上的社会学。究竟真理为什么如此伟大?我们的这种最基本意义上的社会学需要解释一个事实,即,在我们这个启蒙时代,真理一直承担着对事物进行合法化的功能。就我们的时代是一个启蒙了的时代这一点而言——也仅就此而言——判断一个恰当的行为的最终裁定者往往是真理自身。在判断行动的形式、判断过去、评估我们自己以及我们的行为的时候,我们倾向于转向真理。真理这一功能的这种确定性也许应该比它表现出来的更令我们惊异。就超越人们当下利益的客观真理这一概念使用了"超脱"的方法而言,或者是查尔斯·泰勒(Charles Taylor)所说的"自由的身份"是某种主体性的或更确切地说是艰苦的工作的产物这一点而言,这一功能本身就应该被称为伦理性的——也就是说,它是一种文化成就(Taylor 1985a: 5—7)。简言之,如果我们不仅要说确实存在着客观真理,而且要说真理是我们在人类话语中所发现的,那么我们就只能将真理讲述看作伦理学中的一个成功故事。

作为权威的真理

　　在这一成就的背景下,值得注目的不是"爱真理"这一古老的观念,而是"真理本身应该以自己的名义成为一种权威形式"的观念。在某种程度上,这一成就在时间上早于启蒙时期。在这种背景下,为了澄清这一成就的本质,我们应该区分作为真理的权威和

第 1 章 理性、真理及批判主义 53

作为权威的真理。历史学家汉斯·布鲁门伯格(Hans Blumenberg)描述了盛行于中世纪的关于真理的"柏拉图式的"理想,认为此处关于真理什么是"真的"在于它和各种特殊权威之间的关联。

> 早期基督教作家们宣称他们掌握了可以在古代哲学家那里发现的真理……不仅是为了将之作为如今每个人都可获得的东西整合进他们的体系之中——作为我们所说的"客观"真理——而且通过重建其最初的影响将之回归到更为严格意义的真理这一术语(Blumenberg 1983: 72)。

将这种对作为真理的权威的质疑与弗朗西斯·培根爵士17世纪的著作所开创(或者,无论如何可以说,表现出)的内容进行对比,会发现,培根的重要性在于指出真理不仅仅是权威的产物,而是时间本身的产物。现在,提到培根的名字可能会导致我们或多或少将关于真理的这种"现代"观念与归纳科学的理性化绝对联系起来。然而,实际上培根所想的很可能并不只是实验科学,而是他所说的"民间历史"——或者我们会称之为世俗历史——这对培根来说是最完善的学科,因为它并不代表作者的个人观点,而与现实有着紧密联系,并对材料进行大量的工作。对培根而言,民间历史是经验的真正领域。科学创造了现实,诗歌对之进行想像,而民间历史则对之进行加工,将事件与原因联系起来,并关注"与学习状态相联系的所有事情"(Bacon 1870: 300—301; Wormald 1993: 74)。正如布鲁门伯格所说,真理的这一概念是地方性地开放的:"对世界的虚假信任——那正是培根对关于自然的目的论观点的著名排斥中的主要关注点"(1983：384)。这自然就和对真理最终面貌的巨大信任感联系在了一起：

> 当代航海发现的形象左右着培根的思想。没有什么关于未知目标的假定指导船的航行，罗盘使得人们可以保持方向，在这个未知领域中，新大陆最终会出现(同前：389)。

然而，真理的归纳、开放模式使得我们毫不怀疑真理的最终面貌。真理是客观的东西，是可以显露的东西。

真理的这种"客观"理想会导致普遍性之类的东西，这一事实并不应该令我们看不到它最初的偶然性。可能是现代西方世界使得真理成为所有事物的指标，但是虽然如此，我们不得不牢记这种真理观的偶然性，这也是这种真理观的成就。韦伯赋予普遍性这一概念恰当的矛盾边界："现代欧洲文明化的产物之一，研究普遍历史的任何问题，一定会自问，仅仅在西方文明之中，发展出了这种具有普遍意义和价值的文化现象(正如我们喜欢这样认为的)，这一事实是由哪些环境因素共同促成的呢？"(Weber 1992a：13)。

请注意，即使关于真理的所有这些言说使得启蒙批判显得像是来源于一个非常特殊的哲学家：尼采，关于真理的这种最基本的视角并不假定关于事物的一种哲学路线。因为广为人知的是，正是尼采将我们的注意力引向导致现代西方社会产生的"对真理的欲求"。确实，尼采的视角为质疑真理作为判断的首要条件的自明性开辟了空间。在这一点上，尼采的思想极为有用。在《快乐的科学》(*The Gay Science*)一书及其他一些地方，尼采指出，对真理的关注本身依赖于预设的道德承诺,也就是——用他自己的话说——在于对"不欺骗、甚至不欺骗自己"这一责任的理解(Nietzsche 1974:283)。在这种意义上,真理存在于一种真正的预设的形而上学信念,"首先必须有一种信仰,这样科学才能从中获得方向、意义、方法,以及存在的权利"(Nietzsche 1969:152)。但是尼采的观点尽管有颠覆性的主张,仍然是哲学意义上的。他认为现代版的对真理的欲求源于基督教那种禁欲苦行及怀疑世界的倾向。至少,在这个意义上,尼采对真理持怀疑态度,他最终在一种更高——更抽象,如果说更亵渎的——类型的真理形式下,对我们的真理关注提出批判。"对真理的欲求要求一种批判——让我们如此来界定我们自己的任务——真理的价值必须立刻被实验性地质疑"(同前:153;参见 Owen 1998)。

现在,实际上,对启蒙的批判态度不需要如此具有哲学野心,尽管它可能如此。但是我们在这里并不一定要对什么事情都像对真理的批判那样搞得如此不可避免地具有揭露性——除非我们像康德那样在最宽泛的意义上简单地运用批判这一概念。就它从根本上讲与哲学有关这一点而言,我们完全可以说,启蒙批判这一概念与康德的关系至少不会小于尼采。但是无论如何,关于真理的最初质疑的重要性来源于一些更世俗的基础。即使这不是一个传统的社会学问题,这一问题也是实践性的,或者说最少是"在世的"而非形而上学的、抽象的或者说逻辑的。

为什么对启蒙的批判态度可能更多地指社会理论领域而不是哲学的,上述事实就是原因之一。我们并不要求对真理观念本身提出哲学批判,而是要分析启蒙的不同方面。但是这会是怎么样的一种景观呢？我想，在诸多做法中，分析福柯所说的"治理的艺术"在这儿可能是有用的。这就是福柯所创词汇"治理性"最宽泛的含义——附着于行为的方向及型塑过程中的理性以及心智类型。这些研究至少有助于展示，为什么自认为比较追求真理是西方社会的一个方面。

以真理的名义治理

现在让我非常迅速地展示关于治理性的一些方面。在这一背景下对之进行评估，主要是因为它不同于任何社会学主义视角。在启蒙时代，真理与人类寻求治理——也就是说，在非常普通的含义上，型塑——他们自身及他人行为的不同方式紧密相联。控制人类不仅仅在主权或高压的基础上实施，而是通过呼吁真理的方式进行。现代西方的治理艺术类型，正如福柯曾指出的，已经导向"以真理的名义治理"（Gordon 1991：8）。那么，简言之，这种关于真理的现代治理化的特征是什么呢？

一方面，治理以及行为的型塑变得可以依据类似于关于被治理样式的真正科学来预测。要进行治理，个人必须了解一些东西。现代和早期现代的——自由主义的，新自由主义的，以及福利主义的——治理术寻求立基于一种关于人口特征的知识（Foucault 1991a）。简单地说，这种对求知的欲求与前现代的治理特征形成对比。马基雅维利（Machiavelli）试图建议君主如何去维护对领土的控制，现代政府——尤其是采取宽泛意义上的自由主义或民主形式的那些——则需要关于其人口的规则与环境的知识：生存能力、选择、政治倾向性等等。在这种意义上,治理在于求真。如此说来,也许"治理"在现代西方的第一种形式可以和德国的政治科学(polizeiwissenschaft)联系在一起。"警察"(police)的含义在于它导致了治理的一种世俗形式,包括被理解为人口的国家的整体性(Kneymeyer 1980)。到 19 世纪早期,人口这一概念向一种宽泛的人口理解方面转化。福柯记录了一些国家从基于主权和家庭的治理模式向基于内在人口规范的转变过程,包括"一系列内在的、集合性的后果,家庭中不可避免地发生的一些现象,比如传染病、地方病导致的死亡率、劳动和财富的螺旋式上升"等等(Foucault 1991a: 99)。示意如下:用"自由的"方式治理——在此需要对自由主义概念进行严格界定,它并不是按一般的政治哲学所指的含义使用——个体必须使其用以治理的样式服从于真理的机制,而且这里提供的知识同样会满足治理的目的——人口的安全、福利及安宁。

谈论这些转变,并不是在谈论社会本身层面的变化。谈论治理的现代艺术与用划时代的术语来谈论整体社会的特征不是一回事。"治理"中的心智是重要的。关键在于治理行为所具备的比较严格的理性或心智,而不是整个社会的结构原则。一方面,是从基于国家理性的治理形式到基于"自由主义"等的治理形式的转变;另一方面,是从警察国家到自由社会的变迁。谈论这二者是有区别的。同样重要的是,要注意到这样一种治理概念使我们远离现代性的划时代图景,在这种图景中处于核心地位的是对人口多少有点恶意的监视或社会控制——例如,在鲍曼对现代"园艺"理性(命令、分类以及控制,而不是放任的规范形式)有些带有幽闭恐惧的陈述中所描述的,是可以被称为现代性的铁笼理论的一个梗概(Bauman 1987)。与此相反,至少在那些热衷于福柯所特指的治理的自由艺术而且政治经济是其治理的核心科学的国家,安全并非导致社会控制的强有力的干涉主义原则,而是导致关注确定"人口过程中必然是不透明的、密集的自治特征",其当务之急是认识到"这些过程容易受到影响,需要将它们纳入'安全机制'框架之中"(Gordon 1991:20;参见 Hacking 1990)。

另一方面,为了好的政府而产生的对真理的要求,还可以进一步表现为古典自由主义自由观。在这里,真理不仅是治理的手段,而且是好的、被启蒙了的政府的一个方面——对有些人来说,甚至是一种衡量标准。这不仅是说,必须有一种关于人口过程的知识,而且是说当这些过程与"自由"最大限度地联系在一起的时候,效果最佳。同时,与此相联的是,只有通过自由它们的真理才能显明。只举一个经典的例子,这是穆勒《论自由》(*On Liberty*)一书的核心理念,书中观念自由被明确作为显明真理的先决条件,而真理显明则又是一个好的政府的先决条件。这是一种关于真理的均衡理论,安宁只有在自由追求真理的基础上才是可能的。

> 真理,作为对生命深深的现实关注,更多地是对立面之间相互妥协、融合的问题。很少人有足够广博并公正的头脑来进行正确的判断,真理只能通过敌对阵营的人员之间相互抗争的艰苦过程才能达到(Mill 1992:47)。

显然,这里的政府并不与公共领域对立。在某种程度上,公共领域应该作为政府的对抗力量。公共领域的存在本身甚至可以被看作好的政府的健康表现。现在，没有一个正常人会在《论自由》这样的文本中读出关于现代性的社会学现实来，但是前述例证至少潜含着关于好的政府应该如何的热望。穆勒展示了一种立场，它将政府与追求真理之间的联系看成类似现代较宽泛意义上的"自由的"西方社会的必备条件这样的东西。

因此，以真理为名的治理的出现并不能作为某些隐含的社会学原则的表面症状。从某种意义上说，所有社会都是真理社会，其中知识和思想的角色在社会组织中发挥作用。但是，说现代西方社会走向质询真理的特殊道路，并不是说这些社会必定是被启蒙了的，或者它们发现了真理之路，也不是说——像一些划时代的范畴，如风险社会、信息社会、后现代社会等等，所指出的——这些社会的指导原则可化约为真理问题。实际上，它要说的是，这些社会已经将对真理的关注首先转化为可探寻的，甚至是可质疑的关注。32 它要说的是，这些社会是通过一种关于真理的真正的"政治学"，以及其他诸多要素，被创生出来的。根据这种政治学逻辑，真理很容易被当作一个问题。实际上，可以说，在我们社会中决定真理关注的，正是我们不知道这种关注将涉及什么。这种对真理的承诺本身就导致真理本质的不确定性，情况甚至可能是，我们对真理的承诺导致在真理问题上的反基础主义倾向。这可能正是作为启蒙意涵基础的"作为权威的真理"这一概念的后果。对真理的现代关注作为一个内在的方面具有这样一种质疑特征。

真理及反基础主义

让我们再进一步考虑关于这种情形的伦理学。也许只有以我们与真理现存关系中发生的特殊变迁为基础，才有可能认识到真理内在的这种有问题的状态。如今我们常常被告知，知识已经变成地方性的、反基础主义的、依赖情境的、相对的。这里涉及论争中很多不同的流派。部分地，就像克利福德·格尔兹（Clifford Geertz）或布鲁诺·拉图尔那样的人类学家的著作所展示的，这种反基础主义转向开启了以前紧闭的曾阻碍对思想进行人种学考察的黑匣子或宏大概念（Geertz 1983; Latour 1987）。当然还有其他一些非常熟悉的力量在运作：在保罗·费耶阿本德（Paul Feyerabend）那里就是颠覆科学的政治热望；在雅克·德里达（Jacques Derrida）那里就是对哲学传统的不满，如此等等。然而，反基础主义不是单一的教条，而是由种种事情生成，而且与这些观念的诸多反对者所认为的不同，其中没有任何事情必然会导致不负责任、幼稚症以及丑行等。对促成对启蒙批判态度的真理的强调，既试图使我们远离这些激动人心的反基础主义观念，也使我们回避关于现代性的伪韦伯式的铁笼理论，根据这种理论，西方的经历只不过是讲述展示控制的理性化过程的一个故事而已。启蒙批判并不必然意味着谈论关于真理的一种流动的多元性，而可能只是谈到真理的彻底终结（参见 Malpas 1996: 161）。毫无疑问，最好是记住，已经发生的事情并不是一种新社会的诞生——后现代性或者其他的什么——而只是关注真理政治学的转向。在这种背景下，并不是说存在这样一种新的政治学,而是说这种政治学开始采纳的形式是新的。如今我们并不是处于真理的终结时期,而只是处于关于真理的一系列变化方式的交叉点上。

如果真理没有消失,那么可能是出现了关于真理的新图景。如今,有些人认为这非常危险。似乎开启了通向"什么都可以"这样一种认识论的闸门,不再有任何责任可言。也许确实存在这种危险,同时人们必须认识到,那些哀悼在真理问题方面责任丧失的人认为他们自己正在承担真理的职责。他们和他们的对手一样都全面涉入对真理的现代关注中。但是这种反应并不一定要深入本质并表明与真理的特殊关系。对真理的这种信仰主义态度并不会真的有什么用处。例如——举一个很有影响的人——评论家克里斯托弗·诺里斯(Christopher Norris)实际上主张,真实的就是理性的,并严厉驳斥那些不采纳此观点的人(Norris 1996;参见 Barry 1993)。在我看来,这真是一种非常未启蒙化的真理模式:很好地反映了某些后现代的无聊,以及诺里斯力图谴责的非理性的反基础主义态度。诺里斯处于奇怪的处境——对那些信奉理性的人而言——他所呼吁的东西,非常令人不安地像是对真理的盲目信仰,他的批判不像是理智的系统阐述,而更像是对那些不顺从的人进行的认识论裁决。

当然,这种不宽容态度不应该被看作是启蒙批判的特征,或者根本就不是对启蒙的态度的特征。诺里斯就像穆勒所描述的那些"使真理变得更像迷信"的人(Mill 1992:35)。对诺里斯来说,真理似乎真的就存在于世界之中,尽管他非常不愿意说真理到底是什么。但是,我依然认为问题并不在于其现实主义,而在于这种立场所隐含的道德主义。把诺里斯和约翰·塞尔(John Searle)那样的哲学现实主义者的观点对比起来看,就可以发现区别。这些哲学现实主义者对真理信仰赋予了实际内容。塞尔把源于进化生物学和原子论的基本存在论作为所有真理的基础,由此来阐述社会现实的结构(John Searle 1995: 5—7)。在此,通过向我们展示其基础本体论的实际内容到底是什么,塞尔在做实实在在的工作,而没有成为某种信仰形式。塞尔或对或错,但他所说的在经验层次上很容易理解。另一方面,我认为我们需要对诺里斯这样的人保持警惕——有很多这样的人。他们断言真理作为一种信仰的圣洁性,但是,除了——似乎——那些具有道德内容的真理之外,他们并不努力使我们确信任何特定真理的内容。对诺里斯这样的评论家而言,真理问题就像神职人员背叛上帝一样,这些背叛者立刻就受到谴责。诺里斯就像朱利安·本达(Julian Benda①)一样,谴责知识分子背叛带来的巨大灾难,主张"具有约束力的永恒价值的柏拉图式的普遍主义形而上学",但这种主张立足于权宜性而不是实际的知识;也就是说,不是根据真理或谬误,而是根据所谓的非理性主义者质疑真理时得到的遗憾的结果(Gellner 1990: 21;参见 Gellner 1990a: 129—132)。正如盖尔纳在他对这个问题的伦理学进行的温和讨论中所坚持的,我们可以言行一致,就像尼采那样,甚至在试图驱除真理时也是如此。也可以言行不一——就像很多反后现代主义者那样——以真理的名义反对了太多东西。盖尔纳这样说

---

① Julian Benda,法国哲学家,1927 年出版《知识分子的背叛》(*The Treason of the Intellectuals*)一书,谴责那些为了短期的国家权力和军事辉煌而背叛人类自由和国际和平等普遍理想的人。——译者注

道:"对神职人员背叛最激烈的谴责,将我们的处境伪装成比实际的情形要清晰和毫不含糊得多,这本身就是背叛真理的一种形式(Gellner 1990:26)。"换言之,真理并不容易,它既要求关注也需要工作(才能获得)。现在,在对启蒙的批判态度的语境下,将采纳哪种形式的关注概念呢?

在本章的开头我说过,我们将不得不考察对启蒙的批判态度被赋予的特定含义。最首要的,什么才是这一概念的"批判性"呢?这就是本章剩余部分我将要去做的工作。我的观点是,对启蒙的批判分析本身针对的那种启蒙——甚至是采取完全"否定性"形式的那种——在"人类学"意义上是乌托邦式的,同时,在特定意义上,还是"禁欲的"和策略性的。

乌托邦主义

如果我说对启蒙的这种批判态度恰恰是社会理论的关注点,这不仅仅因为社会理论常常就是从启蒙问题中生发出来的,同时也是因为社会理论具有,甚至可能夸大了所有社会科学尤其是社会学具有的一种特殊品质(更多内容见后文"结论"部分)。学生们根据某种"经验"学习是讲授这样一些学科时非常普遍的经历。毫无疑问,从教育学意义上,说社会科学各学科像物理或化学这样一些比较"科学"的学科一样,仅仅是在传递知识,这是不公平的。实际上社会学从来都不仅仅只是关于这种知识传递的学科。它本质上是一门实验性的学科,也就是说,它会对那些学习者产生一种体验或一系列影响。一般来说,这种实验性的效果包含着对个人体验的一种去自然化。社会学的存在就是为了激发我们思考我们的偶然性,或者至少是我们的可变性存在的可能性。这样做的时候,社会学可以利用科学程序或类似的东西,但是既然它激发的是一种特殊的偶然性经历,实际上它就更像是一门伦理学而不是科学。

对很多人来说——例如批判的或激进的社会学家——偶然性很难成为思考的对象。他们会说,社会理论或经验社会学的功能在于批判,意味着以另一种社会——比如社会主义——的名义,对现存社会形式进行批判。确实,可以想像有些人会说,社会理论著作分析的涉及分析客体的任何认知上的怀疑主义,都背叛了与"社会的"或"社会主义的"社会之理念联系在一起的学科的原初基础。但是实际上,甚至这样一种热望也是伦理性的而不是严格意义上"科学的"。而且这种伦理特色也决不必然意味着辱没经验社会学。倾向于伦理性,这种社会学是一种乌托邦。重申一遍,这并不意味着败坏批判社会学的名誉。齐格蒙特·鲍曼曾用他所说的"积极的乌托邦"来描述社会主义(Bauman 1976)。对鲍曼而言,乌托邦远不是不合时宜且不可能实现的某种东西,而是在当今现实中获得特定平衡作用的方式。他说,乌托邦主义就像一种技术发明,用另一种经验来否定当下经验(同前:12;参见 Velody 1981:134)。就批判社会学和社会主义的命运似乎或多或少相互联系这一点而言,我们可以说社会主义社会对社会学而言起着一种积极乌托邦的作用。因而,批判社会学就可以在优良社会的名目下批判现实。尽管批判社会学的一些实践者并不这样认为,但实际上它日益成为一个伦理学问题。

但是,我还是要说,对启蒙的批判态度走到了一个极端。它利用作为所有批判社会科学基础的教育学——或者更恰当地说,对话性的——原则,并使之激进化。这也符合它自己的积极反事实乌托邦主义。但是,正如我在导论部分概要提出的,确切地说,从人类学视角看,启蒙批判具有乌托邦性质。也就是说,它更多地反映了我们的本性而非社会的现状,是一门关于人类本性和能力的学科,而非关于社会的实证科学。

这是在大大被贬损的意义上使用"人类学"这一术语。"哲学人类学"这门老学科分析"人"的可塑性的限度,可以说是一门关注人类本性特质的学科(Honneth & Joas 1988)。重新构想这门学科更启蒙化的版本的企图是有基础的。伊曼努尔·康德将其哲学人类学命名为"实用视角的"人类学。这一实用概念是为了区别于那种关注"人的本质是什么"的哲学人类学。另一方面,实用人类学关注"什么使得人、能使人或者说应该使人成为自由行动的存在"(Kant 1978:3)。也许我们不应该擅自将实用人类学解释成更宽泛意义上的关注"启蒙了的人"的人类学分支。从康德的角度看这未必完全正确。对他而言,正如查尔斯·泰勒(Charles Taylor)所写的,自由是"所有人,确切地说是所有理性的能动者——不论他是不是人类——的一种财富,因此也是对他们的要求。同时他的概念与'人是什么'这样一种形而上学理论联系在一起"(Taylor 1985b:326)。在这种意义上,康德的人类学可能是实用的,但也是哲学性的、形而上学的、理论性的。但是如果我们从以下立场出发,即,我们实际上并不知道"人"是什么,人类本性的特点之一,其实就是人类自由的特征之一,就在于我们不可能知道"人"是什么,那么这可能是一种实用人类学。但是从某个特殊的方式来看,它也可能是一种与积极乌托邦相联的人类学。这种积极乌托邦由自由之梦构成，认为人类本性具有产生新的自由形式的无穷可能。关于我们能力而不是我们社会的乌托邦——简言之，是乌托邦的伦理而非社会学景象。

禁欲主义与策略

在此，社会学传统本身可能不以批判现实主义或者实证面貌出现，而仅仅在如下意义上被运用，即，社会学传统，尤其是社会理论的独特传统，可能已经被看作人类能力的中心，被看作人类学及伦理学的传统。比如，我们举韦伯为例。

如今被冠以"经典"社会理论之名的著作，最著名的可能要算韦伯的《新教伦理与资本主义精神》了（Weber 1992b）。韦伯尽管也可以算是经验社会学家，但说他是社会理论家可能更合适。最好不要将韦伯的著作解读为关于社会的科学，而应该解读为关于文化的科学（Turner 1992；第五章）。《新教伦理》一书认为禁欲的新教是资本主义精神的主要来源。实际上，关于资本主义的成因远远不如关于现实的日常生活世界以及个人职业的现代转向的争论多，而且这种关注更多在于文化理性而非社会组织。因此，本节的标题便展示了这种禁欲主义的关注。这常常被解释为基督教意义上的禁欲主义，即，拒斥欢乐。这确实是韦伯所指的部分内容，但是其更宽泛的方面是关注更笼统含义的苦行。基督教的禁欲观——作为否定性的及否弃世界的东西——我们可以说是有局限的而且是地方性的。法国知识历史学家皮埃尔·哈多认为基督教的禁欲主义就是禁绝,但是在古代哲学中,它类似于某种"精神修炼"、"思想和意愿的内部活动"(参见 Foucault 1986: 9, 27; Hadot 1995: 128)。这种相对宽泛意义上的苦行并不意味着我们加诸于自身的禁止,而是个体所做的用以将自己转化为能够型塑自己本性的伦理主体的工作。

毫无疑问,韦伯的兴趣是这种宽泛意义上的禁欲和苦行。对他而言,文化批判应该反映由世界的必要条件赋予我们的那些东西:禁欲的职业文化。在这种程度上,韦伯是个理想主义者,是他所说的"现实科学"的实践者。个人不得不在他被给予的领域中工作,并清醒而不失尊严地面对这一事实。对韦伯而言,这意味着社会科学本身就是禁欲主义的一种形式,也许甚至是在完全自我否定的意义上:"我们应该工作并符合'生活的要求',在人际关系及职业方面"(Weber 1991a: 156)。对韦伯来说,世界并不会回到前现代巫魅时期,而且韦伯的著作当然也决不试图去颠倒世界的去巫魅化的后果。对他来说,生活的唯一诚实的方式,是顺从个人的恶魔,是在"作为职业的科学"这一背景下,将自己献身于令人信服没有幻象的科学的平淡样式。但是文化科学,韦伯认为,在更宽泛的意义上也是禁欲的——也就是在苦行的意义上。韦伯的目标不仅仅是推导出一种绝望感或者是自我否定,同时也是要改变我们理解自身的关系。它本身就是一种关于自我真理的禁欲工作,并试图寻找摆脱限制我们的现存真理的条件。毫无疑问,那就是为什么韦伯在《作为一种职业的科学》一文中以如此热切的口吻谈论清明。清明就是可以不带幻觉地行事。清明不只关涉手段与目的之间的关系,还关涉我们的确信本身的意义:"因此,如果我们有能力追求……我们可以迫使个体,或至少我们可以帮助他,就自己行为的最终意义向自己做出解释"(同前:152,第五章以下)。这意味着我们必须对这种批判风格一方面完全进行伦理学的理解,另一方面也作为知识干预的实证的或传统的"科学"形式来理解。

让我们通过进一步参照哈多关于古代伦理学和哲学的著作,来简要描述对苦行的批判观及其与启蒙批判态度的关联。哈多抽离出古代世界精神修炼所共有的一系列特征。例如,他坚持说哲学一开始并不是被当作一种理论话语,而是作为通过思想修炼对意愿进行工作的一种方式。只是从 17 世纪开始,哲学才披上了权威理论话语的外衣,发展出将真理当作"由根植于自身的理性所苦心经营的过程"的结果这样一种假定(Hadot 1995:76)。哈多还坚持认为促成哲学职业产生的修炼是"精神性的",其中涉及个体向新的人生阶段的转型(实际上以一种对话的形式),同时实际上其本质是具有镇定作用的,在某种意义上是一种"对激情的治疗"(同前:83,138,275)。采纳斯多葛派思想作为自己的范式,哈多主张哲学的任务是发展能够促使主体变得能与他们自由的自然界限妥协并将自己与存在的"宇宙论"维度联系起来的修炼(同前:275,285)。最后,哈多暗示在当代,哲学可能处于重新发现表现为精神修炼形式的一些根基的过程中。显然,他首先想到的是维特根斯坦的治疗哲学,即,关注为具体的目的而"收集提醒物"[①]而不是建

[①] 维特根斯坦中期哲学思想把哲学研究看作语法研究,理由并不在于强调语言的实际用法,而是强调语言用法的一套规则;只有语词的完整使用规则才能够表明语词的意义。其中一个说法就是"哲学家的工作就是为了某个具体的目的而收集提醒物"。——译者注

构形而上学理论的哲学(同前:280,285;参见 Wittgenstein 1994:267)。

哈多的讨论对我在此关注的目的有所助益的是,当回避理性主义的时候,它为我们提供了一种思想批判风格,这有点偏离我们传统所认定的理性哲学。尽管哈多的论述实际上直指哲学本身,但在使我们脱离哲学束缚的程度,以及回到一种不同的哲学的程度,这两方面它都有所帮助。这里所说的是哈多的思想观,它首先是教育性的而非理论性的,是转型的而非再现的,是伦理的而非意识形态的。简言之,它提供了作为伦理苦行的思想。但是哈多的描述也可能产生相反的影响:即,在他感兴趣的哲学和我试图勾勒的可能对社会理论有些作用的启蒙批判态度的广阔图景之间产生一定的距离。

哈多喜欢"精神修炼"这一术语,因为它具有总体性内涵:一方面,这一概念促成对主体"整个灵魂"的工作,另一方面,修炼的目的就是为了,如哈多所说,"从整体的视角",超越主体性、取代自己(Hadot 1995:82)。但是启蒙的禁欲主义并不需要有如此高尚的主张,也不需要关于主体的整体经验"转换"。个体可以用零星的方式对待自己,而不必期望达到整体的方向性转变,也不必一定要将苦行与"宇宙观的"主张联系在一起,即使按哈多的理解,这确实是斯多葛派思想家们的主张(同前:207)。苦行可以是开放的、实用的,可以说寻求的是亦为因的果,而不去事先确定必须遵循的顺序。无论如何,这就是我们应采纳的启蒙批判态度所适合的批判风格。

这使我们考虑另一个问题,它是哈多所描述那些精神修炼的核心问题,且可能与我们有关。对哈多来说,这种修炼首先被用以安抚激情,用以协调自己和世界的关系。哈多强调古代哲学传统和早期基督教传统在这一问题上存在很高的连续性:

> 无欲超然不仅在埃瓦格雷(Evagrian)形而上学这样的理论建构,而且在僧侣精神(monastic spirituality)方面都发挥了非常重要的作用。此处,它的价值与心灵平静以及焦虑消失的价值紧密联系在一起。无忧(amerimnia)或者平静(tranquillitas)。加沙的多乐塞雅斯(Dorotheus of Gaza)毫不犹豫地宣称,心灵的平静是如此重要以至于如果有必要的话,一旦个人心灵的平静受到威胁则必须散财。同时,心灵平静——tranquillitas animi——一直是哲学传统的核心价值(Hadot 1995:138)。

我们对启蒙的批判态度可能实际上希望产生与此相反的效果,即,不是使我们平静,不是协调我们和事情使之维持现状,而是使事情变得更加困难,向我们开放变化的可能性,使我们动荡不安(参见 Burchell 1993)。这种效果可能看上去是破坏而不是建设,但是将其作为因,则它也是积极的。这些困难当然属于这样一种批判主义形式的教育目标——使思考变得更困难,颠倒似乎纯粹由本性促成的思维的轻易方式。简言之,使我们更善于判断。

这并不是说人们从批判中所要求的是"麻醉"效果,即,一种故意无能的效果,这种效果使得人们可以从当下问题中抽离出来

(Foucault 1991b: 84)。我认为,从导致个人之间对抗性权力的角度看问题更合适。实际上,这是苦行修炼的全部意涵:

> 既然习惯是一种强有力的影响,当我们习惯于只对那些外在之物产生欲望和厌恶时,就必须用相反的习惯来对抗这种习惯。当那些感觉表达的不可靠本质起作用的时候,我们必须将自我训练作为对抗力量……我愿意快乐:为了训练自己,我走向事情的另一个极端。我希望避免艰苦的工作:我朝这个方向压抑、修炼自己的感觉印象,这样我对事物的这种厌恶就会消失(Epictetus 1928:83)。

对抗权力的关键在于它们是策略性的。人不会无缘无故批评所有东西,而只是去批评那些要求运用对抗权力的问题。简言之,我们将注意力集中在似乎直接从自然或必要条件赋予我们的那些文化形式上(参见 Burchell 1993)。

总之,我在此勾勒的对启蒙问题的批评态度并没有成为普遍科学的雄心,而只是作为策略或伦理话语的一种特定形式。如前所述,批判还有其他形式,它们并不必然需要后现代主义所要求的那种嘲讽的解构。在我看来,本文的目的并不在于傲慢地试图去发现某种普遍的——或者甚至是必不可少的——模式或批判"理论",而是将我们指向一些特定的事业:提到启蒙,那些似乎最诱人、最不言而喻、最显然的方面。然而,这样做立刻又会使启蒙观念本身变得模糊和困难。换言之,它们是我一直在勾勒的对启蒙的严格的、略为奇特的批判态度中最有激发性的那些方面。如果科学只是启蒙这一方面的一个重要例子,这是因为或明或暗地,它常常被当作启蒙本身的"核心情形"或模式,因此,与科学的"科学性"问题联系在一起就是直接将我们置身于启蒙问题之中。

第2章 科学启蒙面面观

科学和反科学——科学和社会——启蒙和社会科学——科学启蒙——实验科学——易谬主义和历史性——拒弃者——拉图尔的反基础主义——科学和伦理学——反简化主义——逃脱之路

我们的时代似乎既是科学的又是反科学的时代。我们被社会学家布鲁诺·拉图尔所说的"已经制成的科学"所包围——汽车、太空机器人、电视、中央空调、电脑、电灯泡、癌症治疗,以及所有现代的专门技术用品。但这是否意味着我们的时代实际上是一个被自然科学"启蒙了"的时代呢?很多人会说不是。科学家们申请资助来推广对他们活动的"公众理解",年轻人为抗议动物实验而炸毁实验室,社会学家们撰文谈论科学的边界以及公众对科学家信赖的消逝,大多数美国人似乎都相信他们被飞碟绑架了。社会科学特别倾向于对科学采取一种比较含混的观点。过去几十年对科学的社会研究的趋势是相对主义、反基础主义及后现代主义,这些趋势要么把自然科学当作另一种语言游戏,要么把它当作多少带点欺骗性自我夸大意味的东西。按照这种观点,科学启蒙的观点本身具有欺骗性且没有什么意义。

然而，我想，对社会理论和社会科学而言，对事情听之任之可能是个错误。我们脑海中都有些关于科学的图景。科学的地位问题——关于什么是"科学的"这一问题，即使我们是愤世嫉俗者，我们也同意以科学的名义运用我们的日常语法来加以解释——不会像那些试图解构科学统一性的人认为的那样容易解决。本章我为科学启蒙观辩护——或者我至少是为这样一种观念的观念辩护。然而，这样做或多或少要求对拉图尔所说的"正在制造的科学"、对那些被用以生产所谓科学的怪事的东西——而不是"已经制成的科学"——有一种独有的关注。按这种观点，我们称之为科学的杂芜纷呈的活动不再是一种制度或者一套有限的可界定的活动——甚至也不是一种理性主义方法论的结果——如果说它到底还是某种具有统一性的东西的话，我们毋宁说它是针对真理伦理学的一种特殊风格倾向。当主张存在与自然科学相联系的真理伦理学的时候，我发现在布鲁诺·拉图尔和其他考察正在制造的科学的有关科学的相对主义分析家们之间似乎不太可能结盟。我尤其主张，他们的反基础主义导致与常常伴随社会科学的反科学偏见相反的方向。本章我将比较详尽地讨论拉图尔及比他更早的一些法国先驱（和对手）——加斯顿·巴什拉和乔治·康吉翰（Georges Canguilhem）的著作。

在这样做的时候，我并不是要提出任何令人激动的总体科学理论，而只是试图表明我们关于科学的启蒙既不鼓吹科学的永恒优点也不批判科学理性的工具性特征，相反，我们一直关注科学提供的那些真理。根据这种观点，科学启蒙起始于对自身的批判。因此，本章讨论的核心具有某种讽刺意味：只有当社会科学不畏惧打破关于它的所有理所当然的看法的时候,才能达到对科学的最佳理解,并对科学具有最大限度的同情。最后,在本章行文的结尾处,我将对这种科学观的"伦理"意涵做一个总体评述。

科学和反科学

但是我要从科学与启蒙之间关联的一些模式开始讨论。我评述的目的在于完成一个重要的先期任务:使我们摆脱科学启蒙的理性主义理解的诱惑,我认为,这种理解趋向于导致社会科学的反科学视角。

先考虑一下启蒙运动本身的一些方面是有所帮助的。启蒙运动时期不是自然科学的时代,而是以尊崇自然科学所取得的成就为特征的时代,或者可以将之简化为一个名字——伊萨克·牛顿。在此,关键是自然科学作为更普遍的启蒙模式的问题。所以对孔多塞(Marquis de Condorcet)而言,启蒙的理想本身即屈从于自然科学范式,而且他指出,在每一阶段,这些科学都为启蒙了的人们提供赖以遵从的模式(Baker 1975: 85)。但是在此,哪一种科学模式才是合适的呢?对于这一点,有两种完全不同的思考方法。第一,可以称之为广度模式,或者是作为启蒙的科学。在此,启蒙的范式以自然科学模式为基础。牛顿、几何精神、理性方法,这些是此种启蒙的口号。达朗贝尔(Jean d'Alembert)和孔多塞,以及其他一些推动者,包括克莱罗(Clairaut)、莫佩尔蒂(Maupertius)、博雷利(Borelli)和拉格朗日(Lagrange)等,就是这种以理论物理为核心的启蒙的科学精神的象征。然而,关于这些思想家比较有趣的是,在某种程度上,他们实际上是极力推崇理性主义演绎的科学模式的少数派,该模式在某些方面与牛顿自己的工作中体现出来的更具实验性的精神是对立的(Gay 1966:127;Hankins 1970)。对大多数人来说,启蒙思想家背离了汉金斯(Hankins)所说的对人文主义具有更开放精神的"更傲慢的理性主义"模式。无论如何,《百科全书》基本不是完全致力于促进自然科学,而启蒙最令人瞩目的典范——让·雅克·卢梭及伏尔泰——更强调人文主义及哲学精神而不是自然科学的价值。那么,也许正是孔多塞对科学的信念使他成为少数派。

但是,同样,事情可能并非如此。因为还存在另一种不同的——也许可以说更具深度的方式来联系科学模式和启蒙模式,即根据可以被称之为科学启蒙的模式来考虑问题。根据这种模式,科学被当作启蒙的一个方面而不是其唯一的模式。该模式要强调的不是所有启蒙都采取科学形式,而是从科学的特定例子中可以获取启蒙教训。这转而意味着搞清楚这样一种模式应该是怎么回事。令人感到惊奇的是,这种模式最好不被放入理性主义阵营的证据主要来源于孔多塞这个有影响力的人物。对孔多塞来说,启蒙似乎并不存在于科学的霸权地位,而在于某种合适的科学精神气质的确立。科学用一种"系统的精神"(systematic spirit)来取代"系统精神"(spirit of system)。这并不意味着对所有事物普遍的理性化,相反,它强调的是一种方法上的认识论谦逊——观察、计算、对人类知识的必然局限性保持警觉——因为"当一个人意识到他自己知识的局限的时候,他才能最大限度地发现自然的真理"(Baker 1975:90)。根据这种模式,科学的描述性特征比系统性特征更为明显,它是一种有力的工具,也许与人类有关,但并不是探测"存在之海"的万能之物。首先,科学是关于进步的特殊模式的一个象征,它不是一种理性主义模式,其中进步仅仅在于在某种突变的基础上应用科学发现;它是一种人文主义模式,据此,缓慢且局部性的进步成为科学的另一种迟缓以及有限的成功的证明——就它体现为一种谦逊的精神而言,科学是进步的(同前:93—94)。[44] 这就是可能被发现是内在于科学理性自身实际逻辑的启蒙模式,这就是自然科学的谦逊和局限。正如孔多塞在其《人类精神进步史表纲要》(*Esquisse d'un tableau historique des progrès de l'esprit humain*)一书中指出,正是这些东西使得该模式成为值得遵从的模式(同前:94,189)。

我认为这为人们一般采纳的观点,尤其是批判理论的旧传统置入了一个新的视角,也就是说,启蒙的傲慢自大在某种程度上来源于科学的傲慢自大。也许正相反,自然科学模式的实质可能在于它应该制止启蒙的傲慢自大。因此可以说,通过远离科学的理性主义模式,社会科学也许能够避免源于根据常常导致反科学偏见的范式来看待科学的那些诱人但无用的视角。

这种颇流行的对科学的反启蒙视角有一个简单的来源,也就是认为科学已经散布于其合法界限之外,且导致了韦伯所称的"科学对生活的征服"(Schroeder 1995)。那些对其生活的时代采取划时代态度的社会学家及其他学者,大多采纳这一观点。对某些思想家而言,"科学文明化"值得庆贺,但对很多人来说,包括大多数人文学者,它生成了某种值得警惕的东西。西方现代性逐渐被看作科学组织和理性化科层制,这是人类社会能够经由科学原则而组织起来的梦想。持这种观点就是认为,科学的理性模式已经被纳入人类关系世界,毫无疑问是通过社会科学的中介作用。这一视角有两种不同的构成元素:其一是科学主宰社会的特定观点(也就是,科学作为现代性),另一个是对社会科学自身的反启蒙解读。

科学和社会

实际上要从正统社会学尤其是从划时代视角来评估科学的地位是相当困难的,当然比人们以为的要困难得多。正统社会学家们——不同于某些我们将在后面加以探讨的社会学知识史上更具颠覆性的先驱——对科学感兴趣,因为对他们来说似乎正巧有大量的科学环绕在他们周围。这种视角常常认为科学对现代性本身的特征具有决定性作用,而且认为现代社会可以从科学的本质方面加以解读。但是我要说的是,这些观点太浪漫,它们不可避免地将夸大科学的作用,而且很可能常常倾向于反科学偏见。

科学殖民了社会吗?实际上,从这种意义理解,科学应该被当作一种相当晚近的发展,而且我们应该将"现代性"界定在战后飞速发展的某个时段。德里克·德·索拉·普莱斯(Derek de Solla Price)在其20世纪60年代早期的著作中写道,"大科学"是非常晚近的现象,也许有史以来的所有科学家中大约90%依然健在,科学出版物以前所未有的速度递增,呈级数增长(Price 1963)。但是,即使在这个飞速发展时期,按照正统社会学观点,科学确实是那样意义重大吗?当我们仔细审视时发现,科学活动的"扩展"并不是那样巨大。1989年,经济合作与发展组织(OECD)报道说经合组织国家中大约有166万研究与发展方面的研究人员,占所有职业的0.5%左右——似乎很难说科学家和技术专家占了压倒优势,而这些国家的研究与开发平均仅占国民生产总值(GDP)的2.3%左右(OECD 1989：9)。另一方面,我们可能会辩论说,首先计算在内的可能只是受科学影响的一些特殊领域,比如工业、保健技术以及战争和防御等(参见 Latour 1987：162—173)。但是值得争议的是,即使这样的方法也不能令我们信服。因为,我们再次指出,这些领域相对比较晚才出现。工业过程的科学化直到19世纪下半叶还只是以颇受局限的方式进行着：托马斯·爱迪生于1876年建立了世界上第一个工业实验室。即使在那时候,这些发展多少还是局限在那些工业大幅度集中的国家,主要是德国及1880年后的美国。到1927年,美国大约有1000个工业研究实验室,(怎么看待)这些情况或多或少取决于你的观点(Inkster 1991：113)。战争与健康的科学化又是不同的情况,它们发展得更晚一些。健康的科学化只表现为医疗服务社会化形式的大规模发展,而战争的科学化,只在20世纪后半叶有所发展。

简言之,从社会学意义上说,科学可能是重要的,但这种重要性在很多方面晚于启蒙时代的开端。我们将不从划时代社会学角度探讨科学启蒙的特征。但是,既然我们都知道科学主要是作为一种知识模式而意义重大的,我们就需要用不同于关于社会的正统的划时代科学热望来思考问题。当我们试图归纳"科学"之类明显独立的变量对"社会"等明显的依赖变量的影响时,必须非常小心。对科学启蒙采取现实主义的态度,并不必然导致对科学现代性采取社会学的现实主义理论。这里指的主要不是现代性中对科学的经验"达致"(不论我们如何界定),而是科学作为一种启蒙形式的地位问题。这意味着在自然科学的背景下启蒙批判的目标并不一定是科学家的实际行为或科学的真实的、制度化的维度,而更多的是类似科学精神的东西。对这种精神持现实主义态度——这大大早于科学本身更狭义的社会学意义——与对科学的社会学现实主义不是一回事。

启蒙和社会科学

对社会科学而言,我已经提到齐格蒙特·鲍曼的论点,他认为西方现代性的特征在于"权力/知识"共生现象,或者说已将触角延伸到整个社会肌体及国家的规训权力。根据这种视角,科学与理性计算同义,因此,将自然科学的精神置入社会科学会导致将计算精神引入社会科学,这样一来,社会科学就成为一个管理或行政体系的诸多分支学科。毫无疑问,存在着需要拒斥的理性主义启蒙模式,它认为我们可以通过管理或专门知识来解决人类行为问题。将政治简化为行政的各种政治理性主义形式一直都是各种批判(大多是保守的)的目标。但是,这些批判常常搞错了目标。首先,它们太轻易地将知识的类型与行政管理的类型联系起来,假定行政理性主义必然来源于"纯知识"领域本身。实际上,它们之间的关系应该是行政理性对社会科学发生作用,而不是相反。但是即使这样,这种作用也决不全面。控制社会的单一的、完整的行政理性模式是懒人的神话,用以简化实质批判所导致的令人厌倦的困难。我认为,信奉这种模式就是信奉启蒙在社会科学中的特殊形象,即,认为启蒙存在于由这些科学的实际运用所导致的进步义务之中。启蒙的这种模式仅仅曾作为意识形态而存在。毫无疑问,在孔德、圣西门以及如果不是马克思也许是在某些特定形式的马克思主义中,存在着这种模式的某些元素。但是这些实际上代表的是社会科学的浪漫形象。这种浪漫观必然导致某种同样浪漫的反科学形式,认为社会科学的所有努力都是多余或者有阴谋的。科学启蒙主要在于对这种二分法讹诈的逃避。

正如贝克尔(Baker)在他关于孔多塞作品的杰出研究中所提出的,还有与上述浪漫模式大不相同的有关社会科学的启蒙观。这种模式并不立足于傲慢自大,而是像自然科学一样,立足于认识论的谦逊。因为自然科学与人类的关注和利益有关,它和社会科学是相关联的。它本身是实用主义的、实验性的,而且非常严格。毫无疑问,这就是"对人类而言恰当的研究是人类"这一观念的最初含义。这不是说所有的科学都应该控制人类,而是说所有的知识本身就是人文主义的:也就是说,最终归结为人类。这一观念赋予社会科学的很多不确定的投射以确定的合法性,而且将它们纳入自然科学的特定连续体。将所有科学联系在一起的不是理性主义模式,而是立基于计算信念的一种休谟式的概率模式(Baker 1975:190—191)。由此可见一种特定的完美逻辑,如贝克尔所言,"没有对概率信念的本能习惯,文明社会就不会延续。只有通过对行为的数学理性化,文明社会才能得到完善"(同前:191)。但是这并非如最初表现的那样有利于人类工程的逻辑——鲍曼或盖尔纳的"园艺"精神——这并不是因为这种数学化被证明只是一个无所事事的梦想,而是因为这一做法与如下认识混杂在一起,即,基于概率信念的科学推论必定是对这些信念的尊重,对社会现实的尊重,因而也是对舆论诚实性的尊重。因此,科学不能仅仅像理性主义偶像那样行事,这可能是与科学的实际旨趣与逻辑相违背的。自然地,我们由此可以看到在科学活动和专门知识天生的精英性与民主自由主义之间存在一定程度的紧张,正如贝克尔指出的。但是,我们不得不将这种紧张当作启蒙精神气质的一个方面来接纳和适应,而不是去克服对立的任一方面。启蒙,甚至是科学启蒙,是非常困难的人间事务。

科学启蒙

如果如前所述,科学启蒙的理性主义观使人误入歧途,那么,我们应该采取什么观点呢?我认为,在自然科学背景下进行的启蒙批判应该既不寻求为任何特定的自然科学进行合法化,也不以反科学偏见的名义进行科学批判。实际上,启蒙批判应该考察自然科学作为一种精神气质的程度,以及这种伦理特征在更普遍意义上对启蒙具有的重要程度。

在此我有意在一种特殊意义上使用伦理学术语:不是在技术层面,而仅仅是为了促使人们意识到科学不仅仅是对自然世界的理性反应的产物,它还是特定人类义务的产物。我想,我们可以立即指出这种精神的两个方面的气质:投射的科学(science as projection)和超然的科学(science as detachment)。

首先,谈谈投射的观念。科学精神由聚集的理想所控制。这不是说将诸种真理聚集为一种真理的观念是科学的突出特征,而是说,科学中潜在地存在着科学本身会聚集于此的某种真理。对聚集的这种态度意味着科学是一种导向未来的事业。事实上,正如我们将在下文详细论述的,不将科学事业与认为真理始终有待修正的易谬性原则相联系是困难的,因此科学就是不断地追寻真理——是一种投射,没有边界,存在于其推动者的即时活动之外(Williams 1985: 136;参见 Peirce 1992: 52)。法国伟大的科学哲学家加斯顿·巴什拉发现:

> 科学真理是一种预言(prediction),或者更好一点,是一种论断(predication)。通过发布真理我们将思想汇集在一起,我们将观念和经验一并传递,我们用证实的方式将思想和经验联系起来:科学的世界因而就是我们证明的世界。在主体之上,在客体之外,现代科学建立在投射的基础之上。按照科学思想,主体对客体的沉思总是采取投射的形式(Bachelard 1984: 11—12)。

其次,还有伯纳德·威廉姆斯(Bernard Williams)在他对科学颇引起争议的论述中提到的"世界的完全观念",该观念认为,世界独立于我们作为个人自身的即时视角(Williams 1985: 139)。但是,根据威廉姆斯的观点,这与其说是世界"观念",还不如说是对它的一种伦理态度。这一态度不仅仅是对世界规范性的、理性主义的倾向,它更是评价性的,从这种意义上说,它是伦理性的。将科学与伦理学对立起来是没有意义的(同前:135)。无论如何,科学都含有伦理的成分。实际上,要想使科学成为科学,就应该采取某种宽泛的伦理倾向，即使这些倾向会随之消逝，或者由于强迫或习惯而变得多余。

实验科学

这样的定义并非真的足以抽离出科学启蒙的精神气质。它们与可能被冠以认知伦理学的东西相联系，后者是归结知识功能不同风格的特定方法。但是我们实际上可以不将科学看成是某种伦理而把握这种认知伦理学。科学精神气质的一个更深刻的特征与艾恩·哈金所称的干涉主义特征有关（Hacking 1983a）。他可能从马克斯·韦伯处获得此视角。正如韦伯所指出的，科学的概念基础在现代科学出现之前早已存在。他说，希腊人发现了这个概念："在希腊，第一次出现了一种便利方式，人们可以据此对人进行逻辑推论，使得他不得不要么承认自己一无所知，要么承认正是这种无知才是真理，这是即使懵懂无知的人们所做的事情消逝也永不消逝的永恒真理"（Weber 1991a: 141）。但是现代科学还依赖于其他的东西：比如说，理性实验作为研究原则这样一种观念。正如实验一词的语源学所暗示的，也如韦伯所发现的，实验并不是一个关于如何获得知识的理性主义概念，而是包含伦理学成分的东西，是"经验"的有意而风格化的登台。

实验的精神气质不仅依赖于关于"科学是什么"的一系列观念，还依赖于一种特殊的设置：实验室。是什么使得实验室如此紧密地与科学活动的核心图景联系在一起呢？实验室是一个工作场所，是做事的地方，同时也是一个被收押的地方。它不属于这个世界,在这里,世界的某些特殊元素可以被孤立出来并保持恒定。实验室孕育了独具特征的知识技术:所谓的"实验科学"。这种科学,哈金评论道,"运用孤立的器械去干预被研究的自然的特定方面的过程,预期的结果是对一般的或可概括的种类的知识、理解及控制的增长"(Hacking 1992a: 33)。因此,实验室并不简单是被称为实验的事情发生的地方,而是——理想状态下——新关系被现、新事件变得可能乃至新现象被产生的地方。实验科学"研究那些若非人们将之置于监管之下则很少或决不会在纯自然状态下发生的现象……被研究的现象在实验室被生产出来"(同前:33;参见Hacking 1983a: 220—232)。因此,实验室中进行的实验和其他活动并不能根据理性主义模式被看作是针对事实的一系列理论,或是相反,被看作是针对理论的一系列事实。实际上,这些实验和活动盛产新的经验,而且实验室不是生产客观性的地方,而是工作场所(Lynch 1984)。从这种意义上说,实验室中的科学结果是被生产出来的,它不可能存在于实验室之外。因为实验室是一种被控制的——或者说规训的——环境,在其中种种经特意选择的联系得以构成并被观察。但是恰恰就是实验室的这一方面才使它强大,因为用哈金的话来说,它能做的是"再造我们的部分环境,使之能够再生产首先在实验室纯粹状态下产生的现象"(Hacking 1992a: 59)。那么,即使常常和科学联系在一起的理性决定论也只不过是实验科学这些特殊特征的结果。通过不属于这一世界,实验室使得决定论在一个混乱而不确定的世界中成为可能,因为既然实验室对进行实验的允许范围有限制,它考虑的是其研究对象的定界和定位问题(参见 Bachelard 1984: 107)。

那么,实验主义既是特定实践或伦理义务的产物,也是关于知识的普遍"理性"路数。因此,寻求展示科学态度在其现代创生时期的一些价值观的工作的特殊价值在于:它是先于任何有关它的总体"理论"阐述的一种实验主义伦理。沙宾和谢弗(Shapin and Schaffer)现今已成经典的《利维坦与气泵》(*Leviathan and Air-Pump*)(1985)(参见 Latour 1993a:16;参见 Shapin 1994)为我们提供了实验主义作为一种特殊伦理的令人难忘的系谱学,它构成了我们的科学活动观。路德维希·维特根斯坦(Ludwig Wittgenstein)在《论确定性》(*On Certainty*)(1969)中对他们的信条做了评论:"如果真实是它的基础,则它的基础不是真实,也不是虚假。"实验主义就是这个基础,它并非不证自明,而需要作为一种精神气质被发明,然后作为一种实践被合法化。因此,沙宾和谢弗揭示,实验的长处绝不是不证自明的,它是不同的真理争夺"共识模式"时所要实现的目标。一方面,正如 17 世纪"绅士科学家"罗伯特·波义耳(Robert Boyle)提出的,实验是规训感觉的一种方法。真理要求规训,而感觉是规训的工具之一:"在这方面,通过显微镜或空气泵等装置进行规训,类似于经由理性对感觉进行规训。单是感觉是不足以建构知识的,但是经过规训的感觉则完全能够胜任"(Shapin and Schaffer 1985:37)。另一方面,这种实验主义不仅仅是理论、观念抑或意识形态的问题,它更是生活形式或理性伦理问题。

实际上,沙宾和谢弗坚持认为玻义耳不具有这种"实验哲学",他过的是一种实验者的生活。玻义耳是实验的伦理示范者,"通过他自己的例子向其他人展示,像个实验哲学家那样工作和交谈是怎么回事"(同前:49)。也就是说,玻义耳类似于一个"概念角色",

他代表着对知识的一种态度,对其他人而言那是示范性的,而且包含了完整的认知伦理(参见 Deleuze and Guattari 1991)。玻义耳到底展示了什么呢?他是献身真理的某种风格的代表,他穷尽所有细节,他有意用苦行式的风格写作,他赋予视觉和证据以最高权威,他严格将观察和解释区分开来,他采纳道德的口吻,用非常谦逊的方式"报道"他所看到的事物,同时,只要有必要,他随时准备承认谬误(同前:60—66)。这种实验生活暗示了维系它的组织的整个基础或范围。因此,科学社会就是进行实验的地方,是个体约束其激情并通过"眼与手的联合"获取与其他人进行理性争论的和平自由的空间(同前:78)。同时,玻义耳的对手托马斯·霍布斯(Thomas Hobbes)认为,行为的实验风格的伦理学意涵就在于将之作为教堂田园主义的类似物来反对。然而,对玻义耳、胡克(Hooke)及其他人来说,实验的精神气质的价值就在于它是平和地获得共识的一种方式。

易谬主义和历史性

科学真理的模式——或者更确切地说,传统上与实验科学的"核心"相联系的真理形式——有其根源,那么,这些根源既是理性的,又是伦理的或实践的。沙宾和谢弗不关注伦理学,而偏爱"生活形式"这一术语。我用伦理学一词替代,是因为对我而言,谈论生活的实验形式似乎是指一种整体的世界观或道德,而不是解释性文化习惯的特定环节。但是,就算这种伦理观确实避免了可能与生活形式概念相联系的某些保守主义,它是否也可能彻底抛弃了科学真理中所有有意义的观念呢？

当然，对后现代主义者及其他一些人而言，真理决不可能产生于理性主义或者说"现代主义"模式这一观点本身就可以证明真理是一个多余的概念。对科学真理，我们要么接受这种观点，要么采取基础主义观（参见 Lawson & Appignanesi 1989）。但是，对真理而言，我们无法在现实基础主义和相对主体主义中做选择。正如理查德·罗蒂及其他后现代主义哲学家所认为的那样，科学不仅仅是另一种语言游戏或对话风格，也不仅仅是在"建构"它的对象。相反，科学提供——首先是在实验科学这一形象中——讲述真理的一系列方式的实际运用。在物理的因果性中确实存在正确答案，主要是因为其界限能够在实验室极为精确地得到界定。可以说，在实验室中，自然随时准备对那些错误的做法实施报复（参见 Heidegger 1977：118；Dreyfus 1991：263—265）。自然似乎被知识组织或改造以变得合乎时宜并接受检验。这并不是说自然不是先于知识而存在，也不是说它就是"被建构"的，而是说，我们不得不搭建一个舞台，让自然得以展示——也就是说，在那里，自然被特定的眼睛所看，被特定的手操纵，用受到控制且可识别的方式显现——这样一种展示观必然使得自然具有很多能力，以证明一个人处于错误的道路，错误地把握了自然。显然，这种立场有点背离更不具雄心的现实主义或反现实主义。这意味着科学依赖于用特殊的方式看待客体世界，而且不同的科学都与科学真理之外的任何事情无关。

自然科学并不只是揭示真理。更重要的，它们还有意培养对真理的某种态度。认识论基础主义者会认为科学真理是所有真理中最具哲学严密性的。实际上,要公正地对待科学,我们不得不说,情况可能正相反。从对启蒙持批判态度的视角来分析科学,就是要尽可能地使我们抛弃如下观念,即,认为"解构"一种知识形式就是要拆除或驳斥它。实际上,解构真理就是要展示真理是如何被生产出来的,而不是说真理可以是任何东西。这种批判态度不是解构客体性的问题,而是要根据其历史性来加以分析。确实,这种解构精神就是科学启蒙的一个方面,而不仅仅是对科学恶意批判的一个方面。正如哈金用一句美妙的箴言所表达的:"客体性并不缺乏力量、严密性和抵抗,因为它是我们历史的产物"(Hacking 1992b: 155)。

这种观点显然有赖于内在于作为科学启蒙本质一部分的一种确信——不同于"已经制成的科学"的单纯"发现物"——即,科学从未完成。科学的存在模式证实,根本没有作为最终科学真理而存在的东西,尽管正是我们可以无限逼近真理的信念使得科学在哲学上成为可能,每一天结束时科学家们都必须重复一种信念:"明天我将发现真理"(Bachelard 1984: 171)。

我们决不可能真的谈论已实现的真理这一观念,并非源于误入歧途的后现代主义者或反基础主义者,而与广为人知的易谬主义联系在一起(Peirce 1992; Hookway 1995: 49)。一些哲学家一直试图将这种信条转化为对世界的一般伦理倾向。这当然是科学启蒙的实质。但情况并不仅止于此,只是对于"硬"科学,关于真理的这些问题才显得足够复杂,使得易谬主义——它本身就是一种信条——成为一种明智的,也就是说值得采取的态度。实际上,硬科学的观念本身就是用词不当,也许我们应该用在认识论意义上更复杂些的名词来代替这一说法。根据与普通日常语句的关系来进行哲学区分总是可能的,比如考虑这张桌子或这台打字机在我们面前还是不在我们面前。但是,与适宜于科学活动的真理类型相比,这些对真理而言并不是特别有趣的话题。这是艾恩·哈金关于科学的著作的主题之一。对哈金而言,只有当——像复杂科学的情形一样——真理对它自身的困难富有创造性的时候,它才变得真正趣味十足。当哈金观察到物理学的呈现"完全不同于关于比如说'我的打字机所处的位置'等这样一些非呈现性断言时",他也持这种观点。"关于打字机有个事情真相问题。在物理学中则没有关于事情的终极真理,只有一系列多少有点指示性的呈现……物理学中终极真理的缺失决不是令人困扰的"(Hacking 1983a: 145;参见 Hacking 1992b: 134—135)。关于真理、现实主义或反现实主义等复杂问题,只有在像电子一类的现象的背景中才显得格外有趣:也就是说,在那种情况下,呈现问题天然地就比我们可能在关于桌子或打字机的"无聊观察"中所得到的要复杂得多(Hacking 1983a: 272—273)。

反过来,这又显然使得科学的历史成为特别有趣的努力,同时也是有趣的特别努力。因为实际上,科学不单单具有该词汇的任何普通含义上的历史(Canguilhem 1968;导论)。这是因为科学——"正在制造的科学"——只存在于对其历史——"已经制成的科学"——的批判之中,将其现在置于与其过去的断裂之中。正是这种批判修正需要和科学中的真理联系起来。正如乔治·康吉翰——很不幸地因对福柯的尊重而非他自己的著作而闻名的科学史学家——用一种颇具欺骗性的简洁所指出的:科学真理并不由对象或智识所构成,相反,它由构成科学活动的持续不断的修正性实践活动而构成。因此,康吉翰认为真理"只不过是科学所说的东西"(Canguilheim 1988:11)。科学只是生产科学真理的机制——也就是说,无尽的谬误。确实,科学的历史严格说来只不过是过去谬误的历史。科学生产并再生产它自身,不断地更新它自身的基础。科学启蒙的真正实质就在于它对自己的批判——科学具有由"对其历史性谬误的自觉"构成的结构(Bachelard 1984:172)。

那么,科学是一个特殊的事业,它的存在似乎就预言了它自我消解的欲望。无论如何,这——不管是理性主义、理性化、进步或是其他任何常常与科学相联系的类似意识形态——就是科学启蒙的实质,或者换句话说,就是科学"进步"的实质。我们对科学真理是如此确信无疑,但是科学存在于对其发现的超越。科学——至少在精神上——除了不断地批判和修正谬误外一无所是。预言真理的偶然性以及谬误的普遍性,这就是真理的一种形式。确实,科学既培育决定论也培育非决定论。如果说如今要庆祝科学的"后现代化"并无丝毫特异之处,其实科学精神的这一基本特征也只是最近才普及开来(Lyotard 1984a:53—60;参见 Crawford 1993:254)。对某些人来说,这是非常晚近才出现的情况。普里格吉恩和斯坦格斯(Prigogine and Stengers)在 1984 年说道,科学只是现在才在重新发现时间。决定论、机械论和可逆论等时代现已终结,我们如今生活在一个变化而非存在的世界,一个充满机会和变动而非决定论的世界(Prigogine and Stengers 1984)。但是这些变化的根基其实非常陈旧,它们当然要早于后现代主义。其根基可以称之为现代主义科学,毫无疑问可以追溯到 20 世纪早期——追溯到爱因斯坦的相对论,尤其是量子力学的出现。爱因斯坦曾对那时的新科学精神的某些后果表示忧虑,他写信给马克斯·玻恩(Max Born)时说道,也许根本就没有"掷骰子的上帝"(见 Born 1949)。然而,对波恩来说,新物理学的后果是对科学方法本身的修正。不仅仅上帝会掷骰子,科学也会。科学本身可以是不确定的,趋近真理,因为科学本身只存在于时间之中:"不论如何扩展,任何观察或实验都只不过是数量有限的重复。某种规律性的陈述——B 依赖于 A——总是胜于经验",因此我们可以总结说,"并不存在关于我们这个经验世界的独特形象"(同前:6,208)。

这种不确定性精神气质并非某种后现代无稽之谈,这一点可以通过 19 世纪社会科学的例子得到进一步展示。对统计学这一"最不带偏见的学科"的历史研究显示,无论如何,这种非决定论具有比我们料想的要长得多的系谱。哈金注意到一种悖论——正如利奥塔所指出的,这一悖论也是如今所谓的后现代的、控制论导向的科学的核心——其大意是,非决定程度越高,"控制"的可能性越大。这就是问题的关键:控制和非决定性并不对立,反而亦步亦趋。19 世纪关于如何通过列举和分类来控制罪犯、疯子、妓女及其他"偏差"人口的观念确实是 20 世纪有关或然性和信息观念的先驱:"到本世纪末,或然性已经获得维多利亚时代男仆式的地位,并准备成为自然的、生物和社会科学的忠诚奴仆"(Hacking 1990:2)。

科学之存在是为了变革自身,为了展示所有科学都是谬误,为了削弱它自己的诸多真理。这些可能并没有成为科学家本身的自觉意识,但是,当我们将之理解成启蒙的一个方面时,它就是科学

第 2 章 科学启蒙面面观 93

的意识。确实,科学可以被描述为——如果这一观念不是太明显地荒谬的话——通过"后现代"这一界定而存在。甚至对沙宾和谢弗的英雄罗伯特·玻义耳那样的人来说,科学活动的真正本质也在于打破我们关于现象及其原因的现有观念。自然科学就是一种解构。对玻义耳来说,为了进步,自然哲学甚至抛弃了其核心假定——关于自然的观念。玻义耳试图劝阻科学的培育者们:

> 在其哲学演讲及写作中不要常常没有什么必要地使用一个词(我指的是自然)。这个词由于非常含混,由于使用这个词的人不注意区分其不同的常见含义,以至于对人们所谈论和论述的物质世界常造成大量的意思模糊和混淆;同时也造成大量的争论,以至于当人们认为自己是在就事物而辩论的时候,他们真正做的不过是就词汇而争吵。因此,如果他们有能力或运气清楚地表达自己的话,也许他们的观点本身并没有根本的不同(Boyle 1772: 246—247)。

我关于社会理论及社会科学应该如何对待自然科学的观点非常简单,那就是,任何对科学的"批评"都应该考虑这样一个事实,即,科学本身就是一种批判形式。科学的历史就是对概念的持续批判修正的历史,而且科学并不真的是一种方法或单一的世界观——更别说一种单一的活动了——而是一系列这种不同的批判修正。这意味着,至少对像康吉翰及其导师巴什拉这样的历史认识论者而言,科学不得不对其自身的历史采取非常特殊的做法。科学史家不得不采取严格的视角,从那些在当下已经被"认作"的

真理开始往前回溯,追溯真理的起源。然而,这也不能给最终知识以信心:而是恰恰相反。正如康吉翰所说的:

> 根据知识的现状(确定、精确,因为它是科学的,而且在将来会被超越或修正)来对科学的过去做回顾性的批判评价,与对科学理论的某一标准模式的系统的、类乎自动的运用确实存在明显的差异。后者在本质上更接近认识论的而非历史性的探寻(Canguilhem 1988:12;参见 Canguilhem 1968:9—23)。

浮现出来的并非就是真理的历史,而是某种"真实性"的历史,是成为真实状态的历史。

说科学活动的核心是一种批判的精神气质,并不是说所有科学家都天生是科学史家,因此他们为了从事科学工作都应该知道科学的历史,而是说这种批判倾向是科学责任观念的一个方面。这也确实意味着科学概念的历史不应该被看作是科学事业的某种学术附属物,而是正相反:这种历史本身就是关于科学的概念性良知的一个方面,换言之,认识论历史的可能性是科学启蒙的一个内在方面。

追溯这种历史是科学清算自我的一个途径,即,通过记录自己的记忆来进行这种清算。如果这些结果是如此富有争议,那是因为科学的概念史必然不是"科学中所发生的事情"的实际历史,不是"已经制成的科学"的实际历史。用这种方式写作特定的历史是有可能的。我们可以根据麦克斯韦(Maxwell)在其科学活动中所持的观念来记录他的一生。但是这并不就是将麦克斯韦放入科学史中，因为如果那样做就要求根据类似麦克斯韦与科学自身发展的过去和未来有关的观念的方向性那样的东西来进行判断。科学史通过当前科学的真理价值被赋予方向性。简言之，科学史之为科学史而不是其他的什么历史，不得不具有一种认识论维度，从某种意义上，这意味着它将背离历史写作的通常规范。"科学史家必须将观念当作事实。认识论者则必须将事实当作观念，将它们塞入思想体系之中"(Canguilhem 1968：177)。换言之，科学的"记忆"是"回归的"。科学史为了成为科学史而不是其他什么历史，就只能是"周期性的历史"(同前：181—183)。这些历史本身表达的是类似科学真理伦理学这样的东西。这并非是适合于讲述真理这种意义上的伦理学，而是关于个人与真理关系的伦理学，是通过仔细考察可能性的局限及条件而将自身及其时间与真理更紧密联系的那种伦理学。这种历史表达了一种伦理，在其中——远非表达对真理的背弃——它们是对科学真理特定性的义务或责任的一个方面。

拒 弃 者

难道迄今为止为科学所做的辩护还不够充足吗？难道我们没有意识到科学启蒙并不总是该领域的主宰吗？那些持反科学观者毫无疑问无法安宁。也许只有通过建议对科学启蒙观持更为批判的态度，这些人才会获得合法性。应该做的是不仅在军备发展和"防御"等事例方面，还要在食品卫生管理或工业危害控制等需要专门知识的领域揭示科学与权力计谋之间的共谋关系，而不是称颂科学的批判特征(Iwin 1995：9—36)。

所有这些都可能是中肯的。因此更应该对科学启蒙批判观与科学的批判社会学进行区分，前者关注的是"正在制造的科学"，而后者关注的是"已经制成的科学"的社会和制度后果。真实的并不必然就是实际发生的。对启蒙持现实主义态度并不意味着我们要对科学——或者已经制成的科学——活动及后果持现实主义态度，因为这种批判现实主义本身就是伦理选择的产物。无论如何，我所说的科学启蒙只是内在于科学活动的一种精神，而不是像一些著名科学家那样，认为科学启蒙就意味着公众需要被"教育"来理解科学(参见同前：12—13)。实际上，对科学启蒙批判精神来说，倒是没有比这更深刻的说法了。这种批判确实是一种教育形式，尽管它根本不以"公共认识"这种自我感觉良好且自鸣得意的措词为名。这里所说的"启蒙"可能有不同但也许非常特殊的源泉，尽管从表面看来不太可能。

近几十年，科学社会学发展迅猛。人种志取向的观察者进入科学实验室并对其中发生的事情进行了相当奇异的——有时是可怕的——记录。社会学家很久以来就争辩说，科学合法化的背景中可能还有一个社会的维度，简言之，就是"有什么样的社会就会有什么样的科学"。但是，要去发现科学的社会背景，这多少还是个新观念，并且孕育了一些新的具体研究(比如 Shapin 1979；Mackenzie 1981；Shapin 1982)。其后的一步就是认识到，社会学家们还不够平衡。他们避免了只能解释社会事实的虚假而非真实这种不平衡，但是却无法回避另一种不对称，也就是，认为在进行因果解释的时候，社会比自然重要得多(Latour 1992)。正是从这里，拉图尔思想就登场了。

拉图尔的反基础主义

我想到要利用拉图尔的著作,主要是因为我认为它的真正价值并不存在于人们通常以为它存在的地方。拉图尔著作的意涵不在于将我们引向反科学视角,也不在于迫使我们采纳幼稚的相对主义认识论世界观。相反,他的著作最好不被当作科学批判,甚至也不是对科学的社会-科学呈现,而是作为一种科学启蒙批判,作为一种操练,它不仅仅只是如实呈现这种实际存在的科学世界,它至少还在科学事业中播下我们判断的种子。

拉图尔的基本假定是,我们不应该把科学和社会看作是恒定的事情,或者将社会和科学看作相互发生作用的不同实体。科学社会学家还要注意科学和社会之间区别的持续构成。也许我们所称的科学和社会只不过是协商的产物。因此,解释科学的时候,没有任何单独的实体或维度被赋予优先地位,所谓行动者网络的概念也就显得非常重要,社会研究者的任务就在于跟随其对象来建构不同的网络,使人、对象、资源等东西联系成相对持久的联合力量(Callon & Latour 1981;Callon 1986;Latour 1987;Latour 1996)。

例如,在他对路易·巴斯德(Louis Pasteur)的研究中,拉图尔背离了对巴斯德伟大发现的描述,而代之以不同实体网络建构的描述,这些实体包括实验室、绵羊、农夫、炭疽热等等,这些东西给科学家们"诸多不同的联合体,构成他们的研究对象,对这些对象而言科学家只不过是经过修饰的指令,其作用总是不确定的……〔这表明]这些很不起眼的联合体(卫生学者、排水沟、琼脂凝胶、小鸡、农场、各种昆虫)是所谓科学对象的有机组成部分"(Latour 1988a：147)。因此,现实的任何单一维度都没有特权。对拉图尔而言,用对社会的现实主义来替代对自然的现实主义是没有意义的,相反,这两种现实主义都要归于一种人种志非现实主义的名称之下。"我们生活在不论是对个人还是集体而言都并非由我们建立的社会之中,我们生活在并非由我们构成的自然之中。但是'外在于我们的'自然和'超越于我们之上的'社会从本体上来讲都不再是不同的。我们没有创造自然,也没有创造社会,因此它们的对立并不必要"(Latour 1992：281；Latour 1988a：148；参见 Hacking 1988,非现实主义)。

首先,没有任何特殊的行动者应该具有优先地位。这是拉图尔反基础主义这一特殊品牌的基础。例如,巴斯德在一些实验中用到乳酸酵母。对此,拉图尔说：

> 谁在新的文化媒介中活动？巴斯德。因为他喷撒、烧煮、过滤并且注视。乳酸酵母,因为它增长迅速、耗尽了食物、获得了能量……像同一块土地上生长的植物那样,它还与其他类似物体进行竞争。如果我忽视了巴斯德的工作,我就落入了现实主义的陷阱……如果我们忽视乳酸……我们就落入同样深不可测的社会建构主义的陷阱(Latour 1993b：143—144)。

在拉图尔看来,科学社会学家的任务就是不带假定或预设地去跟随我们指定的行动者或行动体。我们也许会认为这种观点会导致反科学视角,因此很多人对拉图尔主义的发现感到生气,那就是顺理成章的事了。一些人指责拉图尔主义,是因为它没有为对科学的恶意批判提供任何基础(Fuller 1992)。对另一些人来说,拉图尔转向只不过是用科学共谋理论的名义颠覆现实主义和真理的道德价值的另一个借口而已。对一些批判者而言,将拉图尔的这一做法斥为相对主义或不负责任的做法(Gross & Levitt 1994:57—62;参见 Norris 1996)——甚至,不论多么荒唐,将之斥为对某些人而言显然应斥责的东西,比如马克思主义(Harré1983:166)——就足够了。

我们认为拉图尔观点的目的在于解构科学,这也许是可以理解的,只要考虑一下拉图尔问题别具特色的强调就可以了。在拉图尔的著作中,科学和权力多少是同义的。他将实验室与权力生产而不是简单地与科学真理生产联系起来,称之为"计算中心"或权力中心(Latour 1987:235)。因此,比如说,通过一系列相当复杂的协商,巴斯德可以有效地将农场转化为它自己实验室的幻象。拉图尔说,在试图与炭疽热斗争时,巴斯德知道他不能将农场带入他的实验室,所以他不得不将他实验室的环境扩展到农场。巴斯德及其合作者:

> 知道在旁观者云集的肮脏农场,没有办法完全重复他们如此喜爱的情境……他们不得不与实地研究的组织者们达成妥协,将农场的很多特征转化为类似实验室状态——以保证可以维持同样的力量平衡——但是这样做风险很大——以至

于这一实验非常现实,可以被当作在室外进行的实验(同前:249;Latour 1988a:89)。

简言之,实验室成为特殊规训的场所,被设计来剥离不同的力量,将之转化为严格的地方性事实,如果条件合适,这种转换是现实的。同时,实验室还被设计来界定且隔离沉闷的"社会"世界和其他领域。

类似的一种攻击来源于科学"事实"观。科学真理,对科学的辩护者而言,似乎总是只存在于事实之中。新一代科学社会学家们不会否认存在科学事实这样的东西,但是他们会争辩说这些东西正是科学活动的产物,这些事实并不是"超然地"存在于自然之中(Latour and Woolgar 1979)。或者说,科学研究论文,作为客观性及冷静分析的基石,对这些科学社会学家们而言,和其他任何东西一样都是一些花言巧语。对拉图尔来说,科学论文基本上不是客观陈述,它包含了各种说服读者的技巧:有对众多外部权威的引用,有大量的"归纳层次"(不要从一堆肌肉而要从哺乳动物肾脏的抗流结构中获得证据),有对作者符合大众需求的形象设计,以及通过"沽名钓誉"的策略来控制可能的反对者的活动的企图(Latour 1987:30—59)。科学论文的目的通常在于制造有关现实即时呈现的假象,使读者相信事情就是当时的情况,其论文是有效的,因此在讨论结构中运用的各种资源就具有互相暗示和强化的作用。所以,首先,所有这些写作中都强调各种呈现技术——表格、图表、各种视觉技术——作为赋予信息的很多方面以高度即时呈现、恒定性乃至权威的一种手段(Latour 1987:46—47;Lynch and Woolgar

1988；亦见 Latour 1986）。简言之，科学文章是一种手段，它将尽可能多的资源整合进一个单一空间以说服——或按作者的观点是规训——尽可能多的潜在同盟，阻止尽可能多的反对者。

但是，尽管如此，如果因为拉图尔对科学事实和科学发现持相对主义态度就认为他是反科学观点的代表，那就大错特错了。以科学事实为例，正如拉图尔及其同事清醒地认识到的，对事实持怀疑态度并非不负责任的后现代主义的新鲜发明。在首次发表于1935年的《科学事实的起源与发展》(The Genesis and Development of a Scientific Fact)一书中，脑内科专家(venearologist)路德维格·弗勒克(Ludwig Fleck)写道，"可能根本不存在完全的谬误或完全的真理这样的东西，迟早人们会发现有必要修正能量守恒这样的规律，那时我们也许不得不回到曾被我们抛弃的'谬误'"(Fleck 1979: 20)。所有恰当的科学真理、所有事实都是有条件的，而且，它们都具有与产生它们的思想共同体的特征不可分离的确定的产生环境。弗勒克，一个实践着的脑内科专家，他当然知道自己在说些什么。当谈到事实的时候，他有点像个非现实主义者(参见 Hacking 1988: 281—282)。这并不是说所有事实同样也是不真实的，而是说，要想成为真实、变成真实，事实需要使之有意义的环境(即关于"原观念"的一套话语体系)，需要被思想方式所决定一系列洞见、意外和实验，以及科学权威的"思想共同体"。这些都不会导致主体主义，认为所有事实的真假都取决于你的个人观点。相反，这种观点主张，我们有可能根本不放弃真理观念而去考察事实性是怎么样的。

因此，尽管有这些相反的表现，我想我们既不能从这一著作中推导出对科学的反科学批判,也不能对现实主义和相对主义之类引人注目的认识论问题给出任何解答。实际上,拉图尔主义的成就根本与认识论问题无关。建构主义语言在这个问题上具有一定的欺骗性。可以肯定的是,我们知道科学是被建构的,它部分地是修辞学问题,它既是真理问题也是权力问题——或者更确切地说,真理本身在很大程度上就是权力的运用问题。但这种建构主义语言本身并没有多大用处。针对所谓建构主义的整个争论在很多人看来是激动人心的,但其实什么也没说。在该词汇使用的早期,它似乎具有相当大的颠覆性,甚至具有马克思主义的色彩(Wright and Treacher 1982)。根据这种观点,知识像摩托车或轮船:它必须被建构,这大概试图产生某种令人愉快的后果,使进行这种建构的知识分子显得像危险的无产阶级。在这儿,建构这一词汇至少还是言之有物的。但是,一旦这一词汇被中性化——也就是说,一旦它持反基础主义观且不再谈论对某些特定种类的建构——它实在是变得非常空洞。它只不过是说,真理不是自然地存在于世界上的,而是被人类谈论的东西,因此它通过话语、技术以及争论而被生产出来。

对于现实主义问题,当拉图尔说新科学社会学的主要作用之一是——或应该是——回到事情本身的时候,他得出了非常恰切的观点:"让我们回到依然未知且被轻视的世界本身。如果你嘲笑这一论断并说'这是回到现实主义',是的,确实如此。部分接纳相对主义使人远离现实主义,接纳太多则将人带回现实主义"(Latour 1988b: 173)。实际上,拉图尔已很好地回避了现实主义问题,这是他术语革命的优点。现实主义的问题——正如我们所看到的,是非常有趣的——在总体理论层面上:也就是说,在对呈现的讨论层面,当然是无法解决的。因为一边总是会说呈现是真实的,而另一边则说那是不真实的。而由于他们都同意科学在某种程度上是呈现的体系,他们显然永远都不会就现实主义问题达成共识(Hacking 1983a:145)。

所以,总而言之,拉图尔问题并没有在认识论意义上对人们已经接受的科学形象有多大改变。一些熟悉的界限依然保持着,而科学还是作为孤立的事业存在着。所有的社会学家都会告诉你科学并不"优于"魔术或迷信,宗教或其他任何东西。但是在拉图尔的著作中,这些差异以非常传统的方式又被悄悄带了回来。科学更"成功",它能调动更多"资源",它在更紧密的网络中,或者说只是根据"衡量的差异",发挥作用(Latour 1988b:163—164;Latour 1992:289)。即使是自然科学和社会科学的陈旧界限也依然保持不变。对拉图尔来说,自然科学和社会科学本质上都是运用相同的方法:即类似某种网络逻辑构造的东西。但是这样做的后果是用逻辑划分替代本体论划分——因为大的划分还保持着。自然科学当然具有强得多的逻辑能力,这导致它们各自相当不同的地位。在这一点上我们不能被那些相当随意的语言所欺骗。例如,拉图尔说社会科学只不过与自然科学拥有资源的程度不同而已,但是这种术语遮蔽了这种资源差异的巨大程度。以前存在着区分的地方,现在仅仅存在着距离。但是这种(巨大)的差异保持着,这种差异用定量的术语来说是如此巨大,那么它也就可以用定性的术语来表述(Latour 1988b:163—164;参见 Latour 1992:289)。

难道说拉图尔问题只不过是对科学实践进行了一种再描述

(参见 Collins & Yearley 1992：315)？根本不是。实际上,拉图尔主义可以被看成是对科学启蒙批判的一种概要,尽管可能是有意显得古怪的概要,因为它允许科学反对容易自我生产的浪漫主义形式。确实,我认为拉图尔主义的新奇性与这种浪漫主义具有某种策略关系,它用一种抵消性的力量来对抗这种浪漫主义。

所谓对科学的这种浪漫主义解读,我指的是将科学启蒙解读为杰出思想的汇集,运用严格的、确切的而且基本合理的方法,朝向完善的真理。这种解读与加斯顿·巴什拉所说的很多科学家自己的夜间姿态是一致的。这是令人尊敬的科学记忆,严肃的研究报告,措词严密的教科书。另一方面,科学的真正精神显示了非常不同的观点,与科学活动的日间现实更切合。

不同于其他杰出的智者,拉图尔式的科学精神相当晦暗不明。这常常被看作是拉图尔反科学视角的一个要素,但是这同样可以让人回忆起乔治·康吉翰对巴什拉关于科学的观点所做的注解:"那么,我们如何才能知道一个陈述是科学的呢？通过一个事实,即,科学真理决不会完全来自于其创造者的头脑"(Canguilhem 1988：11)。在拉图尔自己的著作中完全没有一点心理主义的影子。人们被当作从根本上是创造性的,但是他们的行为被假定存在于某种毫无趣味的聚集层次,这是真的。拉图尔主义赞赏的是创造性本身而不是人这个载体。有价值的只是个体可以利用的资源。拉图尔在其著名公式中说,被科学的浪漫圣徒传记所钟爱的"伟大的人"只是看着快乐地图的小人。科学精神所展现的不是合理的方法,而更类似于权力的独断专行的态度。科学只不过是另一种形式的战争,巴斯德是将军,是穿便服的拿破仑,拥有军队、策略、资源和敌人。远非空洞的犬儒主义,这种方法实际上展示的科学活动真正有创造性的方面要比强调方法论的科学哲学多得多。我们应该注意哲学家保罗·费耶阿本德对伽利略的判断。经过费耶阿本德的超相对主义处理后,伽利略变得尤其有趣且富有创造性,而不是圣徒传记所记载的牺牲品,不是"真理的痛苦追寻者"(Feyerabend 1974)。

就拉图尔相对论反基础主义把握甚至反映了内在于科学精神的易谬主义方法这一点而言,我认为它实际上甚至就是对这种精神本质的一种"现实主义"反应。因为如果我们需要将自己打扮成关于自然科学的相对主义者、怀疑论者等,那么这种自然科学本身就主要表现为持续解构和再造现实的科学文化的影响了。甚至一些科学家也乐于承认科学的"非自然本质"(Wolpert 1993)。将这种相对主义仅仅视为呈现科学的被误导之路是个巨大的错误。拉图尔思想的相对主义与其说是认识论的,还不如说是伦理的,是经由科学精神本身其他方法而获得的戏剧化形式。远非把握主观事物的草率的、怎么都行的态度,相对主义的最新形式更像一种特别严格的禁欲主义。它是一种具有自我意识的禁欲的工作,是逃避所有基础的企图,为了看得更清楚,而不赋予任何真理形式以完全的特权。科学社会学实践的人类学基础是必要的,为了没有障碍而纯粹地——也许甚至是被启蒙了地——凝视。这种启蒙的座右铭也许是"人不能假定任何事物"。那么,适合科学精神的座右铭又是什么呢?

人们可以指出由认识相对主义导致道德相对主义乃至各种恶魔政治的滑坡。如果假定相对主义是一种持久的信条或认识论的话,这种负面观点就可以理解了。但是我认为我们最好不要将相对主义态度看作是关于世界的信条,而最好是将其看作一种有限的伦理视角。科学家本身的思想和行为是另一回事。因为科学中或多或少存在着既成真理这么一种东西。比如说,拉图尔自己就用"黑匣"这一术语来修饰这些真理,由科学家们使用的特定仪器所记录的那些领域等,都构成了科学的未言明的基础。科学家们可能用实验仪器或技术设备,或者用多少被当作理所当然的以往发现来对事物进行神秘化。但是从没有人能够肯定地说科学中的什么东西是最终真实的,完全不需要任何修正和完善,可以肯定某一天我们不需要回到某些黑匣去加以探寻。拉图尔主义正是将这种感觉夸张化到了极致,不是用反科学视角的名义,而是用——实际上——科学启蒙的名义。正是这一点使得拉图尔不只是个普通的科学社会学家,而且是个具有相当重要性的社会理论家,在讨论人们的启蒙职责之特征时拥有一席之地。

应该有解读拉图尔的后现代方式。也许他就是这样理解自己的。他声称自己主张"我们从未现代",更不要说后现代了。但即便是让-弗朗西斯·利奥塔这个后现代视角的鼓吹者也认为后现代性从某种意义上说是在现代性之前就发生了的事情(Lyotard 1984a 后记;参见 Lyotard 1992; Latour 1993a)。如果拉图尔的后现代主义会导致将他的工作简化为一种激进的认识论,因为他告诉我们科学真理的观念都是多余的,这实际上会浪漫化拉图尔的观点,并将之转化为某种道德,一种生活的决定方式。相反,我倒是主张根据拉图尔关注的禁欲特征来对他进行解读。

可以说我们能从拉图尔思想中获得一种教训,但这是一种非常特殊的教训。拉图尔的观点——通过扩展针对科学的其他种类的相对主义和反基础主义——是一种现代的认知禁欲主义。这是我们对自己所做的一种实验,是对判断的有意延伸和训练。传授拉图尔主义是一种有益的经历,这种方法的严密性可能使我们暂时脱离日常情境。如果我们要——或者说不应该——"皈依"拉图尔主义,似乎它是一种信念体系、一种道德或意识形态,而不是一套话语形式,它的伦理后果之一当然是一种深深的不确定感。这种拉图尔式的影响本身可以被当作一种特殊启蒙的一个方面。拉图尔使科学立刻成为一种普通行为,完美地被普通人所实践着,但是他还使得它似乎成为对人类判断相当新奇的训练。那么,也许他的工作的道德教训在于他赞赏判断所要求的某种类似想像力的东西——那种想像力和判断占据了同样的领域——伴随着对真理的怀疑主义精神气质;这种教训还在于某种猜度,即,为了获知真理的本质,我们不得不定期将自己从中彻底释放出来。拉图尔主义就是这种判断实践的一种禁欲主义。

但是让我再重申一遍,我们最好将拉图尔主义看作某种有限的观点,而不能归结为认识论、道德或生活哲学等宏大的东西。在这种意义上拉图尔主义确实是策略性的。它可能被当作我们有意进行的练习,在知识领域剥除所有偏见,彻底抗拒心理学浪漫主义。这种练习是策略性的,它只与特殊的趋势有关:即,科学本身,或者如果我们要强调,是已经制成的科学的浪漫主义和心理主义。但是我们无法靠拉图尔主义来生活,把它当作一种道德世界观,当作认识论,因为最终——或者其实是一开始——我们不得不生活在世界之中而无法逃离。因此拉图尔主义是对特定科学启蒙的一种阶段性的展示,但是这种启蒙并不在于总是采取这样一种世界观,更不能指望某个科学家会承认他所说的没有任何东西是"真的",或者说根本就没有科学"发现"这么一种东西,有的只是科学中无尽的修正。这是一种伦理,但不是一种道德。

所有这一切都是为了说明,那种看起来是极端相对主义认识论的东西本身,在我的特殊用法里就可以用与认识论相对的伦理学来加以解读。在某种意义上,相对主义可以被看作认识论上真实的。根据宇宙观,没有任何东西可以永存,任何东西都是相对于时间而存在的,没有任何东西可以被视为理所当然。世界、事物、物种都来而复往。这些都没有问题,但是这种视角可能会导致非常糟糕的一种"彻底"相对主义形式。拉图尔主义被局限为某种认识论,就在于它忽略了相对主义的"相对"方面。它将任何事物都化约为单一时间,在其中任何事物都是相对的。但这只是一种伦理训练,而不是对世界的真实呈现。因为实体存在于不同的时间,一个物种相对于它存在的时间而言,与扇贝、电子、科学家或社会阶级都是不同的。拉图尔的"黑匣"这一术语和这种相对主义很好地掩饰了事物的不同历史性。没有任何东西是恒定的,但某些东西被神秘化并因此而成为基础的一部分。但是,这种看法本身就神秘化了黑匣这个概念,也神秘化了科学历史的观念(相对于科学逻辑(scientific logistics)的历史,或权力的历史)。因此,拉图尔相对主义伦理也有代价,那就是他拒不承认科学在其概念层次,也就是说在其自身内部历史性的层次,是可以进行分析的——这正是巴什拉和康吉翰的观点。确实存在这种相对主义真理,但它决不敌视科学精神,而且,正因为这种真理是伦理的而非认识论的,我们说,这种真理本身决不可能成为分析的对象。

还有困扰这种对相对主义极端反心理主义策略的更深局限,而它可能不再是富有创造力的策略。拉图尔式的问题域(the Latourian problematic),也许正是因为它的反心理主义,在处理从事科学研究首先要面对的伦理关系方面有些困难。它的极端反人文主义导致它忽视了一个事实——一针见血地说——科学本身就是一群名为科学家的人所做的伦理选择。那么,如果我们忽视拉图尔的这种反伦理倾向,而去探寻科学的伦理动机的本质这一先决问题,情况会怎么样呢? 应该说,我对这个问题的看法即便不能说是守旧的,也是相当富有思辨性的。

科学和伦理学

社会学家们被假定在用科学的精神气质来考虑科学判断这一点上搞得一塌糊涂。拉图尔式的问题域当然就是试图超越这种明显幼稚的路数。但是也许这种有力的反心理学主义也是有代价的。罗伯特·默顿(Robert Merton)所谓的科学的四个制度性规则——普遍性、公共性、无私利性、有条理的怀疑性——对科学的参与观察者而言可能并非可见的,因为他们对科学实际上是什么有毫不怀疑的假定,他们也许还试图去构成科学活动的部分基础假定(Merton 1968)。实际上,科学启蒙的伦理方面确实并非存在于科学家的意识层面——因为根本就没有"纯粹的"科学家这种东西——而更多地作为科学逻辑的一个方面而存在,不是作为一种特殊的制度,而是作为对真理的一种特殊取向而存在。这可以被称为科学的"个性"。根据韦伯对这个词的运用,它并非心理臆造的东西,而是一种理想型,不仅展示了总体方面,还展示了特殊生活秩序或存在领域之间的矛盾和紧张。比如说,韦伯关于政治个性的概念并非指现代政客集合性的心理臆造,而是指能够面对矛盾适应政治要求的人的形象。

关于科学个性的臆造的完整阐述不在本文探讨的范围之列。无论如何,我的观点是不要赋予这个概念任何确定的形式,而是要强调一个更普通的观点,即,甚至是最强硬的反基础主义都绝不可能帮助我们绕过伦理学问题,反而最终将我们带回这一问题。因此我们完全可以说,与玻义耳相联系的绅士实验者模式已经发生了改变(参见 Schaffer 1988)。在某种程度上,科学家及实验者的形象已经变得互相分离。19世纪的科学精神气质逐步被一种强调精确的精神气质所主宰,这显然比沙宾和谢弗描述的绅士科学家模式狭隘得多。科学家变成了测量者,一个精确的人(Wise 1995)。但是实际上,这种精神气质可以被看作只是实验者模式的扩展,因为强调精确的精神气质可能只是科学文化背景中的一种热望,这种科学文化为自己提供了测量的原因以及追求精确的动力。测量本身成为科学中的一种迷信,但这并不是说它的准则就是这样,而是说测量的精确性能使人专注于实验工作,而精确本身就是实验的一个方面(Hacking 1983a:243—245;参见 Kuhn 1979:178—224)。

下面我将不再详细探讨这些问题,而要对迈克尔·波兰依(Michael Polanyi)在科学的"道德要素"的标题下对这一问题所做的有趣的一般性探讨做一些评论(Polanyi 1946)。波兰依的讨论非常有趣,因为他探讨的是科学理性的伦理基础问题。社会学家和其他科学评论家都倾向于认为科学具有负面的伦理后果,会导致世界的解魅等。波兰依则不这么认为。波兰依认为,科学的特征首先在于对道德良知形成特定风格,这本身就是对道德良知的训练。但这种道德良知的获得需要很多对立因素的相互妥协。科学家,为了作为科学家来判断现象,不得不在推论的这种认知优势和精确性及方法的严格训练的规则之间进行协调。正是科学家的科学道德良知使得他能够在这两类要素中进行平衡(同前:27)。这是在方法论能力方面推论性地运用,在推论性方面方法论地运用的一种道德良知。因此对波兰依而言,科学并不是理性主义事业,它牵涉很多"艺术"规则,而非严格的公式化方法规则。这些艺术规则通过传统而得到发展,而且在很大程度上依赖于教师的示范行为——因为,我们都知道,即便测量也是需要用实践方式加以学习的东西——通过教诲而转化为研究的实践技能(同前:44)。培养这种道德良知实际上就是形成科学方面的启蒙个性,当然,如果说确实有符合这种理想的人,那也是非常少的。实际上,这种理想是被科学性自身的逻辑作为一种可能性而设计出来的。

科学个性的这种理想主义概念对那些将考虑科学作为自己事业的社会科学而言有没有什么用处呢?波兰依观点的有趣之处决不在于它强调了我们如何用更一般的自由意识,也就是说启蒙,来思考科学的精神气质。对波兰依来说,科学同时还是一种承诺形式(对科学理想的"特有的礼物"),从根本上说也是启蒙的一种形式,在认知领域实践自由的一种方式。并不存在绝对的自由,因为那只会导致纯粹猜测的混乱状态。实际上,波兰依认为科学家就是"不得不自由"的人,经过训练用特定类型的规训来展现自由的人(同前:50—51)。就他们随时因对真理的兴趣而思考不合理的事物而言,科学家是"自由的"。这显然不是纯粹的或抽象的自由。用积极的方式来说,这种自由必须在特定的背景下才能学到,与特殊的问题相关,需要用严格的精神和方法论及猜测能力的限制来加以锻炼。科学为我们揭示出,自由和规训并非对立的,正相反,如果我们要展现特殊形式的自由,我们不得不关注不同的自由得以行使的实际规训背景。这就是启蒙批判所要做的事情,而不是得出如此繁多的有关自由的抽象模型或"理论"。

波兰依实际上从对自由的责任这一概念中得出了一个相当老旧的理念,那就是在科学和民主之间有某种选择性亲和,科学的核心原则是自由探讨,最终就是自由民主本身(同前:53—54)。这种说法有些夸大其词。当声称只有自由社会才拥有促进自由的精神价值时,波兰依正是在展示这种理念。只要在科学内部存在着多元形式,就没有理由说科学进步和政治极权主义或国家控制一定是矛盾的。19世纪时德国人严重地干预了科学,但是他们在科学文化内部建立了自由探讨的基础。这就是T.H.赫胥黎(T.H. Huxley)所看到的情况:在德国,高校是向天才们开放的,德国是自由教育的典范(Huxley 1925:107)。换言之,重要的并非一般而言的好政府,而是真理领域本身好的治理(governance)。

反简化主义

上述探讨取决于你所说的自由指的是什么。波兰依采纳的康德式的将自由与某种义务感和规训联系起来的做法似乎是非常正确的。对他而言,科学家就是在判断层面于自由中得到训练的人。科学家是不惜任何代价力图非常精确地步入未知领域的人。在这种意义上,科学文化的训练确实是一种道德教育,因为这是对判断本身的训练。"科学和艺术并非像它们看上去的那样不同。真理和美的领域的规则都是由那些写下不朽著作的大师所控制的"(Born 1949: 7)。科学是主要通过示范方法传授的一种关于判断的艺术。

这种思想实际上可以将我们带回前面的探讨,当时我们将拉图尔主义当作对科学的反基础主义的化身,因为它促使我们考虑一种教育学或伦理学用法,即,启蒙批判可以从对科学精神的审视中获得。这种批判本身也可以被当作一种判断训练,可以帮助我们照亮启蒙的特定方面。这并不是一种新奇的理念。斯多葛主义者对科学的功能理解得非常透彻。对他们而言,理解自然本身并不是目的,而是伦理文化的一个方面。对他们以及其他古希腊哲学流派而言,通过物理学理论对自然的沉思具有伦理学目的,它主要是学习放松或与世界协调的问题,是思考我们在这个具有因果关系的无穷宇宙之中渺小的问题(Hadot 1995: 87—88)。

但是我们还可以用一种不同的方式将科学的重要性当作一种教育。我们可以说,对科学的研究——不论是以科学史、拉图尔主义还是其他任何形式——本身就是人文的,这种研究是对判断艺术的训练,是通过经验示范或展示的一种方式,是理性的富有创造力以及有些未确定的方面。伟大的理性主义者爱弥尔·涂尔干在一些很不起眼的地方说道,科学史总体上说在道德教育的背景下具有非常有力的教育功能,它会弱化对世界的简化主义态度——"简化论"——并扩展孩子或学生的判断力(Durkheim 1973：262—263)。对他来说,科学理性分析的最主要教育后果在于,它是一种方式,可以将一些对抗趋势诱导为一般的习惯,该习惯将推理过程简化为普通的或理性主义推论。对涂尔干而言,科学分析在这种背景下是尤为有用的,主要因为它促使人们揭开理性的黑匣,允许学生"去看科学是怎么被研究的,研究劳动、时间以及研究中产生的问题怎么与演绎的即兴创作……相对比",并且认识到：

> 知识本身就是暂时性的,明天,也许会发现一个新的事实,再一次质疑一切……运用实验方法,抽象的简化论认识到自己的局限并放弃了它最初津津乐道的绝对控制(同前：262—263)。

历史认识论和拉图尔反基础主义都是利用自然科学来培养反简化论的好办法。这种反简化论精神气质应该与我们看待科学的方式有关。例如,它可以被当作反对某种科学观的对抗性力量,这种科学观常常出现一些科学天才的传记中,这些传记庆祝诸多伟大科学发现的必然性,如此等等。这种反简化论精神气质对于那些对所有科学事物的庆祝行为而言也是一种对抗性力量,或是正相反,它还可以对抗那些对科学的讽刺性后现代揭露。采纳这种反简化论精神气质就是要警惕那些试图通过科学对世界进行再巫魅化的哲学,根据这些哲学,科学家是西方的禅宗大师,具有灵异的专家,具有心灵的感觉论者(Ross 1991：43;参见 Weinberg 1996)。

这些科学家——或者说,科学普及者——告诉我们科学可以帮助我们发现生活的意义。但是,如果确实如此,它就不再是科学而是其他的东西。科学就会成为神学。我想,相对主义及其他一些明显颠覆科学的思想方式,包括拉图尔的观点,为我们提供了判断方面的训练,这些训练就其促使我们规避上述趋势而言是策略性的,它使我们避免成为这种不成熟的浪漫化"科学文化"的牺牲品。

最终我们还是要同意马克斯·韦伯的观点,尽管从其导致求知者对自身及世界的特殊关系这一点来看,科学可以是伦理性的,不像宗教,但从更一般的后果上看,科学还是伦理上无意义的。这确实是科学最伟大的一点,对科学启蒙的任何批判都必须使我们认识到这一点:"谁——除了某些确实身处自然科学之中的大孩子外——还相信天文学、生物学或化学发现能告诉我们世界的意义?"(Weber 1991a: 142;参见 Lassman and Velody 1989)。

逃 脱 之 路

唯一值得一提的科学启蒙形式为我们提供了逃脱之路,来回避科学圣徒传记或无意义的摆姿态的反科学攻讦。对科学启蒙的任何批判都应该意识到科学本身就已经是一种批判形式,因此"支持"或"反对"科学的替代物(比如在误入歧途的"两种文化"模式中,或者是对科学的更一般性的理性主义图景)本身就是科学启蒙批判应该帮助我们回避的,而且通过这些替代物,这种批判的成功或失败甚至可以被测量。

我们头脑中所具有的诸如科学这样一些批判制度的图景,从最宽泛的意义上说,在政治上也是重要的。假设我们能够完全摆脱这些图景,无疑是幼稚的。其实,我们的任务更多地是,使我们拥有的图景复杂化,并寻找一些方式来摆脱那些已经控制了我们思想的东西。从这些图景产生了关于真理的整个政治学,控制了我们能说的和不能说的,甚至是对我们自己或者是在我们内心。就所谓自然科学而言,情况尤其如此。社会理论以及与自然科学有关的社会科学的功能主要在于揭示这种政治的僵化。

第3章 治疗启蒙面面观

可塑性——伦理专门知识及道德专门知识——专业社会学补记——伦理专门知识再论——伦理主体化——贵族制理念——专门知识的贵族性——示范性——述行性(performativity)——正常化——心理学化——治理意图——乌托邦伦理学

还有另一种真理政治学,关注另一种启蒙的政治学,它所关注的不是关于自然世界而是人类身份认同、个体性、个性、行为及自我的真理。启蒙批判会怎么处理这样一种政治呢？在本章,我并不想将前面的探讨总结到这个领域(Rieff 1966; Taylor 1989; de Swann 1990; 尤其是 Rose 1990 各处; Giddens 1991b),而是更加有选择性地通过分析我所称的伦理主体化和心理学这样的专门知识形式,概要说出针对这种身份与自我政治学的批判态度的要素,探讨政治批判态度可能面临的局限。

本章强调的重点在标题中就已经显示出来了,不是自我启蒙,而是治疗启蒙。对种种导向自我的启蒙的批评态度,需要关注被建构出来以决断"自我到底是什么"的种种权威形式,而不是建构关于自我的社会学及其他理论。我断言,这些权威的任何形式,实际上都要求与唯名论和反基础主义观点有共同要素的批判视角。唯名论和反基础主义等观点实际上与表现为治疗启蒙形式的权威存在关联。对主体和自我政治领域进行启蒙批判并不需要另一种自我理论，而是去回避这种理论要求。实际上，这一任务仅仅是勾画那些已经导向自我的一些启蒙形式。这涉及考察人文科学已经投身于发现、解放和管理自我的伟大事业的程度。那么，启蒙批判就在于发展某种策略去应对当代自我政治。

可塑性

自我启蒙的概念来源于——以对应来自尼采的一个概念："可塑权力"，也即人们超越过去的能力——"去治疗伤口、弥补所失，并再造破损的铸模"（Nietzsche 1983a：62—63）。尼采说，人类的可塑性意味着他们有力量忘记过去，克服对他而言不可容忍之物。但是我们可以不用这种颇具英雄色彩的视角而用更普通的感觉来谈论可塑性问题。就人们可能被影响、被说服、被引诱、被建议、被援助、被教育、被照顾、被治疗等这些情况而言，他们是可塑的。正是由于他们本性中的可塑性，人们是尤其"可治理的"。他们的欲望、他们对自己的看法、他们的内驱力都应服从各种权威的管理。

也许这种治理性确实存在两个极端。一方面，跟以往一样，是从外部管理个人行为的各种现代设施。从现代社会早期，西欧国家就发展出一整套管理个人行为的手段，或者说发展出福柯曾用术语表达的"对行为的行为"的一整套手段。规则的宗教形式占了统治地位，但还有些别的方式。首先，那些致力于探索将国家作为公民的人口集合体来进行治理的知识形式得到了发展,这些公民人口集合是牧领权威的实施对象。其次,是福柯所说的"学科"本身的发展,这个概念也许非常有误导性,它指的是那些关注人类控制问题的所有知识:精神病学、犯罪学、社会工作、心理学,以及非常宽泛意义上的"人文科学"。

另一方面,治理中还有一极,它即便不是仅仅关注自我,也是关注行为的内向性。因为人的治理并不排除人的品性,以对其自身运用权威,灵活地运用规律,根据可以说是自愿的道德和伦理原则来解释行为。这也是可塑权力的一部分,是从我们的内部自我中发掘资源作为手段,对付或者甚至对抗外部世界的能力,福柯将之称为自我技术(Martin, Gutman and Hutton 1988)。显然,对这种权力的培养有自己的历史,尽管对此有些著名的研究者,包括雅各布·伯克哈特(Jacob Burkhardt)、马塞尔·莫斯(Marcel Mauss)和福柯本人,但韦伯的《新教伦理》应该是这种历史最成功的章节(参见Pasquino 1986:99—100)。

不论是从理论还是从历史上看,这两极都很难截然区分开来。从理论上看,区分从自我外部和内部进行的治理方式,显得比较粗糙且不能令人信服。这是因为这不是考虑该区分问题的正确方法。并不是说行为的内向性必然就产生于人的身体内部,而是说,这种权力工作的主要对象是个体的内向取向——动机、自我解释、意愿等。从历史上看,这种区分纠缠在一起,是因为这两个概念存在交织的地方。比如说,格哈特·奥斯特赖克(Gerhard Oestreich)的研究显示,16世纪和17世纪欧洲国家的立法旨在对人口的监管,这在意识形态上与斯多葛派的伦理规训有些牵连。这种监管要求人们工作并节俭,将市民建构为能够自主地负责任地进行自我工作的主体(Oestreich 1982；Rose 1996：77—78)。在此,对人口的管理可以说恰好符合了最终从自我技术得来的原则。那么,也许我们会说,自我启蒙的"现代性"存在于治理和自我这两极的汇合。

这种现代性一个更深入的——肯定也更决定性的——方面,在于自我启蒙的知识分子化。在世界历史的大多数社会,只有少数人有能力致力于自我的培育。在绝大多数社会,道德培养的形式只是精英们关注的事情,这种培养形式的普遍化确实是只在现代西方才出现的现象。如今,可塑权力不仅是国家治理术的问题,也是商业问题。国家、私人代理机构、公司、自愿团体、专业组织及个人都牵涉在其运作之中。这些影响有效地赋予了以往大多数社会都由家庭、教育、习惯培养或教学实践体系等社会化实践处理的事务以知识分子作用的形式。然而,如今,通过调动针对市民的特定知识,通过声称"如果没有其他更专业化权力的协调和管理,社会化的一般过程实际上不足以促使主体充分成熟",我们看到这种道德权威的知识分子化表现为,越来越多的各种专业人士或专家声称他们在填补"自然"或"社会"权威的缝隙。这种权威我们可以称之为人类行为的专门知识,或就叫专门知识(Rose 1992c：356—357)。

伦理专门知识及道德专门知识

专门知识这一术语通常具有"技术"内涵,它与科学家和工程师这类人物有关。但是在此,我指的不是"硬"技术方面的专家,而是指的人类行为方面的专门知识:那些不论是否特别关注培养可以被称为人性的东西的专门知识,那些医生、经理、社会工作者、律师、咨询师及专业人员,以及也许首先是各种流派心理学家所具有的专门知识(Rose 1994)。我们很难确定如何去测量这种意义上的专门知识权力的扩展比例。这和社会学家所熟知的专业社会学不是一回事。专业和专业化这类词汇的流行不会帮助反而会影响我们。这是因为当这类词汇意指专门知识的时候,它不再只是一个名称,还更具有批判性。同时,还因为——出于它自身原因——它试图建构的是关于社会的科学而非启蒙批判态度。

人类行为专家详细阐述表现为特定"技术"形式的知识,他们注定就不只是要"了解",而且要诊断、改变、转化个体。我们常常倾向于将这些专门知识与技术区分开来,因为人类行为技术这一概念似乎有太多"与人无关的"内涵。关于专业化和专门知识的理性主义理论自然会赞成这一点。这一术语的用处在于它使人注意到一个事实,那就是,如果不总是偶然地,那就是天生地,人类能够将自己的本性和能力作为转化对象。谈论专门知识的技术使我们能够考察不同的权威工作,而不必对与之相联的关怀、人道主义、善行等意识形态采取某种道德姿态。因此,确切地说,不采取这种姿态的能力与战后现代专门知识变成主要是"伦理的"而非道德的有关(Rose 1990: 255—258)。我主张,提出对道德专门知识的批判是一回事,而对伦理专门知识的批判则是另一回事。这是因为伦理专门知识已经被启蒙过了,它已经是对专门知识权威的权力的一种批判了。不再采用指令性及独裁主义形式,现代专门知识有意强调其主体的自由和选择。实际上,如果当代专门知识只是简单的禁闭和压制的问题,它就不会是批判的问题了。但现代专门知识很少对行为采取指令性方式,相反,它试图引诱、鼓励、肯定主体性。它力图对人们的伦理能力发生作用,而不是按"正确的"行为方式做出那些道德化了的行为。我们既不应该将这种专门知识吹捧为在充满残酷无情竞争的世界中人类的救世主,也不必将之斥为意识形态(参见 Rieff 1966；Halmos 1979；Edelman 1984),我们所需要的是罗斯(Rose)所描述的导向自由问题本身的批判社会学那样的东西。

道德专门知识和伦理专门知识的区分本来就是启发式的,而不是结构性或形态学的。道德专门知识关注改进人们能力的多少有些决定性的方式,将其行为集中在对人的特殊分类,然后用各种方式力图对之进行改革、调节、惩罚或再融合。可以说,道德专门知识是他人导向的,其目标是影响并改造被认为异乎寻常的人群。显然,道德专门知识有其历史。而且显然,这一历史与一系列可以用于孤立有特定问题的人群的技术有关。因此,道德专门知识最初以对某物的问题化为基础,比如偏差、犯罪、疯狂和不道德。在此适宜的技术应该是程序性的,比如新的统计理性使得自杀问题在 19 世纪早期成为一个道德问题(Hacking 1990：64—72)。或者它们还可以是制度性技术,比如像精神病院这样的道德空间,读过福柯的人知道,是在 18 世纪末期出现的。精神病院是一种道德技术,它最初是一个公共空间,个体通过被教诲特定道德观念而治疗疯狂,其中最重要的观念有工作、纪律、按组织方式使用时间、服从医学权威以及和他人的道德团结等(Castel 1985：256)。

道德专门知识问题的关键在于改造,它试图根据"人应该如何"的一些规范来改变人。对很多人来说,这已经是在利用这种专门知识的罪恶力量。但是正常化决非一种必然的罪恶。正如卡斯特尔(Castel)在精神病学的背景下坚持认为的:"人们已经对精神病院的收容功能施加了太多压力"(同前:257)。确实,对关于社会的科学而言,精神病院由一种乌托邦式的美好场所变为完全负面的监护场所是不中肯的。但是从唯名论专门知识视角看,重要的是这种改造性的意识形态本身。而且,在这种背景下,我们不能错误地假定道德控制和禁闭式的或社会控制的压制是一回事。正如罗斯所说的:

> 19世纪将监狱、工场和精神病院的发明看作是重塑那些违背文明要求的人的人格特征的设施。但是,如果从人们试图创造主体自己承担协调各种自由的责任的条件这一点来看,文明也是经由试图通过自由创造管理完善的自由的策略而建立起来的:个体不得不具有一个在一定不是决定性的空间中型塑其行为的道德能动性(Rose 1992a: 6)。

总而言之,道德专门知识和伦理专门知识的区分,并不简单是启蒙了和未启蒙的专门知识的区分,它们代表了激发他人启蒙的不同路数。而关于专业化的社会科学中流行的批判话语也许阻碍了而不是有益于用这些术语进行的对这些专门知识的分析。

专业社会学补记

通过考察各种专业团体力图在特定认知领域内使自己变得不可或缺的策略,考察围绕其行为启动具有道德和专业边界的程序的策略,专业社会学开启了非常丰富的探寻。典型的情况是,尽管要对太多的东西进行一般化显然是不公平的,但这些社会学致力于将各专业视为利益团体,一方面探寻这些专业为各阶级的特定利益服务的方式,另一方面,探寻这些专业发展特定话语形式的方式,这些话语形式使他们对其服务对象拥有文化霸权(Elliot 1972: 52—55; Johnson 1972: 57—58)。这种强调常常导致专业的分析者对分析的对象采取相当批判的视角,而抛弃更早期的传统认识,那种认识倾向于把专业当作一种好的对抗力量,来对抗资本主义精神中一些相当冷酷的方面(参见 Abbott 1988; Larson 1991)。如今,专业被看作垄断的系统,它不仅会保护客户的最佳利益,而且也将外行排斥在对特定认知领域的垄断之外(参见 Freidson 1970;参见 Jamous & Pelloile 1970)。

然而,不论这种分析证明自己多么有洞见,它们还是遗漏了我所称的伦理专门知识的一些关键方面。专业社会学一般——当它们倾向于尽可能清楚且严格地界定专业这个概念时——倾向于要么低估要么大大夸大专业权力的总体范围。如果我们只考虑医生、律师这样一些人,那么专业对我们的文化现状似乎并没有那么重要(Elliot 1972: 143)。而且,除非我们将专业的定义过于扩展使得它几乎没有什么意义,否则,我们不可能生活在一个可以用"专业社会"这样一个宏大概念来形容的社会之中(参见 Perkin 1989)。在这样的背景下,也许我们应该区分现代资本主义社会中关于工作的一般文化精神气质和专业主义的本质。例如,韦伯曾认为,导向"职业"这样一个概念是现代西方社会的一个特征。《新教伦理与资本主义精神》的最后几页大部分都是讨论这个问题(Weber 1992b)。正如我在前面指出的,韦伯感兴趣的决不仅仅是新教伦理,当然也不单单是资本主义本身的"起源"。实际上,韦伯认为,现代"人"献身于职业或天职这一理念。我们期待生活为我们提供一种用某种工作来认识自身的俗世机会,这在最宽泛的意义上,就是著名的"工作伦理"的意义。但是在这种情况下,专业主义的本质就又是别的东西了,至少,它涉及某种认知专门主义,或声称如此(Freidson 1986)。简言之,最起码,专业主义这一概念要与职业主义这个更一般化的概念区分开来。

即使如此,当考虑到人类行为专门知识这一特定问题时,这一划分对我们的目的还是并不特别地有揭示作用。假设我们要发现我们最终能——经过几十年的努力——提出对一个"专业"的可行性界定,这一界定能使争论一个专业到底是什么的各方都满意,那时候,我们剩下要做的肯定是数数。于是我们可以说,人口中如此这样一个比例的人陷入专业行为之中,而且我们假想这样一种情况能使我们就专业主义领域作为我们社会的一种权力形式说点什么。即使如此,这样一种做法还是不能告诉我们太多。因为这显然并不仅仅是个数量问题。我们能够计算所有的医生、律师、建筑师及其他一些专家,那会告诉我们关于对专门知识兴趣社会层面的一些情况。简言之,它能告诉我们,从"关于社会的科学"这一角度看，为什么专业权力问题是有趣的，这一点可能没有问题。但是，这种做法不能使我们真正从启蒙批判的角度来探索专业主义问题，因为启蒙批判感兴趣的是专门知识作为权威形式的背景。

在更进一步考察批判的做法在这种背景下意味着什么之前，让我同样将这种做法与试图把关于行为的专门知识归为理性主义模式的做法区别开来，这种理性主义模式认为专门知识日益渗透进日常存在之中(Larson 1984)。例如，在其认为是对韦伯视角的部分修正的研究中，哈贝马斯写道，"将专家文化与日常生活的沟通行动背景的精英主义割裂"导致现代性的"变形"以及我们追求自由的能力的直接减少(Habermas 1987b：330—331；参见 MacIntyre 1981：85—86)。但是专门知识并不必然——也不必然不——会侵入社会。专门知识并不直接暗示对世界的可怕的理性化。专门知识与可被称为"技术至上的"专门知识，即所有"应用"专业——工程、经济等——关注与世界的工具性关系的那些专门知识，是完全不同的东西。建了一座坏桥的工程师可能是个坏工程师，但他还是个工程师。但是使别人生病的医生则不仅仅是个坏医生，而且从某种重要的意义上说，他实际上根本就不是个医生(Airaksinen 1994：8—9)。那么，伦理专门知识领域甚至不能化约为专业的领域。专门知识常常，甚至通常都是专业化了的，但是，不是所有的专业都在我们所用的术语意义上建构专门知识。这对那些关心分析和批判这些专门知识形式的人有影响，因为如果我们用严格的理性主义方式看待专门知识，那么我们会被引向用哈贝马斯式的或韦伯著作中所谓铁笼主题的粗糙变形式的态度对这种理性主义进行批判的道路——这丝毫不会令人惊奇。这么说不是要排斥这些观念,而只是说,关于人类行为的专门知识并不必然只存在于严格说来可预测的领域。

伦理专门知识再论

这主要是因为,道德专门知识和伦理专门知识的差别不是压制和自由之间的差别。专业社会学或理性化的社会学在道德专门知识方面可能都进展得相当好。但是,即使这两种都是试图用各种方式影响人类行为的权威形式,都试图利用人们对自由的能力和欲望作为一种资源,伦理专门知识和道德专门知识还是有区别的,其区别就在于伦理专门知识对正常和病态的区分不是特别清楚,而且它也没有对"道德特征应该是什么"提供特别明确的内容。这不是说伦理专门知识根本不具有话语的道德形式,而是说它的道德内容是形式的而不是实质的。在伦理专门知识中,重要的是关于责任的理念,而不一定是这种责任采取的特殊内容或形式。对于那些可以在"心理"(psy)标签下归为一类的学科[①]而言尤其如此(Rose 1996)。辅导、顾问、心理治疗以及其他一些专门知识并不是道德监护,而是促使人们去审视自己并留意针对他们自己行为的行为。这种专门知识也许反映的是类似在当代道德正常中的一种创建(a flotation),促使在西方自由社会开启被称为"伦理空间"的东西(Gordon 1987;Rose 1992b:144—145:Rose 1996:99—100)。

[①] 指以"psy"开头的表示学科的单词,如 psychology(心理学)、psychiatry(精神病学)、psychoacoustics(心理声学)等。——译者注

相当多的研究者试图记录这种转化过程。也许关键文本还是福柯的《性史》第一卷(Foucault 1976；参见 Castel 1973；Miller and Rose 1988；De Swaan 1990；Rose 1990；以及女权主义辩护，Bell 1996)。它的成功之处就在于提炼并描述了在性规范(sexual regulation)领域正常和病态之间区分的一种模糊。尽管很少提及弗洛伊德和心理分析，但实际上，在这本从很多方面看来令人不满意的著作中，它们是福柯关注的对象。英国——尽管美国可能不是这样——读者常常对这种强调感到非常惊奇。但是心理分析最有趣的确实不在于它对社会的渗透，而在于它是伦理型专门知识的一般范例。心理分析，不论其实践多么深奥，至少就其没有在病人和健康人之间做严格而草率的划分这一点而言，对专门知识的伦理学转向是范式性的。对心理分析而言，病理现象在我们之中、在我们之间无处不在——因此直接谈"病理学"就变得非常困难。从批判社会学的角度看，心理分析毫无疑问并不十分重要，主要是因为没有多少心理分析师(Gellner 1985；参见 Berger 1965)。而且，对心理分析的评论一直都主要集中在理论和信条问题，而不是更普通但也更为重要的技巧问题上。然而，作为一种专门知识的普通理性，作为一种权威模式，以及最首要的是作为一种启蒙技术，心理分析是非常有意思的(Miller & Rose 1994)。因为在心理分析中，专家之为专家，主要是因为伦理工作是关于自我的。这里的核心概念是转移：接受分析者认同分析师的示范形象，并通过分析师的形象来解决他们的问题(Kendall & Crossley 1996：189)。但是这里常常并没有特定的道德指导。心理分析师并不说"跟我学"或"按我说的做"。实际上，心理分析师并不真要做任何事，除了做一个心理分析师外。这需要对自我难得的洞见,这种洞见以扩展了的训练的形式表现出来——因为所有的分析师都被分析过了。

心理分析师当然要启蒙他人,或者说假定要这样做。但它更像伦理启蒙而非道德启蒙。对心理分析,我们可以说,正是其伦理学事实扮演了责任的角色——对伦理学自身的责任,变为"伦理的"之愿望。显然,根据要分析的种类,这种启蒙可以采取不同的形式。弗洛伊德自己的启蒙模式也许是一种比较严格的成熟形式,包含在其评论之中,毫不傲慢,非常受人尊敬,他的目标只是让人们忍受自己的不幸。他的后继者并不都对他们的权力如此满怀希望,一些人即使不是把心理分析本身,也是把从中获得的专门知识完全当作一种拯救的技术(参见 Breuer and Freud 1953:305; Rose 1990:241)。

但是,心理分析只有从严格的策略性观点来看,对启蒙批判才确实是有意思的。这就像实验室,我们必须进去观察,才能记录伦理专门知识的特征,见证这些特征的某种纯粹的、不掺杂的形式。在心理分析之外,还有很多不那么伟大的治疗形式,试图通过大量致力于精神伦理学的小技巧来对个体进行启蒙(Castel 1973; Rose 1990)。这些治疗本身就是一些文化解释形式,试图去在个人身上生产各种品性、态度和影响。

我将按预期方式对这些"心理"治疗进行进一步分析。我们可以看到,这一路数比较突出的一点在于强调权威关系。通过对比同义的社会学对这种治疗的解释,可以澄清这种强调。我们来对比安东尼·吉登斯对这一问题的看法。他将治疗看作晚期现代性社会中反思性转向的一种功能。对吉登斯而言,并不是说世界上客观存在的风险更多了,而是说我们现在前所未有地对风险非常警觉,因此,晚期现代社会的制度逻辑导致人们对自己运用反思性原则(Giddens 1991b)。这是一个关于焦虑的自我、羞耻文化和治疗的社会。对吉登斯而言,人们的个人困扰并不仅仅是因为我们生活在一个道德沦丧的社会。相反,吉登斯勾画了一幅个体以反思性的名义挖掘自己的精神的图景:"治疗不简单地是对付新奇焦虑的手段,它是自我反思性的一种表达"(Giddens 1991b: 34)。这里反思性不仅是待解释之物,也是解释要素。

但是吉登斯用划时代术语刻画成流行于整个社会的社会学现象的东西,也可以被看成只是在自由的西方社会中修正与关于自我的真理的特定关系所导致的结果。这种修正关注真理和权威之间的联系,我们可以称之为真理的新理性主义。因为当一个人在讲述关于精神的真理的时候,我们可以看到,从那些声称自己用治疗的名义发言的权威中产生了真理的反思文化。吉登斯将这些治疗作为他对反思性转向解释的部分工具,然而,它们实际上应该成为他解释的对象。所有告诉我们"我们被迫讲述关于我们自己的真理"的那些权威都如此。在此,为了寻找发言的出发点,权威转向自身(Foucault 1976: 66—67; Miller and Rose 1994)。

如果我们根据伦理专门知识作为一种特定权威的特征来对之进行定位的话,考虑这种权威和其他权威的关系就是有用的。这应该会有助于——例如,通过将这种伦理权威放入比通常要长远的系谱中——我们将伦理专门知识的理念从其他一些有诱惑力的图景中区分出来,比如,将所有的专门知识都看作是压制或社会控制这些恶意形式的类似物这样的图景。如果要就这一任务寻求指导,有谁比马克斯·韦伯这一在社会科学中引导了关于控制和权威研究的人更合适呢?那么,在这一点上,我们关于专门知识的研究就要采取"先理论再历史"的迂回道路。

伦理主体化

我所考虑的这种权威并不是人对人的原始控制(或剥削,或压制)的最初状况,而只是控制的一种形式——因为反思性不是吉登斯分析中所说的新现象——出自自我且针对自我。我们可以称之为控制的伦理主体化形式。韦伯认为文化科学需要区分三种控制形式——传统、魅力和科层制——我则主张再加上第四种。伦理主体化本身就是对特定行为进行合法化的手段,就个人控制他自己而言,它是控制的一种形式。在这里参考韦伯有点没有诚意,因为他的控制理论确实有特别的含义。然而,这种的参照点有助于澄清我们的观点,即,现代伦理专门知识利用了作为一种特殊权威形式的传统,这种传统早于建立于启蒙精神之中的现代知识分子化伦理权威的出现(参见 Rose 1990: 217, 第六章各处)。

伦理主体化对人类的"内向性"发挥作用,也就是说,人们确信自己会从内部发现自己行为的权威。我们的这种内向性图景需要与各种主体主义类别的意识、道德良知、身份认同、个体主义以及其他这类术语区别开来,即使它抓住了所有上述类别的要素。内向性不像这些类别是传统的,而是严格的文化的——我们发明了对自己的内向性。内向性也不是一种心理学现象,运用它并不是运用一种主体性理论。伦理主体化应该被看成一种普遍的——

"人类学的"——人类品性（propensity），而不是普遍的人类特性（property）。确实，如果和一般文化的流行价值区别开来，历史上这种内向性的系统可用形式是非常少见的。伦理主体化要求文化为自己的存在而劳动。它包括通过呼吁对自己的责任而被合法化的所有权威形式。所有的控制者和权威大概都会说"服从我"，因为这样做很不错——因此在这种意义上，所有的规则"形式上"都是伦理的——但是，通过说"服从我，因为这是成为真我的唯一方式"，内向性伦理也在运用一种特殊的伦理动机。

韦伯对历史记录的高超分类为我们提供了这种伦理主体化的例子，它包括伦理的各种世俗体系，最突出的例子应该是斯多葛主义。斯多葛式的圣徒只对自己负责，然而斯多葛主义不是一种否定世界的伦理，相反，它强化了统治文化，宣称——作为个人对自己责任的一部分——个人有义务传播正义（Rist 1978：263，267）。或者还应该包括中国文人的伦理，韦伯对此有精辟的论述。绅士文人的内向性在封建制度被集权代替这一点上发挥了作用，因此儒教"提供了具有必要资格的行政人员。那些替代封建制度中地主和贵族而行使地方权力的帝国官员，需要被赋予与他们前辈同样的素质"（Granet 1975：104；参见 Munro 1988：156—157）。对韦伯而言，儒教是一种"地位伦理"，但它同时也是对世界的一种自主倾向，与行为的特殊技巧有关。现代专业伦理作为它的一个现代例子，这应该是合乎情理的。显然，我们可以指出一些类似的地方，比如专业再生产根据特定的阶级线路在进行。但是专业不仅仅在表达阶级利益，也不仅仅在表达主流的社会伦理。实际上，专业还具有一种技术品质，通过这些品质，专业呈现了组织形式，以铭记组织内向性的各种道义论原则(参见 Harris 1994:106)。

本人力图指出,伦理主体化是人类控制的一个特殊原则,因为它既是内向的又是非个人化的。尽管明显指向不同的问题,韦伯关于魅力和科层制的概念还有利于在某种程度上突显伦理主体化这一概念。

韦伯也许假定所有合法控制都在影响可以被看作伦理基础的东西。正如罗斯(Roth 1978:lxxxix)指出的,"控制"(Herrschaft)这一术语被韦伯用来作为康德范畴帝国的一种有效运用。韦伯说,"控制因此意味着这样一种情形,在其中统治者或统治者们的明显意愿(命令)是为了影响他人(被统治者)的行为,而实际上,它确实在发挥作用,被统治者的行为在与社会关联的程度上发生,似乎他们就因为统治者命令的存在而将其当作了自己行为的准则(Weber 1978 第二卷:946)。换言之,韦伯认为,就合法性的条件是"服从控制的人将命令内化为独立的内在价值"而言,所有的合法化控制都采取伦理形式。然而伦理主体化还是不同于控制的一种形式。因为,尽管所有的权威形式在最宽泛的意义上都是"内向的",但它们并不从这种内向性中获取力量。相反,行为的适合取向是由各种管理形式(父权制控制、科层制等)而不是求助于自我来得到有效维系的。

魅力是个特殊情况。韦伯认为,它在更强烈而特定的意义上是伦理的。韦伯的著作将魅力看作一种影响而非理性地抓住个体的内向的个人力量。魅力就像对整个个体及其行为的转化。因此魅力是内向的,但它也是个人的,它依赖于对某个特定人物——或代理人、魅力型领导——的忠诚。这意味着魅力并不会首先导致对自我的义务,而由于个人要对领导忠诚,他就有义务关注自己的行为,关注自己的内向性。伦理主体化既像魅力又不像魅力。它像魅力,因为它在同样特定的意义上运用一种内向的权力。但是它又不像魅力,因为它并不是用个人的方式来运用权力,而是——像科层制——通过非个人性来运用的。

实际上,伦理主体化更像科层制权威而不是魅力型权威。就它涉及导向自我的苦行,一种"规训自我、按特定方式型塑自我"的努力而言,伦理主体化是非个人的。因此,内向的伦理学就是对行为合法化的一种混杂形式,伦理地内向地努力,并按有意地非个人化的逻辑来运作。伦理主体化对意愿这样的东西发挥作用,试图使意愿成为仅适用于自身的原则的奴隶。它试图做的是——这类似于科层制文档所进行的控制——通过意愿的非个人化力量来控制。这会使人试图内化责任并使之成为内向性之一部分。这就是为什么关于自我和个性的语言不适合考虑伦理主体化问题。我们同样也不应该按"从外部世界退缩进自我的私人领域"这样的方式来思考这里所说的伦理成分,而应该把伦理化理解为对自我发挥作用、将之转化为一种权力的方式。这里的关键不仅仅是有关必要性的法则,还有控制自我的努力,这同时必然也是对我们外部环境的一种控制。在这一点上,没有人比19世纪伟大的道德理论家之一 J-M.古雅乌(Guyau)说得更好了:

> 义务被简化为一种特定的内向权力的意识,本质上优于所有其他权力。从内部去感受个人能达到的最佳状态,确实是我们首先要意识到的,个人的职责所在。从事实的角度看,

义务——一方面是形而上学概念——是要求操练和赋予自身的一种生活的过剩状态(superabundance)。义务迄今为止都过于被解读为关于必需或强迫的情绪。实际上，它首先是关于权力的情绪(Guyau 1898：91)。

在韦伯的著作中，合法化的控制总是有其制度上的对应物：合法的理性主义用科层制表示，传统主义用父权制表示，魅力型用各种不同的先知和君主神权表示。我们能不能给伦理主体化也找一个制度对应物？也许很多人都有自己的见解。在此我要讨论一种可能的对应物，它的有趣之处主要在于，它作为一种历史力量在韦伯自己的著作中令人惊诧地被忽视了——那就是贵族制。

贵族制理念

贵族权力是如何被合法化的？有没有作为贵族特征的伦理理性？社会学家——很高兴诺贝特·埃利亚斯(Norbert Elias)是个例外——对这个问题几乎没有做太多探讨(Elias 1983；参见 Campbell 1987)。在贵族权力方面，我们很难找到多少关于韦伯式的忠诚机制发生作用的例证。实际上，我们面对的是贵族制在忠诚问题上以忽视理性为基础发挥作用的大量例证，忠诚是通过轻视合法化这一理念而被合法化的。例如，埃利亚斯就根据对奢靡的某种道义论描述了宫廷贵族制的社会精神气质：

我们从泰纳(Taine)所讲述的丢克·德·理查流尔(Duc de

Richelieu)的一个做法可以看到这种社会精神气质的一个典型表达。他给儿子一个装满了钱的钱袋,让他学习像个伟大的君主一样花钱。当这个年轻人把剩的钱拿回来的时候,他的父亲当着他的面把钱袋扔出窗外。这是要使个体保持社会传统的社会化,这种做法将按照地位成为豪奢之人的义务印刻在个体身上(Elias 1983: 67)。

然而,这种反资产阶级的奢靡做法被当作一种义务,这一事实显然使我们了解一些属于贵族权力的那种忠诚。这种权力要求忠诚,恰恰是因为它假定而不是要求这种忠诚。贵族的优越性并非来源于种种声称,这些声称仅仅是传统的、理性的或与极端权力的假定有关。它真正的缘由是贵族被相信生来就是统治的,统治和贵族联系在一起。从这种意义上说,对贵族统治进行正义性说明会成为术语上的矛盾——贵族本身就是自己的正义性说明。贵族控制并不是建立在其他人对贵族统治的同意的基础上的,而是建立在贵族自己对统治的同意的基础上的。这是他对自己的同意——正是这个原因,尽管它几乎不成为一个原因,贵族统治在其他人眼里就是合法化的。皮埃尔·布迪厄用适合贵族精神的本质主义来表达这个观点:

> 贵族阶级是本质主义的。将存在看作是本质的一种散发,他们对科层制记忆中记录和登记的一些行为及错误行为都不设定固有的价值。只有当他们用态度的微妙差别来清楚地表明自己的志向是对他们借以确立的本质的永恒化和庆祝

时候,贵族们才算是在襃扬某些行为。同样的本质主义要求他们将他们的本质施加于他们的东西——贵族阶级义务——施加在自己身上,去要求其他人不能要求他们的,去"实践"他们的本质(Bourdieu 1986:24)。

简言之,因为要求他们去实践其本质,贵族权力的合法化就主要是在贵族自己身上被发现,表现为通过内向性获得的伦理主体化的特定风格化,以及对天生的优越感的众所周知的敏感性。然而,贵族并不必然就是天生要统治的人,而是具有本质"距离"的人——再考虑一下韦伯,我们可以说,这是一种"内部的距离"。换言之,成为一个贵族有很强的苦行的方面。历史学家 J.C.D. 克拉克(J. C. D. Clark)坚持认为,贵族的道德标准具有理性,他用"精英文化霸权的社会理论"对这种立场进行了概括。他用这一术语表示一种内向地管理——如果个人将自己视为特殊的人——我们管理自己行为的方式的伦理(Clark 1985:95)。

正如克拉克所言,我们对贵族统治有很多误解。也许对大多数人来说,贵族统治似乎——尤其是如果我们将科层制权威形式作为标准的话——多少有点非理性,是——毫无疑问就是因为它具有某种内在的非公正性——反现代并当然也是反启蒙权威的典范。但是这种看法具有误导性,因为贵族权力的本质主义常常被误解为一种天生的本质主义,而实际上它是由地位获致的本质主义(参见 Schalk 1986:115—144)。贵族必然是出生高贵的人,"生而统治",这是真的。但这不意味着高贵出生就可以彻底替代教育的作用。没有人是在这种意义上生而成为贵族的,那就是,是个贵族就足够认为我们是生而统治的了。实际上，当这种情况出现的时候，历史学家通常开始谈论贵族堕落问题（更好的术语应该是道德沦丧）。在这些时期我们开始看到大量对贵族公正性进行的公开辩护——这在真正的贵族时代是不会出现的。

简言之，贵族的内向性是由对等级义务的严格伦理遵从派生出来的。实际上，这是贵族合法化的基础。贵族只不过是就其具有的尊贵——它只是表述个人对自己义务的术语——而言适合被服从的人。这种对个人及其等级所具有的义务感对治理会产生系列后果。贵族成为一个统治者，只不过因为他从属于在治理所必需的德行方面受到良好训练的地位共同体。贵族的距离部分地导致其适合其任务。如托克维尔（Tocqueville）所言，"贵族被高高置于人民之上，能够对人民的福利采取冷静而又仁慈的态度，这是一个牧羊人对他的羊群采取的态度"（Tocqueville 1969：13；转引自 Elster 1993：109）。而且，作为善于容忍的地位共同体，贵族性本身就被认为是超越了民主制的琐碎利益和卑微争论的：

> 世界上没有什么东西像贵族制这么恒定。人民大众有可能被其无知或激情所引诱，国王可能玩忽职守，对自己的计划犹豫不决，而且，国王也并非不朽。但是贵族太庞大以至于无法被抓获，而又如此渺小以至于不会轻易屈服于不假思索的激情的陶醉。贵族是坚定的启蒙了的不死的人（Tocqueville 1969：230；转引自 Elster 1993：108—109）。

从对启蒙的批判态度这一视角看，启蒙了的贵族这一概念，并不像它从比如说划时代的社会学或对社会的批判理论等视角看最初显示的那样不协调。但是必须注意区分贵族精神气质和由实际的贵族们所组成的地位群体。我一直在过于简要地阐述的是类似于柏拉图式的贵族性的理想型，根据它来统治自我———一种特定的内向权威———是统治他人的条件。但是这一模式超越了早已被废弃了的实际的贵族社会。我主张的其实是，我们所称的贵族性只不过是一种更一般化的内向性原则的地位伦理版本，这一原则作为控制或统治的权威化，在如今这一启蒙时代可能会有其变体。

专门知识的贵族性

我们有根据说，至少现代伦理专门知识系谱的一个方面可以在贵族精神的遗产中发现。无论如何，这种联系所揭示的是，就像一些特殊的地位群体努力制造道德或知识"界线"一样，这种专门知识也要努力获取伦理卓越和模范地位。指出这种联系意味着甚至将咨询专业人员都当作最首要的一种伦理建构。关于专业人员的早期概念被修正为具有内在尊严并与世界的当下困境脱离的"绅士"概念。根据约瑟夫·雅各布(Joseph Jacob)的研究，理想类型的绅士模式从文艺复兴早期开始，描写它的主要文本是卡斯蒂利奥内(Castiglione)写于1561年的《侍臣论》(Jacob 1988：117—123)。显然，绅士的理念在尊贵性方面有所修正，使得绅士品质多少与天生的原初地位或等级相脱离，而成为一种有意识的教育对象。然而，绅士观念的胜利也是"本质超越存在"这一贵族原则的胜利。这一观念传递的是这样一个主张，即，我们可以学习去继承我们的本质。

专业化的绅士被认为是保守且超脱的,实践着某种"掩饰所有雕琢的冷淡"(同前:119)。专家们显然要培养一种对其所属群体的当下利益的内在距离感。伦理专家与其工作之间没有直接的"工具性"联系。相反,在单纯的"职业"中,个人与他要完成的任务之间没有伦理的或"内在的"联系,而是在多少有些被动的意义上被"占据"①。但是,有关行为的专家则牵涉到其职业行为所表现的工作与针对自我所表现的工作之间的象征关系。因此,在这种情况下,手头进行的工作的伦理要素是内在于工作本身的(参见Airaksinen 1994:8—9)。

专门知识和贵族制也共享某种东西,常常被指出的是:与有关计算和概率的意识形态的隔离。克拉克从英格兰旧制度中列举的例子就是赌博、打猎和决斗。这些被认为是贵族和"绅士"都必然要从事的活动(参见 Perkin 1991:274)。需要再次强调的是,这些活动并不仅仅是体育运动或单纯的消费活动,而是对尊贵性的一种苦行式的风格化。克拉克指出,例如,决斗"是贵族理性的遗留及权力作为一种超脱并最终优于法律及宗教强制力的规则的最好表示或证明。每一次决斗都是对法律和宗教的有意触犯,是对谨慎、理性、计算等平民认为必须谨遵的价值的蔑视姿态"(Clark 1985:109;参见 Perkin 1989:参见 Perkin 1991:237—252)。

总的来说,这里的观点是,我们常常倾向于认为专业主义和贵

---

① 文中用 profession 指具有专业技能的职业,而 occupation 等通指一般职业。为了区别一律将前者译为专业,后者译为职业。而此处用 occupy 对应 occupation 更是表明与 profession 的区别。——译者注

族主义的伦理是对立的,也许是因为专业人士常常被认为与官僚很类似。但是专家其实和官僚正相对,他们是已经培养了对他们而言必要的一些素质的人,是伦理主体化的高手。这也是关于专业化"职业"的一些特殊理念,一些人"被召唤"(called[①])去完成他们的专业任务。仅仅做一个小官僚是不需要"被召唤"的。实际上,专业的天职(calling)存在于贵族家长制系列中。珀金(Perkin)相当正确地指出:

> 一些历史学家认为,……这些得到公立学校及剑桥牛津等名校宣扬的、被假定为前工业社会的、贵族的、反工业社会的态度,要为英国工业精神衰落负责,这些态度实际上是具有改革精神的校长和导师们身上新出现的社会价值,这些人对工业与贸易的蔑视来源于确信专业服务在所有方面都优于他们认为是"捞钱"的那些做法(Perkin 1989:119;参见 Clark 1985:109)。

这些态度也是对贵族制的修正。但它们的共同之处在于,强调对自己行为的治理原则是履行治理他人之责任的先决条件。对二者而言共同的是这种内向性伦理本身。

[①] 韦伯的著作中"calling"一般译为"天职",意思是上帝的召唤。——译者注

示 范 性

　　无论如何,专门知识和贵族制的这种类比既展示了相似性也展示了差异。这种类比显示,首先,强调通过专门知识传播知识的这种多少有些理性化的形式,应该不是我们对治疗启蒙的批判态度所最感兴趣的东西。专门知识的理性主义模式在这方面并不会将我们带得太远。所有的专门知识都希望获得真理地位——关于自我的真理——但是比这些真理形式固有的教条次要的,是这些真理的大师或看护人的伦理建构。伦理专家不只是各种理性的高手,而且是针对自我的实践高手,是伦理教条的生动体现。换言之,理解专门知识的认识论构成让我们看到专门知识支持者的伦理构成,看到伦理专门知识中的"个性",以及专家们为了将自己建构成有关行为的权威而对自己实践的各种伦理主体化形式。这意味着,考察"心理"学科的意识形态,考察教育以及所有的"应用知识",都需要关注知识推动者——老师、社会工作者、治疗师、经理——的伦理构成,把这些人当作我们所讨论的专门知识的范例。

　　如果专门知识不能笼统地简化为理性意识形态,而且,如果伦理专门知识体现在实践者的习惯而不是任何信仰或观念体系之中,这并不是简单地赋予专门知识以实践而非理性地位,因为专门知识确实是传播伦理品质和优点的一种理性技能。心理分析再次成为示范性例证(尽管其他的例子还可以从商业和管理、教育、心理治疗和各种咨询及治疗理性中找到)。在心理分析中,被分析者认同分析师,因此,吸收分析师的一些伦理品质。同时,被分析者在实践背景下去了解采取被分析者伦理态度是怎么回事。或者我们以教育意识形态为例。伦理真理是通过学习而来的,而不必然是形成的、叙述的或理论化的。治疗启蒙不是行为的理性化,也不是对世界"伦理性"的侵蚀,它试图通过将之置于真理的特殊体系中而展示伦理的这种理性形式。

那么,专门知识就不是多少有些匿名的理性化过程的结果。其根源决非理性,而是常常根据"著名的模仿"过程而行动,在这些过程中服务对象被假定从专家们的习惯所提供的实际例子来学习。而且,现代专家为了培养内向性而对自己做的工作,可能只是对他们的服务对象也被假定要实施的关于内向性的伦理工作具有示范性。这意味着,自我启蒙批判需要从那些关于自我的贵族开始,从专家们自己开始,而不是从自我启蒙的正规意识形态开始。正如艾恩·亨特所言:"文化的伦理维度不是建立在普遍的道德或历史自我意识之上——不论是关于'人'的,还是关于'一般阶级'的。反之,它应该被视为特定伦理实践的产物,通过这种实践,一小部分伦理运动员型塑出与自我的关系,作为道德行动主体"[89](Hunter 1988:99)。伦理学来源于那些被安排或将自己安排为伦理权威的人的少数实践。但是,对其贵族制起源而言,伦理主体化很容易具有民主意涵,因为其前提是,各种专门知识提供的伦理形式实际上是高度可传递的,而且这些专家团体就是这种传递的媒介。

因此,专业人士和专家可以具有特殊的道德。但如果这是指他们具有不同的或特异的道德——毋宁说,他们具有示范性道德,供其他人模仿的道德——这并不意味着使他们成为这样一种"外群体"(参见 Williams 1995：193)。伦理主体化的这种民主化被贴上了"元知识"的标签,意指人们成为"自我专家"的道路(参见 de Swaan 1990)。而且,具有专门知识的人只能成为针对他者的大师,而这种示范性道德则标识了他们成为自我专家的办法。被危及的主要不是具有特定内容的特定的主体性,而是与自我和他人建立的权威关系,这就是——如果我们是专家——我们借以成为自我权威的方式标识了我们成为针对他人的权威的方式。

述 行 性

伦理专门知识和贵族制通过伦理主体化实践建立的联合,旨在揭示二者之间的异同。首先,其差异在于专门知识本来是被作为一种启蒙形式,它涉及被认为不仅要引导生活方式还要讲述和揭示特定真理的一些专门化语言和知识形式(Rose 1990)。

而专家团体则可能被视为特殊化的言说共同体,利用偏离日常生活话语的次级言说类型(Bakhtin 1986：72;参见 Bourdieu 1988：63—64)。但是,这种偏离只是为了更好地研究日常生活,无论如何,它并不必然表明要宣称超脱。正相反,我们应该说这种言语类型的超脱正是我们为其投入、为其关注日常生活的能力所付出的代价(参见 Elias 1978)。而且,在专家主义和服务对象之间还有一种渗透:被服务者吸收专家的语言并转化为自己的语言。这些类型毫无疑问是以特定的风格及称谓模式为特征。也就是说,对特定的人们给予特定的称谓,而且,毫无疑问,这有助于我们理解那些人,并理解他们如何理解自己。专门知识——道德的或伦理的——一般都通过那些既产生又反映个体间现存差异的分类形式来运作(参见 Douglas & Hull 1992)。在这种意义上,这些言语类型不仅仅为某些专业共同体所特有,而且来源于并被运用于专业共同体及其服务对象。关键的是语言对人们——不论是不是专业人士,专家或普通大众——的述行性效果(performative effects)之类的东西,也就是各种权威诱使我们按特定方式看待自己并行动的方式。所有权威性言语都按这种方式发挥作用。"所有的言语",J.G.A.波柯克(J.G.A. Pocock)说,"在其针对人们行事这种意义上都是述行性的。它在他们自己和其他人的感觉中,通过限制他们在其中被感觉的概念领域来重新界定他们"(Pocock 1984:39)。确实如此。但是也许我们可以将不同的专业和专门知识形式看作那些将这种述行性转化为特殊职业并对真理进行特定宣称的能力。简言之,当作类似于启蒙的职业技术之类的东西。

正 常 化

专门知识利用知识和真理来应对其服务对象,实际上指的是专门知识力图成为一种正常化[1]形式。换言之,所有专门知识,不论是道德的还是伦理的,都试图将特定的人类能力与特定的真理系统相联系。对很多人而言,这样看待专门知识立即导致对专门

---

[1] Norm 为"规范、标准"之意,而 normal、normalization 等词可以理解为"规范(化)的、正常(化)的"等意思,在此结合全文主旨,将 normalization 译为"正常化",表示一种对身体的监控和管理。但文中某些地方根据上下文将 norms 译为"标准、规范"。——译者注

知识的批判。但是事情还没有这么简单,这有两个原因。其一是,正常化并不必然就是坏的。其二是,我将主张,在与心理科学的关系中,专门知识导向关于自我的真理,而并不仅仅产生虚假知识或意识形态。将这两个原因一起考虑会导致对专门知识的直接批判——根据社会控制或其他的什么——变得加倍困难。

所有专门知识似乎都试图去修正某个情境。专门知识从定义上基本就是疗救的,它要改善、改变、启蒙、解放。从这种意义上说,所有的专门知识最终都是一种医疗模式。这毫不奇怪,如果我们考虑到医学形象对启蒙本身的重要性,这就更加不足为奇了(Gay 1966)。但是,与大多数社会学的批判传统相反,正常化并不必然是坏事。医学模式进行正常化这一点,不应该被看作是标志着对其启蒙根基的背叛(Illich 1976;参见 Canguilhem 1989)。当然,暴露这一论点的局限是必要的,该论点认为我们生活在一个医疗化了的社会,在其中我们的日常生活通过专家帮助解决各种问题得到管理(Rose 1990:257;参见 Bauman 1991:213—214)。

医学进行着正常化。但是它对什么进行正常化呢?在此,重要的是多少有些直截了当的生命标准。考虑到其缺失状态,断腿、肺病等等——对有关的人而言——显然是负面的状态。确实,我们被诱使和康吉翰一样主张,正是身体本身是正常的,身体本身显示对医学而言什么是合适的标准。身体设定了自己关于最佳功能的标准。当这些功能受到损害时,医生和身体一起努力使之达到最大程度的恢复,即使不可能完全恢复"正常"状态(Canguihem 1989)。这意味着按科学一词最传统的定义来看,医学不是一门"科学",而只是利用特定的临床真理支持人类个体的一种方式。

但是当我们离开就生命标准达成共识的领域,以及当医学被诱使进入个体生命标准之外的领域时,问题出现了。例如,在以身体的正常状态为出发点而行事的医生以及以在人口中被"发现"的标准为出发点而行事的专门知识之间存在着差异。那么,个体的生命标准和人口的标准之间是什么关系呢？实际上,关键在于对"正常的"这一说法本身的不同理解。艾恩·哈金告诉我们:

> 作为一个词,"正常的"……只是到了19世纪20年代才获得了如今它最普遍的含义。正常的是一个对子中的一个。它的对立面是病态的,而且在很长一段时间内,它的主要领域是医学。然后它才转到——几乎所有领域。人、行为、事态、外交关系、分子:所有这些都可以是正常的或不正常的(Hacking 1990: 160)。

由于哈金展示的这样一个事实,即,我们所指的正常性本身就非常含糊,事情变得更为复杂了。按照传统意义,正常的就是任何正常的东西,而较新的视角认为,正常是一种合意的状态(同前:168—169)。那么,正常本身如何被决定,以及——甚至更成问题的是——不正常的东西如何被判断,这都是非常模糊的(Canguilhem 1989: 237—256)。不正常的可接受范围是什么？不正常和病态是一回事吗？尽管这一术语产生了一系列歧义,但是从权力的角度看,"正常"是一个极为有用的概念。当然,"正常"这一理念是专门知识繁荣的核心。它提供了某种旗帜或标准,围绕着它,很多"实践性的人文科学"为自己定向:犯罪学、心理学、教育学、社会工作。简言之，就是福柯所说的"学科"。"因为曾经表明地位、特权和从属关系的那些标识不断地被一整套既表明某同质社会群体成员资格又分化、等级化、序列化的正常状态所替代——或至少是被补充"(Foucault 1979：184)。但是仅仅因为这些学科进行着正常化，这并不使得它们就必然是坏的，主要是因为这种正常化背后的假定和程序存在广泛的一致和透明度。

如果总的说来医学在为我们的普遍标准服务，这既是因为当涉及到身体，甚至当涉及到人口时，就我们希望追求的价值存在着相当程度的一致，也是因为存在着稳定这些一致的技术手段。我们希望保持我们身体的自主性和延续，而且，为了做到这一点，我们常常准备屈服于医学。同样，人口一般也被期望就卫生条例或疫苗接种运动这样一些预防措施达成一致。当在"这些规范应该是什么"这一问题上不太一致的时候，而且当专门知识遇到特定的技术不足时，问题就出现了。总的来说，伦理专门知识，尤其是心理学专门知识，都较少有普遍一致的标准和充足的操作技术。这是问题所在。伦理专门知识的存在并非那么有趣——因为治理行为的这些手段，如我们所见，并不一定都很新奇。实际上，重要的是将自己与某些种类的现代专门知识具有的这样一种特征，即它们试图与知识启蒙的追求联系起来。因此，心理学和"心理"学科作为激发手段，来质疑针对启蒙的批判态度，具有根本的重要性。因为，如果医学要将生命标准正常化，那"心理"学科要对什么进行正常化呢？

心 理 学 化

心理学是一门专业学科,但是它并不比医学更"科学"。自从冯特(Wundt)1879年建立第一个心理学实验室,心理学就将自己视为一门具有自己领域的独立学科(Danziger 1990:17)。但是在更宽泛的意义上,心理学也是一种专门知识。它不仅仅作为一门学科,而是通过心理学概念和观念侵入心理学学科之外的领域:医学、社会工作、各种咨询业——所有那些被某历史学家命名为"心理联合体"的领域(Rose 1985,Rose 1996)——而成为一种专门知识的。对某些评论家而言,"心理"学科在社会上的这种扩散已经导致了一种焦虑,认为我们已经进入了一个精神"立法与秩序"的帝国。对有些人而言,心理学在其宽泛意义上和个人启蒙是同义词。对另一些人而言则正相反。也许这种矛盾是内在于"心理"本身的。正如康吉翰在法国心理学背景下谈到的:从心理学协会出来的一条道路导向了巴黎大学的唯理智论,另一条则指向了警察辖区(Canguilhem 1980)。

心理学针对启蒙批判态度展示的第一个批判问题是,当就精神规范达成一致时,会出现内在的明显困难。甚至对某些评论家而言,设立一种精神规范与拥有生命规范从根本上是相抵触的。[93] 不论心理学有什么样的科学主张,它的分析对象都使之受到局限:一方面,它的对象无法直接被观察;另一方面,违反心理学规范的表现之一在于个人对这种违反根本没有概念——那么,这就只能依靠"专家"的解释。这意味着心理学总是存在风险——因此,在其他人文科学中,存在着对这种糟糕特点的怀疑——即,寻求运用精神规范,本身就只不过是社会控制的工具。心理学总是不得不冒这种风险。而且,尽管心理学可以由医学方面来宣称自己的权威性,但实际上它从不可能直接这样做。肌体医学至少可以宣称它的规范来源于身体的生命秩序,并因此将这种规范转换到人口,心理学则通常颠倒了这种逻辑,而且——如罗斯主张的——从在人口中发现的统计规范来导出其对象的概念(Rose 1985:229):

> 从生命过程的正常状态概念和病理学的发生来获得有关正常性的理论是一回事。从统计平均的正常状态以及其变化的发生来获得关于正常性的理论是另一回事……健康,对个体心理学而言,不是在肌体沉默中生活,而更多地是在权威的沉默中生活(同前:231)。

但这是否意味着我们不得不批评心理学是伪科学或意识形态呢?那样做会使事情显得比较简单,但并不是治疗启蒙批判的现实主义路径。我们可以揭示心理学理性的局限,我们也可以批判或驳斥心理学知识和方法论的特定元素或趋势。但是这种心理学治疗批判是非现实主义的。对心理学进行一些限定是必要的,而且不仅仅是因为心理学家们的无知或傲慢才需要做这些限定。从原则上反对医生、教师或心理学家等人所具有的这样一些专门化知识是幼稚的。这并不是说这些学科本身天然就是压迫性的,而是说它们需要服从人们自己的"学科"(Walzer 1983:290)。但是这并不像我们想像的那样简单,尤其是针对心理学而言。这并不仅仅是因为精神事实那众所周知的不透明性，而更主要地是因为适用于心理学的特定干预。

在前面的章节我一直主张科学不仅仅是一种反思或呈现形式，它更是一种干预形式(Hacking 1983a)。如果说科学干预(intervenes)客体对象，专门知识运作的模式就是干涉(interference)其服务对象。再次申明，我将关注心理学，不是因为我们生活在一个心理学化了的社会，而只是因为心理学可以被当作启蒙伦理专门知识的"核心例子"。心理学不是一门客观中立学科意义上的"关于人的科学"，反之，心理学对人类进行"修饰"(Hacking 1986; Rose 1996: 13)。那就是说，像心理学这样一些专门知识干涉其客体对象并与人们的自我观念发生互动。心理学专门知识确实只是创造了哈金所说的"道德类别"的学科的范例，该学科存在于与其客体对象的动态关系之中，也许促进了用以在世界中被发现且服从于正常性标准的行为方式。评论家们常常指出，在人们想像他们自己的方式与被用以想像他们自己的专门知识之间的运作中存在着某种循环或环状效果。老派的标签论以往认为人们被专家，比如精神病学，贴上标签，然后他们才慢慢地按标签来认识自己。换言之，专门知识提供的标签发挥了自我实现的功能(Scheff 1966)。关于标签的关键点在于它接管了整个自我。修饰人们的观念并非截然不同，唯一与标签论不同的是，道德的建构过程并不一定是恶意的意识形态行为。这并不是说标签是假的，而是说在修饰人们的过程中有一个自我实现的方面存在。哈金称之为动态唯名论：

> 动态唯名论的主张并不是说，有一种人，不断被官僚或人

类本性的研究者认识,而是说某种人在其所属种类被创造出来的同时也存在了。在某种情况下,就是说,我们的分类和我们的阶级共同出现,相伴相生(Hacking 1986: 228)。

这意味着——与标签论相反——利用意识形态批判作为批判心理学乃至整个伦理专门知识的工具是没有用的。心理学在这种意义上并不直接是"意识形态的"。因为我们不能断定专门知识是错的、"真的"或"假的"。我们可以在道德层次上不赞成专门知识,但不能在认识论层次上决然断言其"发现"是虚假的。这只是因为,"使其所描述的东西存在"是专门知识的著名特征之一。这一事实本身意味着当涉及自我启蒙的技术时需要特殊的批判方法,这些方法并不一定要用关于自我的替代真理来反对"心理"学科告诉大家的真理,而是试图,比如说,通过专门知识的"批判历史"来打破一些确定性(Rose 1996: 41)。

所有这些意味着我们有很好的理由来支持针对心理学权威的反基础主义和唯名论。但是这种观点也有危险。因为在这一点上还有进一步的问题要问:这种专门知识的存在论是什么?专门知识"修饰"人们的哪些方面?人文科学的很多批判形式对这一问题都很悲观,认为被修饰的是自我、主体性或自我认同等。这是一种误导,因为这暗示我们自己知道自我是什么,或者说采取关于自我的一般理论的形式。但是另一方面,认为专门知识整体上修饰人类,这又是一种理论上的傲慢,这是将自我等同于专门知识的后果。比如说,由福柯著作所引发的一些说法的困难之一是,福柯的理论往往被看作是对现代个性、身份认同或主体性进行的完整描述。我们有时甚至听到一些胡说八道,大意是说福柯为我们提供了一种关于"现代主体"的理论,尽管福柯的质疑并不是批判社会学的,而是对启蒙的哲学批判。那些关于自我的后现代揭露都面临这样的情况,他们同样也给人一种印象,就是他们并不是在建构身份认同等概念,而是确实"知道"关于自我的真实本性。关于专门知识,为了避免这种解释性的傲慢,我们需要"存在论"这一更具限制性的概念。我们可以从艾恩·哈金著作中借用的一个好的替代词汇是意图。

治理意图

去激发意图,就是要采取有意识的受限制的观点。意图并非所有的一切,它不是动机、主体性、意识、身份认同或自我。安斯克姆(Anscombe)说,意图是对"为什么的问题"的回答,是对其他人或我们自己关于我们已经做了或将要做的事情的答复(Anscombe 24—26)。这意味着意图是叙述而不是欲望,由此可见,它们本质上是伦理的,涉及义务问题以及对"应该"的解释。安斯克姆坚持说,我们只能在描述的情况下拥有一个意图性行动:"如果我们关于'为什么'的问题不存在,关于我们对什么感兴趣的描述也将不存在"(同前:83)。那么,根本不存在所谓"先在"意图这类东西。同时,我们还要避免这样一种意图观,即,认为意图是我们内在源头的某种产物,换言之,认为意图直接来源于我们内部(参见 Mills 1966 关于这一争论的成功的社会学阐述)。那么,问题就变成:我们描述意图的实践来源于何处?显然,它有很多来源。但如果我们说各种伦理专门知识尤其是"心理"学科的功能之一是为我们提供关于它们一致性的词汇和范围的话，我们并非沉溺于主体性理论化的傲慢之中。这种视角还帮助我们避免过于强调将自我当作权力的后果。我们的意图被统治、被知识分子化——但并非必然被专门知识控制或决定。它们被型塑、被引诱、被引导，但没有被压服。我们可以仅仅将伦理专门知识视为对我们意图范围的更大领域具有生成性作用，而不是正相反，认为它有限制作用。正如哈金所说："当新的意图向我开放的时候，因为新的描述、新的概念能够为我所用，我生活在一个机会的新世界之中"（Hacking 1995a: 236）。

另一方面，专门知识更典型的后果之一是，宣称垄断了我们关于意图的词汇。但这决不是完全的垄断，因为除此之外还有很多不同的心理学。然而，在心理学的逻辑里就有垄断的趋势，该趋势试图将意图固定在多少有点科学性的真理逻辑之中。心理学并不只是一种描述意图的方式，它力图成为一种启蒙。描述意图是很容易的，这一事实意味着，存在着关于意图的政治学。心理学并不侵蚀生活世界、建构自我，或将关于人类主体性的单一观点强加于行为流，但是它确实具有侵蚀这种意图政治学的可能性的趋势。

非常简单地看看关于心理治疗的政治学，它首先关注恢复和控制关于意图的记忆——不论是关于被治疗者自己的或他人的。正如哈金在其有关多种人格紊乱的书中所展示的，不可能有关于儿童虐待记忆解释的科学叙述（Hacking 1992c; Hacking 1995a; 参见 Hacking 1995b）。哈金这样写道，他所说的"记忆政治学"，是"一门关于秘密的政治学，关于已遗忘之事件的政治学，只要通过奇怪的回放,这些已遗忘之事件就可以被转换为某种值得纪念的东西"(Hacking 1995a:214)。实际上,哈金说,记忆——就像过去——其本质是不确定的。哈金对安斯克姆的著作进行修正后用以对如下见解进行辩护,即,过去从现在的视角来看实际上是可改变的。这儿有逻辑的问题。"为了纪念,在新描述之下的旧行为可能被重新经历……当我们改变我们的理解和感受时,过去开始被意图性行为所填充,从某种意义上说,这些意图性行为在行动发生的时候并不存在"(同前:249—250)。换句话说,过去——就它是由意图描述且限定的过去而言——实际上可以被现在的实践和情境所改变。

这里所要表明的并不是说,一种开放的记忆政治学已经被以心理治疗发现为基础的更严密的政治学所替代。因为,正如哈金所坚持的,记忆政治学本身就是人文科学中最初对记忆的质疑的产物(同前:213)。实际上,这种政治学既是科学或真理问题,也是伦理学问题。或者说它是真理伦理学问题。记忆的不确定性对我们提出了道德要求。专门知识既促进,由此也限定我们的这种伦理创造能力:也就是说,有意识地限制我们扩展自己行事范围的能力。因此,我们用哈金所举的一个例子来继续我们的论述:因为军事法庭审判的一战逃犯受到一种特殊疾病——"后创伤压力紊乱"——的折磨而"宽恕"他们,实际上低估了那些士兵本来可能是有意识地做了的事情。正如哈金评论说,"我想我可能会为我的前辈有智慧去试图逃跑而感到骄傲,这是在当时的情境下最理性的事情"(同前:166)。这里重要的是,记忆是一个伦理问题。特殊的意图行为可以在特殊的描述下被考察,但是平衡这些描述——甚至在过去——是一种伦理考虑。逃兵可能受到后创伤压力紊乱的折磨,但我们倾向于这样描述,而不是用"在一场荒谬的运动中机智地逃离危险"的方式描述,就是一个伦理而非科学问题。

那么,这就提出一种可能性,即,在专门知识伦理学问题上关注启蒙批判问题。批判的目标不应该是驳斥"人的心理学化",或者胡乱暗示心理学和权力的共谋关系,而是进行分析,开启对意图行为进行伦理解释之门;不是去驳斥伦理主体化的实践,而是使它们有可能复兴。但是,正如哲学家可能会说的,这样一种批判从什么"根基"上获得它的权威性呢?

乌托邦伦理学

专门知识与其主体互相交织的事实并不必然是我们蔑视它的理由。认为世界上存在着完全没有伦理权威的社会,这本身就是一种狂想。我一直在尽力表明伦理主体化本身就是一种基本的——如果不是普遍的——控制形式。指向伦理专门知识的启蒙批判应该被仅仅当作权威的实证科学,只关注权威的"怎样"问题的科学,而不试图——软化它,以备批判——将所有权威化约为极权主义的范畴,正像社会科学中常常发生的那样(参见 Watt 1982)。因此,仅仅质疑权威本身就可能被看作是启蒙的一个方面。

但是如果这种启蒙仅仅是一个出口,那么门上写着什么呢?在本章开头,我提出了在有关自我的当代政治学背景中的伦理专门知识问题。如今,关于自我的叙述和系谱不胜枚举,它们旨在勾画有关主体性的确定性理论,或是抽离出有关精神(soul)的现代观点的特点(Carrithers, Collins and Lukes 1985; Taylor 1989; Giddens 1991b)。在我看来,治疗启蒙批判并不一定要去进行这些叙述。它不应该企图去提供关于自我的现实主义理论,尽管在下一章我将简要考察能用以反对现代自我的特定的——美学的——规范理想。然而,启蒙批判的现实主义不需要我们在关于自我、主体性、身份认同或人格的真理方面具有任何确定性。这并不是因为启蒙批判原则上是反对这种确定性的。启蒙批判确实没有自己的关于主体性的理论,但它并不反驳这种确定性。也没有必要采取某种后现代形式的启蒙批判,这种形式不论何时发现自我或身份认同的分散特征,就要为之庆贺,把它作为一种荣耀。实际上正相反,分裂的多样的身份认同一般不是一种愉快的经历,这种忧郁的庆祝常常来源于知识分子——尤其是那些认为自己被以各种方式边缘化了的人——关于自我的浪漫幻想。无论如何,更有价值的批判态度应该导向非常不同的结果,它关于自我的不可知论是关于自我的某种乌托邦主义。"自我应该能够选择自己的本质、自由和描述",这种观点是很强烈、有意的伦理乌托邦,它完全是非现实主义的,甚至是不合意的。但它是衡量导向自我的启蒙的准绳,也因此是获得与这些启蒙特定距离的标准。简言之,它是某种积极的——受局限的、策略性的——乌托邦主义,是导向对现状批判的一种手段。

这种距离化与如下观点是对立的——很遗憾地,这种观点常常和福柯的著作联系在一起——即,认为自我只是权力或话语或其他什么东西的功能。对启蒙的批判态度可能以对人类能力的乌托邦想像为基础,但这种态度通常会提出主体问题,正因为这个原因,又会认为社会现状非常糟糕。通过强调我们的自我被心理学话语或专门知识控制的程度,我们再次主张不被如此控制的权利或愿望。启蒙批判是述行性的,它们本身在行事过程中就有助于主张这些权利。但是各种断言作为这些批判的特征,并非采取社会学描述的形式,而是表现为对趋势的诊断。简言之,导向专门知识伦理学的启蒙批判本身就是伦理的,而不是科学的或计划性的。如果它的座右铭,至少针对当代专门知识的时候,确实是尼采式的对心理学的战争,这本身不是一种道德或世界观。我们可以用启蒙的名义消灭心理学,但依然到心理学家那里解决我们的问题,而且依然相信心理学家在告诉我们关于我们自己的真理的秩序问题。那么,治疗启蒙批判并不必然号召我们过没有心理学的生活,它也不是"认为偶然性是我们的本质"的哲学或世界观(参见 Rorty 1989)。相反,它的目标是戏剧化地表现偶然性——毫无疑问这种偶然性本质上是稀少的——用前述一些严格的方式,使偶然性作为一种可能存在于意识之中。界定这种视角的反基础主义面相的,并不是关于自我同一性的怀疑论,而是针对关于自我的各种权威的唯名论态度,是针对权威的反基础主义,该权威暗示了在伦理学的存在与合意方面的一种基础主义背景。

对启蒙的批判态度不得不将自己嵌入这种伦理空间,它可以被看一项事业,旨在产生诸种本身就是起因的后果。这种批判习惯不会作为自我"理论"的替代物发挥作用,而是作为一种训诫,以针对我们的能力来扩展我们的判断视野。这并不是放弃希望,或者说我们的偶然性被简化为一门学科或像"权力"这样抽象且不详的东西,而是要戏剧化地表现偶然性——不论多么困难——那种作为创造、再造及再述我们伦理能力的基础而存在的东西。

对很多怀疑者和评论家而言,这还不够,它们会要求某种替代模型或理论来对抗治疗权威。毫无疑问,除了论述一些其他的内容,下一章将展示这种观点的困难——可能还有其必然性和不可抵抗性。

第4章　美学启蒙面面观

美学道德——美学主义——作为意识形态的艺术——艺术和真理伦理学——美学真理——新颖——创造性与自由——美学伦理——希望无法希望的——美学责任——传授自由

社会评论家、认识论者以及沮丧或不开心的人都有一种为治疗启蒙担忧的趋势。他们的担忧主要来源于，怀疑他们被以启蒙为名灌输了教条或伪科学。也许令人担忧的不是治疗者及其同类试图将他们自己树立为关于行为的权威——因为正如我们看到的，这样做有很长的传统——也不是从人类本性的知识教条来宣称治疗权威合法性的趋势。真正令人担忧的，倒是这样一个事实，即，治疗启蒙常常导致对行为的道德评价成为一种知识判断。

这种担忧可以为我们提供一个切入美学启蒙问题的初始点。迄今为止在社会理论和社会科学中，有关艺术的地位问题，宽泛地说，是在两个背景下提出的：要么作为批判的证据，要么作为批判的对象。作为证据，艺术领域的发展可以被用于展示社会或文化领域更宽广的趋势。因此，比如说，跨越高低文化边界的美学实践的出现可能为一些人提供了证据，证明我们已经进入一种后现代文化环境。从批判来说,社会学家和其他人乐于揭露艺术世界那些自以为是的策略和幼稚的意识形态。这里的一个特殊目标是无私性或艺术工作的自主性。这两种路径都不是特别关注美学启蒙问题。首先是因为这个议题不是特别相关,其次是因为对将艺术与启蒙联系在一起有一种本质的怀疑主义。但是,我们对治疗启蒙的担忧有助于显示,美学启蒙问题不应该被忽视或轻易地视为理所当然。简言之,是因为美学理念可以提供一种自主模式——不论是作为具体的替代物还是作为相当抽象的规范性理念——来和治疗理想进行比较。这意味着进入对米歇尔·福柯所称的存在美学的探讨。

本人旨在表明,存在美学的理念即便不一定绝对严密,但它一定是有趣的。当然,它回避了一些问题。然而,它作为一个问题还有些义不容辞的内容。实际上,这个概念本身就是作为一个自主模式存在的。也就是说,一个自由而启蒙的模式,甚至在本质上可以和治疗理想模式相对比。但是如果严肃对待美学启蒙概念,则有必要进一步质询"美学"这一概念被要求去做的那些工作。这就是我在本章留下一些空间来考虑如今已毫不新奇且很可能非常可笑的一个问题——什么是艺术?——的原因。但是这样一种质询更加切题——如果不是同样因为"美学"原因——对历代思想家而言,艺术领域一直是思考自由、自主以及更一般的启蒙问题的关键场所。正如存在美学这一概念本身,美学概念一直被当作自由的象征以及一种被渴望的状态来使用的。因此毫不奇怪,对于把美学原则——不论它是如何界定的——运用于生活的其他领域是否具有合法性的问题一直存在争议。比如,在当代理论中,关于政治的美学模式是好事还是坏事,意见也存在分歧(Lyotard & Thébaud 1985; Ragleton 1990)。

本章并不提出一种艺术哲学理论,来将美学模式合法化为一种启蒙范式。然而,在概述艺术的传统观的过程中,本章确实解释了"为什么在艺术中探寻这样一种范式对那么多人而言一直都有吸引力",而且甚至在某方面展示了这一探寻。当然,本章最后呼吁的是美学主义。我提出,艺术模式的批判运用并不是直接的(将自己描述为艺术家,实践这种或那种艺术形式,用一种"艺术"方式写作等),而是相反,作为活动存在的艺术能够有效地向我们展示启蒙的不可能特征,以及自主与自由本身的不可能特征。那么,这就是从启蒙方面来看艺术的功能观而非规范观。但是在进入这种探讨之前,让我们从存在美学这一更易把握的主题开始。

美 学 道 德

在其最后的著作及访谈中,福柯常常提到存在美学。在很多方面,这都是一个相当含混的概念。就其一致性和统一性,学者们存在分歧。当然,有些人认为这一概念是非理性的,违背了理性启蒙的理想。

在福柯最后的著作之一《快感的享用》(*The Use of Pleasure*)对个人性伦理(personal sexual ethics)的探讨中,这一概念显得至关重要(Foucault 1986)。在此,它一方面显示了不借助道德规则的固定性来创造生活方式的理念,另一方面显示了认识论保障。福柯认为关键的问题是根据特定的创造性风格对生活进行自主化,因此他将之视为一个美学问题。所以说,"古典时期的道德反思不是导向行为的法规化,也不导向主体的解释学,而是导向态度的一种风格化以及存在的美学"(同前:93)。通过用这种方式谈论美学,福柯至少在谈论三件事情。一件是非常一般性的,称为发明、奇异性和创造性的原则。另两个更确定一些,也带有否定性:一方面是尽可能少地借助道德规则或知识而建构自我身份认同感的可能性;另一方面,是各种知识类型。确实,存在美学的理念可以被简单地表述为"不借助道德规则或认识论规范对存在进行风格化"。

因此,福柯说,在古典时期,与基督教早期世界不同,自我技术不是通过道德规则而是通过对存在的美学建构来建构身份认同。

> 对我而言,即使它服从集体教规,将自己的生活阐述为艺术的个人工作,似乎是古代道德经验、道德意愿的核心。而在基督教世界,通过宗教文本、上帝意志的观念以及顺从原则,道德更多地采取规则形式。只有特定的美学实践才更紧密地与个人自由的运作联系在一起(Foucault 1989: 311)。

道德规则不同于道德。福柯不满意道德规则的理念,但他的美学显然是个道德问题,是一种关于如何生活的非教条的自我设定的教条,尽管可能是否定性的。

这种存在的美学模式不以关于自我的科学知识为基础。因此,我认为它可以被当作与治疗权威对立的东西。实际上,其美学特征来源于其与存在美学概念的对立。或者更确切地说,在康德的意义上,这一领域中概念都是不确定的。因此,不像福柯眼中的现代,其中自我真理往往通过以心理学或心理治疗式的知识——也就是通过治疗启蒙——为中心的欲望话语来给出,存在美学是在用认识论形式批判我们生活的基础。"与真理的关系是将个体建立为过适度生活的合适主体的结构性、工具性乃至本体论的条件。它不是促使个体认识到自己是一个欲望主体以及净化由之发现的欲望的认识论条件"(Foucault 1986a: 89)。换言之,存在美学是这样一个概念,它使我们脱离如下禁令,即,我们应该坚决寻求自我真理,并在此基础上建立或行使身份认同感。不去管所谓关于自我的科学,美学道德应该是它自己的准绳。

美 学 主 义

美学道德的观念并不必然像一些后现代禁令那样要成为狭义上美学主义的。它也不必然或强制性地要求过一种一般人认为的艺术生活,比如说,波希米亚式放荡不羁文人、花花公子、诺埃尔·科沃德(Noel Coward)或如今新兴的幼稚的先锋派艺术家的生活。艺术的重要性不能被理解为对生活的补充,其关键应该是对生活的美学化。"生命素(bios)作为艺术的美学材料的理念使我入迷"(Foucault 1984b: 348)。这里,福柯考虑的是古典时期的生命技术,不是关于这种自我而是关于生命的技术(只是到后来,斯多葛派和伊壁鸠鲁派存在艺术才开始以自我为中心)。

这里再一次出现了尼采式的回声。这不是将个人的生命奉献给艺术的问题——作为一个唯美主义者而画画、写作或只是摆姿势——而是为个人的生命创造独特的艺术。也许在这儿可以讲些历史故事。毫无疑问从福柯的观点看,现代时段内权力形式的发展集中在生命的力量——即生命权力——有助于削弱"生命应该成为艺术的客体"这一观念。在法语版《道德谱系学》(Genealogy of Ethics)访谈中,福柯阐述了这一主题,暗示现代世界的存在美学——正如它在文艺复兴时代再现——是作为从基督教中世纪时代以来一直得到发展的牧领权力的潜在对抗力量而出现的(1984d:629—630;参见 Foucault 1984b:370)。随后,从 18 世纪末开始,"艺术家生活"这一概念成为反对"利益"和利己主义等意识形态的重要手段,这些意识形态曾经是关于自我的资产阶级技术的特征。"'艺术家生活'、'追求时髦',由作为资产阶级文化特征的自我技术建构而来"(Foucault 1984d:629)。在此,"艺术家生活"这一概念是艺术属于生活、生活属于艺术这一事实的实践例证(Flynn 1988:117)。在艺术世界,总的来说,具有创造精神的生活为"什么是活着、什么是具有创造性、什么是去创造"等问题提供范例。因此,艺术的世界是表达"什么才是生命的价值"的最佳场所。

可以肯定的是,这样一种启蒙形式注定要陷入矛盾之中,这主要是因为对世界的美学摒弃只有在接纳世界的原有存在、接纳被唯美主义者摒弃的世界的基础上才是可能的。换言之,将审美主义解读为现代性的主体命运的一种必然补偿态度总是很诱人。这并非必然导致将审美主义作为一种伦理态度来排斥,事实远非如此。比如说,韦伯就是在这种意义上认识审美主义的:作为对现代性之理性化力量的反应(Weber 1991b)。但是韦伯将审美主义不仅仅看作生活于一个解魅了的世界的补偿态度。曾经一度,他赞同所谓的"宇宙圈"领袖、神秘主义者、诗人斯蒂芬·乔治(Stefan

George)的观点(Green 1974:73—74；Scaff 1989:106—108)。对韦伯而言,将美学领域作为一种生活形式,就是反对关于进步的"自由历史主义"观念。韦伯自己也不满意这种进步观,但是我们还是有可能用被称为适应美学的东西来看待他自己的著作:所谓适应美学就是一种特定的生活方式,它认识到生活中不可能有确定的科学理想,而且更进一步认识到这种理想本身都是我们自己的创造(同前:82)。但是韦伯还认识到,更强硬的抗议美学在现代世界也是一种可行的甚至是理性的选择,这就是斯蒂芬·乔治的态度,它是献身艺术的生命对世界的整体摒弃。

就其可彻底重建这一点而言,在此,韦伯观点有趣的是,他赞同乔治立场的实际程度。对韦伯来说,乔治代表的美学主义不仅仅是对现代性精神的补偿性反抗,它更是对那种精神的理性反应。而且,就其促使这些原则适合于生命行为的艺术构成来说,美学主义本身就是一种理性化力量。这并不是说韦伯被说服接受了乔治的观点,他提到它激发的只是没有任何内容的预言(同前:107)。但是他将乔治的观点视为对现代文化力量独特的理性反应,而且这种从世界的逃脱不是一种放任,在某种意义上,这种逃脱是用禁欲主义反映它试图逃脱的东西的一种形式。正如斯卡福所说:"所以对韦伯而言,就像对尼采一样,资本主义现代性是禁欲的。禁欲主义不仅仅是我们的'命运'(fate),还是我们的'厄运'(fatality)。它流入世界的后果要求我们从自身内部来寻求我们的理想,并重估我们的价值。根据这种观点,其他所有东西都是虚弱的"(同前:89)。

这种批判导向也许开启了将美学主义当作一种启蒙来思考的

特定空间。这主要是因为对美学主义的伦理困苦的强调,"我们不知道有任何一个伟大的艺术家除了工作之外还做了什么"(Weber 1991a: 137)。我们倾向于将美学主义视为对现代性严格力量的一种反应(参见 Johnson 1969)。我们想一想休斯曼(Huysman)的懒散的完全自我沉溺的反常规英雄,或者那些玩世不恭的人物就行了。但是在美学主义伦理学和玩世不恭之间还是有区别的。我们只要看看奥斯卡·王尔德(Oscar Wilde)的生活,就可以看到工作中的严格禁欲感。王尔德决不是粗鄙的业余艺术爱好者,他所体现的正是严格的美学艺术鉴别力,他生动地展示了如下事实,也就是说,这种美学体现不会是某种理性公式化的东西,而只能是这样的生动例子。或者,还有波德莱尔(Baudelaire)。在《现代生活的画家》(*The Painter of Modern Life*)一书中,波德莱尔将画家康斯坦丁·甘斯(Constantin Guys)描绘成一个花花公子。但是 19 世纪的花花公子不是波希米亚式的放荡不羁,而是禁欲类型的。"花花公子的特定职责尤其存在于其冷酷外表,这种外表源于保持不动的坚定决心。他总是警惕着潜在的大火,这种火的存在只是一种怀疑,而且如果它愿意,就可以以最璀璨的方式爆发,但是它并不会真的爆发"(Baudelaire 1992: 422)。波德莱尔说:

> 与很多不假思索的人似乎相信的不同,玩世不恭甚至并非过于喜爱衣饰和精美物质……它首先是在社会传统的外部制约中创造原创性的个人形式的令人焦灼的渴望……然后,玩世不恭显然在某些方面接近精神性和斯多葛主义,但是一个花花公子决不可能是一个粗俗的人(同前:420—421;参见

Foucault 1984a: 41—42)。

这种情况是从哪里开始远离我们的呢？为了运用王尔德的例子,波德莱尔等人可能被认为认可了相当可疑的观点,即,生命的美学形式是生命的最高形式,存在美学应该成为具体道德的对象。这会导致对美学启蒙的美学主义理解。甚至福柯自己有时也似乎和这种观点眉目传情,比如他问："为什么灯或房子应该成为艺术的对象,我们的生命则不行？"(Foucault 1984b: 350)。即使这种观点会转向一种相当可疑的美学主义,当这样做的时候,存在美学的理念并不必然暗示任何指令,以导致这样的艺术生活。或者应该说,我们需要坚持认为,艺术生活并不一定可化约为公开作为"艺术家"而存在的人的生活。这也不是说王尔德和其他一些人在某种程度上是现代性特定特征的社会学"表征"(参见 Rieff 1983)。这实际上是说,王尔德和其他那些人最好被看作伦理学规范理想的示范性体现。这并不一定是美学主义的,甚至也不规定美学生活本身。实际上,他们代表了这样一些人,这些人试图赋予自己不同于现存道德或意识形态规范的自主的道德律令。他们是启蒙特定理想的个人体现或参照点,不是字面上的模式,而是规范理想或范例,它至少揭示,在启蒙时代,在道德或认识论规范之外对自己进行自主化,这在文化或"人类学"方面是可能的。那么,福柯证明了存在美学的可能性——非常明显地,这和比如说伦理主体化的治疗模式关系不大——但是他并没有为我们提供这种存在形式的美学"理论"。

然而,就这些形象体现了哪种启蒙而言,问题依然存在。正如我在本章开头提出的那样,这个问题反过来要求探寻我们传统上称为"艺术"的实践领域的本质。

作为意识形态的艺术

这种探寻确实很受社会科学中一些流行趋势的阻碍,这些趋势已经将注意力转向了艺术。不论如何,快速地考虑这些问题,都将有助于我们澄清美学启蒙批判的特定方面。这不是社会学类型的考虑,但它在社会科学中应该有一席之地。例如,艺术社会学,正如它的存在,在其倾向上一直是绝对批判性和划时代的。揭露的关键方面在于,艺术脱离于政治和社会的理念、关于创造性天才的神话,以及孤立于流行文化或其他"低级"文化的高级艺术的理念等(Wolff 1981)。这些批判都非常好,它们无疑都是关于艺术的相当怨恨的社会学启蒙的有机组成部分。然而,他们倾向于忽视的,是艺术本身作为启蒙的积极实践的问题,这可以被描述为美学启蒙的内在规范性。

毫无疑问,皮埃尔·布迪厄的重要著作——我把它作为随后要出现的一些著作的烘托——在此部分地是个例外。布迪厄确实生成了某种像艺术批判之类的东西,但是对他而言,有趣的其实是它作为特定启蒙替代物的地位。我们可能会说,艺术对他而言处于启蒙批判理念的核心,因为实际上艺术是基本上虚假的启蒙的例子。对布迪厄而言,艺术社会学应该正处于关于悖论的理性社会学的核心,因为艺术是一种权力形式,其基础正是在于它不是一种权力形式。在布迪厄那里,艺术吸引社会学家,正是因为它将自己设定为不受社会学解释的影响。在这种意义上,艺术是任何社会学可行性的检验性例子。有什么比"试图用社会学解释艺术的存在"更粗俗且脱离了艺术礼仪的基本规则呢?布迪厄显然试图进行这种挑战。他的目标确实是用"自主性"表述的艺术创造的康德式观点,游移于所有利益之外。他讨厌这种信条,因为他将之视为艺术品用以合法化给定的利益结构的原则。但是,布迪厄非常敏锐地不将自己当作一种粗俗的化约主义(马克思主义)艺术观的支持者。并不是说美学自主性这一概念与信奉个体主义价值观的资产阶级社会意识形态原则具有选择性的亲和性,而是说艺术是对那些被其排斥的人实施"符号暴力"的手段(Bourdieu 1986:4—5; Bourdieu 1991:37; Bourdieu 1993:222)。

布迪厄在这儿是一个有用的烘托,因为与他的观点相反,我下面要提出,对理解美学启蒙来说,对无私利性这一概念的修正版是必不可少的。然而,这将要求我们抛弃用艺术批判这样的意识形态或对应概念来解释美学实践的做法。对所有那些——我们怀疑不仅仅是那些表面上被剥夺了文化资本的人——对艺术世界的深奥感到疏远或缺乏兴趣的人而言,布迪厄的分析都具有令人满意的效果,即使这种最初效果不久之后就可能会使人烦腻、显得唠叨。布迪厄的理论是形式主义的,他设置了一个美学场域,在其中能动者被置入彼此之间不断变化的距离之中,其社会学成分在艺术家的社会位置空间和他们的美学位置本身的空间之间具有某种同质关系。但是其后果是对整个场域的批判主义,确实是关于这样的场域的批判主义。因为事实是,布迪厄关于艺术的论述不能简单地在规范或批判层次加以总结。它提出了艺术批判的一些主张,但无法实践这一点,因为它没有为好的与坏的艺术提供任何区分的基础。布迪厄强烈反对各种艺术形式试图否认关于艺术的社会运动的方式,但是他的理论显然不能想像存在与其社会条件无关的艺术的可能性。因此,布迪厄的批判看上去非常激进,实际上则并非如此。当我们转而去看布迪厄对艺术世界的一些更规范化的反思时,就会很快发现其立场的弱点。正如他所做的,他赞成艺术世界的"自由交换"观,赞赏像汉斯·哈克(Hans Haacke)这样的知识分子学者具有政治倾向的作品,这些作品是具有较少"自主性"的艺术。这些做法都是在发表特定的知识分子观,本身在取向上就是"意识形态性的"而非严格意义上的美学的,而且它甚至本身也许就是艺术的社会学批判的派生物(Bourdieu and Haacke 1995)。

其实我们要表达的只不过是,也许艺术社会学的主要目标不应该是揭露艺术,而是发现回避具有敌意的或颇具智慧的批判本质这一两难处境的方法。因为应该有很多方式可以不对艺术进行重复的恶意批判,而进入艺术的社会领域。这种做法不会一再试图去指控艺术隐瞒真相或者在实施潜在的符号控制行为,而是指出艺术在简单地重建或勾勒美学事业本身的局限。

艺术和真理伦理学

艺术确实不是灵感或天才的产物,在这一点上布迪厄和我们的观点一致。实际上,我们要将艺术作品的生产作为生产特定真理的孤立的实践,作为启蒙的自主方面来看待。历代哲学家及其他人都在寻求更深刻更奇特的艺术真理,美学启蒙批判最好走向相反方向。对艺术进行哲学探讨时出现的一个普遍局限是,在用真理问题来解释艺术时,常常倾向于像海德格尔传统的某些版本那样,将艺术解释为某种非理性真理(Heidegger 1975;参见 Derrida 1987:2—3,5—9)。无论如何,哲学常常告诉大家艺术揭示或允诺另外一种真理。但是这种分析常常不能抓住一点,也就是说,追求美学真理可能是一种日常活动,而且实际上非常理性。十分明显,这不是通过一种理性主义或"知识性的"真理而达到的。"艺术和科学之间的真实差别在于它们用不同的方式研究同样对象的特定形式。艺术用'看'、'意识'或'感觉',而科学用知识形式(在严格意义上,是通过概念)"(Althusser 1984:175;参见 Deleuze 1981:39; Deleuze and Guattari 1991:163—199)。那么,这种美学真理到底是什么呢?

要回答这个问题,我们只能回头再看自主性和无私利性的类别。近来这种研究路数获得了一些支持,但仍未成为主流。如果就其各自的优点而言,纯粹意义的哲学和社会学批判都不是非常适合被当作启蒙艺术批判,那么我们所探寻的路数的例子可以在对这些问题持辩证观点的思想家的著作中发现,就不足为奇了。赛奥多·阿多诺试图弥合一个悖论,也就是说,现代艺术——被社会学限定了的——可能确实是自主的,甚至是解放的。阿多诺当然认为艺术是被社会学限定了的。"自主性,即艺术不断地独立于社会,这是资产阶级自由意识的功能,它反过来又和特定的社会结构相联系"(Adorno 1984:320)。但是他认识到,艺术被社会限定的事实本身并不能帮助我们揭示艺术领域的什么格外有趣之事。

"没有功能正是资产阶级艺术的功能,这一事实并不能反驳资产阶级艺术没有功能这一理念"(同前:322)。阿多诺的观点代表了非常小但非常必要的一个进展,这一进展在如今的社会学界或哲学界很少得到相应的重视。阿多诺认识到自主性和社会并不一定是矛盾的,或者说,实际上,矛盾是内在于现代艺术自身的规范性之中的。但这并不是说现代艺术是自主的,而是说它的规范精神是自主化的一种形式。因此可以说,美学实践和自由理想之间存在传统联系,而且艺术观念本身即隐含乌托邦要素。

不用说,人们在揭露美学自主性观点的自主化、启蒙化主张方面已经大费笔墨——而且决不只是粗俗的社会学家们在做这件事。被普遍忽视的是,无私利性的资产阶级类别实际上是一个精神气质问题。这不是说无私利性实际存在,而是说作为一种热望,它可以是一种受限制的伦理工作形式的对象,一种用特殊方式理性化个人所有行为的手段。无私利性——试图针对美好事物采取行动,完全不因为这种美好事物有什么功能——要求一种禁欲式的承诺,它是"自我解放,为了释放只是自己本身有恰当价值的东西"(Heidegger 1981:109)。正是无私利性行为的操练使艺术工作的所谓自主性得以实现。也就是说,问题不在于宣称艺术世界是那些无私利性或看上去自主存在的作品的领域,关键在于要认识到,美学精神是一种导向无私利性的批判精神,作为一种热望,艺术作品采取的是对自主可能性的实践反思形式。单是这一点就足以说明,对启蒙特征的任何反思都应该包括对美学精神的反思。

美学真理

也许正是因为艺术是一种孤立的专注于精神的活动——不能天衣无缝地流入生活的各个方面，它实际上是一种专门化的事业——它完全可以被看作更普遍的自主性符号或范例。在这种意义上，我们不应该把布迪厄所说的"纯粹的美学"当作某种意识形态，而应该把它当作一种受到限制的伦理发明或成就。我们能不能勾画出这种纯粹美学的图景呢？

至少从康德时代起，艺术一直以各种方式与自由和自主的理想联系在一起。从"建构的"意义上，即，根据赋予艺术家的自由而言，或从"伦理的"意义上，即，根据艺术鉴赏赋予艺术品消费者的自主性而言，艺术可以成为自主性的象征（Podro 1982: 5—6）。哲学家们毫无疑问将继续争论与艺术品创作或鉴赏有关的这种或那种自主观的相对优劣。但是考虑到美学启蒙的理念问题，可能也应该采取更少差异的观点。这种明显故意缺少差异的做法，这种对"什么是艺术"这一问题的新颖性的培养是必不可少的，"由这一询问我们进入了概念探寻的领域，在其中操母语者是糟糕的向导：他们自己都迷路了"（Danto 1964: 575）。

让我们假设我们知道"艺术"——资产阶级现代艺术——是什么，它就是绘画、雕塑、小说、诗歌、戏剧、音乐剧等等。换句话说，就是传统上被称为艺术以区别于其他东西的所有这些"对象"，或者说一些类别或象征。在这些问题上我们要听一听日常语法的观点。所有这种意义上的艺术，按传统的（而非批判的）说法都是资产阶级艺术。这一术语的长处就在于,它很容易包含其他更细微的类别——现代主义、后现代、概念派、先锋派等。资产阶级艺术只是不管其他的输入、影响和权威来源,而拥有自己价值的一种艺术形式。这并不是要否定艺术的社会方面。人人都知道,社会学家尤其知道,一直都存在屈从于外部权威的艺术传统。我们知道文艺复兴初期艺术家的作品不仅仅被艺术家的美学意识决定,而且还与决定画家该画什么、绘画作品什么时候发表以及画家该用什么颜色等的一些合同有关(Baxandall 1972:6—8)。我们知道,亚历山大·波普(Alexander Pope)被其赞助商哈利发爵士(Lord Halifax)当众修正了他的作品(Schucking 1966:27;参见 Bourdieu 1971:163)。我们知道,历史上大多数艺术品都曾屈从不同于"纯粹"美学目的的宗教、神话学或神秘力量,所以说"纯粹美学"现象是一种现代创造(Bourdieu 1993)。如此等等。

然而,所有这些都并不意味着批判主义的现代原则似乎只是某种纯粹美学,不能被用于艺术的传统。毕竟,对艺术的前现代形式进行"批判"是可能的,而且也确实有可能将这些前现代形式首先看成是与艺术的类别有关的。换言之,由现代"自主"艺术的历史特殊性而来的争论并没有真的在做人们常常认为它在做的批判工作。仅仅因为某事具有历史特殊性,或是被创造出来的,这并不意味着它不能作为一种回顾原则而存在,也不意味着它根本没有存在的权力。根据这种情况,如果只有在我们的资产阶级现代性之中,关于自主美学领域的任何理念才具有可能性,这不应该导致我们对这种自主理念的恰当批判,而应该导致对它的基本原理的批判性考察。

现代艺术品是激发特定自主性的东西。德勒兹和伽塔利(Deleuze and Guattari)对这一颇为陈腐的观念提出了新的见解,他们有力地指出,现代艺术家的基本问题就只是使艺术品"独自矗立"(Deleuze & Guattari 1991: 164)。在现代资产阶级时期,艺术品被认为应该是独特的、不可重复的、推陈出新的,既然它们是艺术品而非其他什么。或者,至少,如果一个人要做"艺术家"而不是别的什么,这些价值就是他热切地追求的,即使从不成功。因此,这并不是说所有的艺术品真的都能够独自矗立,而是说这种热望与我们所得意地宣称的艺术品的"艺术性"是浑然一体的。换言之,一个艺术展可能摆满艺术品,这些艺术品就由于"被包含在艺术展的陈列之中"这一传统事实而被称为艺术品。但是所有这些艺术品都热望获得独自矗立的地位,产生——德勒兹和伽塔利说的——适合于它们的感觉和影响。再一次,对那些认为埃及艺术、罗马式雕塑或俄罗斯图标艺术按这种定义不够格被称为艺术的人,我们可以反驳说,任何艺术品的艺术性都可以被后继者所获得。换言之,这些东西——不论其意识形态起源是什么——就"人们是将它们作为独立的对象在审视"这一点而言,都可以被转化为我们如今所说的艺术。奇怪的是,可以说,在艺术品位只是宗教贡献或政治表达的副产品的社会里,艺术品的存在反而更有独立性。在这些情况下,艺术品是作为艺术品的存在,只是它的其他功能的副产品,而在现代社会,艺术被认为其理想状态就应该是自主的,这种自主性观念常常成为评论的对象。

所以,使得作品独自矗立的问题就直接关乎艺术家作为"艺术家"的问题。这一相当流畅的语言的长处在于和另一种宣称拉开了距离,那种宣称说艺术品独立于或者希望独立于社会、赞助商、教堂、使用价值或其他任何什么。独自矗立并不就是这个词的普通用法,即,独立于社会利益的自主性。所有这些都可以被包括在艺术品之中,但是艺术品的"真理"必须只基于适用于其自身的任何东西:即,作为探究它的不同事物的突生性产物。艺术品可以被看作不同资源和材料的一种应急之物——不像科学的产物——它试图不与任何其他东西产生不论时间或空间的联系。因此,艺术品盼望特殊的自主性的"持久力"。甚至福思桥(the Forth Bridge)也有相当特定的使用价值:跨越福思河(the river Forth)。但是毕加索的《卡思韦勒肖像》(Portrait of Kahnweiler),不论其制作"过程"如何令人难以置信地复杂,都是一种问题化的结果。这种问题化展示,不论该过程还发生了什么,不论在此过程中遭遇的过程或"研究"的当下问题是什么,这个作品都应该独自矗立(参见 Baxandall 1985:39—40)。

新　颖

紧密地与启蒙了的自主性精神气质联系在一起,资产阶级艺术——不论是现代的、后现代的还是其他的什么——就是"新颖"原则的体现。"创新",埃兹拉·庞德(Ezra Pound)说。但是如果将这一原则当作艺术中先锋运动所独有,那就是个错误。不同于(采取一种不时髦的对比方式)更一般的"文化"或"娱乐"领域,所有现代资产阶级艺术领域的关键点在于——创造新颖的愿望。在这种意义上,现代性的所有艺术都渴望具有我们现在认为是先锋艺术的那种状态。不论我们是否谈论现代性或后现代性、先锋派、新先锋派、概念主义或其他什么,揭示新颖之处被当作衡量艺术品"真理"的方式。

这是欧陆哲学的常用概念。"在作品中建构真理就是生产一个存在,比如从未存在也永不再来的"(Heidegger 1975:62)。但是,要是新颖的类别像一些后现代哲学家如利奥塔似乎认为的那样是毫无疑问的就好了。对利奥塔来说,似乎所有实验性的、杜尚[①]式的以及概念性的艺术从定义上来说都在巩固新颖原则。如果是破除陈规的,则是新颖的(Lyotard 1984b;参见 Lyotard 1992:16—25)。然而如今的艺术问题——对所有资产阶级艺术而言,甚至更早以前——是从新颖(the new)本身发现一种新奇(novel)的形式,是在新奇已经成为一种商业标语的世界中发现新颖。这是阿多诺和霍克海默《启蒙辩证法》(*Dialectic of Enlightenment*)一书的持续关注点之一,即,在文化工业中批判新颖这一范畴,并因而寻求对新颖的可信或可行的界定。我们如何在新颖本身已经成为偶像化目标的文化环境中创造新颖?阿多诺和霍克海默对奥森·韦尔斯(Orson Welles)的看法可能是错的,但其原则是正确的。"奥森·

[①] 马赛尔·杜尚,画家,1887年生于卢昂附近的布兰维尔。最著名的作品《正在下楼梯的裸体》被保守派看作是亵渎神灵一般的可憎,而期望某种新事物的人们则把它视为"隧道尽头的光明"。他把自行车轮、凳子、雪铲、小便池这类"现成品"当成"艺术品"摆在了展厅里展览。他给这类作品想到一个名字:现成品(Readymade)。杜尚最有名的"现成品"是 1917 年送到美国"独立艺术家展览"上的《泉》——一个签了名的小便池。这个小便池是他在商店买的,他只是在上面签了一个名字。和弗朗西斯·毕卡比亚共为达达精神和达达运动的领袖。几年前定居纽约,树立了聊以自慰的、慷慨的艺术榜样,成为世界传奇中心。一提到他的名字,便使人想起在他那一领域中的独立、大胆、彻底的成功。——译者注

韦尔斯不论何时触犯贸易规则都是可原谅的，因为他的偏离规范被当作旨在更强烈地确证系统的有效性经过计算的转换"(Ardorno and Horkheimer 1986：129)。因为新颖不单单只是声称不同，或喧闹地宣布一种新的风格。也许新颖只能通过伪装成根本不新颖的东西的形式欺骗性地产生。

　　正如阿多诺指出，决定什么是或什么不是新颖，不是一件容易的事："新颖必然是抽象的……新颖是一个盲点，像完全的此性(thisness)一样是空洞的"(同前：30)。而且，新颖根本不能用任何实质性的方式界定："新颖是对新颖的渴望，而不是新颖本身"(Adorno 1984：47)。任何事情都将是完全直截了当的，如果它的目的只是发现规则然后再打破规则。布迪厄把它当作其艺术社会学的一个核心议题。但是因为他将艺术看作一种社会建制，而非对新颖的一般质疑，布迪厄似乎被诱使将所有艺术都化约为轻易地打破规则——这反过来又导致他认可一些艺术形式，这些形式在其概念主义中当然比在他自己还在激发过程中的理智主义使他能想到的要更无伤大雅、更具可预测性和审美不足(Bourdier and Haacke 1995)。但是，在认为打破规则常常成为所有艺术规则中最首要且最可预见的规则这一点上，他是对的。与此相反，当利奥塔似乎只认可宣称自己为先锋派的东西为艺术的时候，他同样也犯了错误(见 Lyotard 1984a 后记)。实验是现代艺术职业的一部分，这一般来说是正确的。但实际的情况并不是说，在实验之前，我们一定知道实验实际上是怎么回事。新颖的形式必须和内容相联系，这不仅仅是新颖作为形式的问题——任何实验性的东西因此也就是新颖的。在艺术中事情只能做一次——一旦你已经设计并展示了你的小便池,太频繁地重复展示这个就没有多大意思了,除非——像翻译唐吉诃德的博尔赫斯(Borges)[1]的故事,沃霍尔(Warhol)的汤罐头[2],或者培根的不断出现的教皇[3],或者杜尚自己不断重复他的小便池展,或者阿维德·特·奥根扬(Avdei Ter Oganyan)对1993破碎修复的重复版本——重复本身成为阐述新颖含义的一个方面。

显然,如果我们能够理清不同的艺术风格与新颖联系的方式的话,是很有好处的。这将不是对美学革命的分析,也不是对不同的艺术家群体或流派为寻求独特而与过去脱离的方式的分析,而是研究新颖被界定及生产的不同方式的问题。新颖问题并不特别和先锋派联系在一起,而是整个现代艺术——也就是说,寻求与其所认为的"传统"相脱离的所有现代艺术——的问题。约翰·伯格(John Berger)很清楚地认识到,实际上,现代被当作艺术的,是那些

---

[1] 博尔赫斯(Jorge Luis Borges)(1899~1986)阿根廷诗人、小说家兼翻译家。与极端主义派及先锋派作家过从甚密,重要作品有诗集《布宜诺斯艾利斯的激情》、短篇小说集《小径分岔的花园》。其作品文体干净利落,文字精炼,构思奇特,结构精巧,小说情节常在东方异国情调的背景中展开,荒诞离奇且充满幻想,带有浓重的神秘色彩。——译者注

[2] 安迪·沃霍尔(Andy Warhol)原籍捷克,被誉为是继达利及毕加索后另一位前卫艺术界名人,他所创作的《玛丽莲·梦露》、《金宝汤罐头》、《可口可乐瓶子》、《车祸》、《电椅》等在美国家喻户晓,成为知名度最高的波普艺术家。——译者注

[3] 弗朗西斯·培根,1910年生于爱尔兰都柏林,成长于英国。是战后欧洲最具个人色彩,最强有力又令人不安的艺术家。他在抽象风格为主导的时代,以人的形体作为创作的对象,并且也是首批公开的描绘同性恋主题的艺术家之一。始于1950年的对委拉斯凯兹的《教皇英诺森十世》肖像的变体画中,这些生动而有力的变形使教皇不可一世的统治变为恶魔的形象,创造了一种半真半幻的世界,一种公众的恐怖与个人的恶梦。然而,用培根自己的话说,无论这些作品看上去如何复杂、神秘,其目的在于去"诱捕真实",营造一种尽可能强烈的紧张感,却不陷入幻想之中。——译者注

脱离传统并生产出直接与传统艺术或当代保守的学术性艺术的价值观相对立的作品(Berger 1972：109)。但是这一关于新颖的问题,用伯格这种相当浪漫的术语来看,并不一定比布迪厄的化约主义讽刺方式更好,也许亨利·弗西隆(Henri Focillon)的观点则是最恰当的。对他而言,艺术品试图展示一种自由时间,生产出一种暂时性,这种暂时性屹立于间隔相等的时间的正常过程之外,而且以此为基础,艺术家在他的时代中嵌入一种新的时间及环境(Focillon 1992：139,154):

拉菲尔(Raphael[①])形式的历史——他的生活已经被当作幸福的一种完美模式——揭示了严重的危机。他的时代提供给他最多样的形象、最深重的矛盾。而且,在内心深处,他一再屈服于本能的顺从和不坚定,这一直持续到他最终公然在其时代嵌入新的时间和环境。

如果上述说法是声称"艺术品作为与众不同的东西",就其应该展示我们以前从未见过的东西这一点而言,艺术品确实需要令

[①] 拉斐尔 Raphael (1483~1520),意大利画家。他的一系列圣母画像,和中世纪画家所画的同类题材不同,都以母性的温情和青春健美而体现了人文主义思想。1509年后,他被罗马教皇尤里乌斯二世邀去绘制梵蒂冈皇宫壁画,作品除发挥了他特有的绘画风格外,还特别注意到了绘画表现与建筑装饰的充分和谐,给人以庄重显明、丰富多彩之感。这些作品的形象塑造和光色运用都达到了新的境界,被誉为古今壁画艺术登峰造极之作。他的肖像画也有很高成就。特点是形神兼备,气韵盎然。多采用微侧半身姿态,将背景隐去,唯以人物自然亲切的神态突出于画面。1520年春,他已患重病,仍在绘制《基督变容》,虽未能完成,但出自其手的部分仍光辉照人,气势磅礴,表明在生命的最后一刻,他还在不断探索、丰富和完善自己的风格。——译者注

我们惊诧,那么,评价绘画作品的一个相对没有争议的标准就应该是,每次我们站在一幅真正的好画面前的时候,都会有不同的认识,它会持续地令我们感到新奇。比如,马蒂斯(Matisse)关于其拥有的一件塞尚(Cézanne[①])的作品说过很著名的话:"我已经拥有它37年了。我相当了解它了,但我不希望是彻底的。"也许这种新颖性会与那些炫耀其新颖性、在其新奇性中制造迷狂的(现代、后现代、概念性的)艺术形成对比(参见 Elster 1983:82—84)。这是否意味着我们不得不谴责后现代或新观念主义(neo-conceptualist)艺术?

这儿确有两个问题。首先,正如埃尔斯特(Elster)认为的,现代、后现代或新先锋派、概念主义艺术总是冒着丧失自主性的危险,而且还冒着成为对立于确定的美学形式的理智主义或哲学表达形式的危险。对这一问题的反应可能是,和弗朗西斯·培根或阿尔伯特·贾柯梅蒂(Alberto Giacometti)一样,认为这些艺术形式炫耀自己的新奇性而没有揭示这种新颖性,或者认为这一问题是理智

---

① 保罗·塞尚,1839年1月19日诞生于法国南部普罗旺斯地区艾克斯的一个银行家家庭。塞尚努力探讨物体内在结构的思索使他不得不对印象主义发生怀疑,他指出:"世界上的一切物体都可以概括为球体、圆柱体和圆锥体",从而在画面上做到极大的概括。他反对传统绘画观念中把素描和色彩割裂开来的做法,追求通过色彩表现物体的透视。他的画面,色彩和谐美丽。面对写生对象,他总是极其审慎地观察、思考和组织画面的色调,反复推敲,反复修改,以致许多画总像是没有完成一般。为了长久地反复钻研,他经常画的题材是静物画。在这些精心组织的静物画中,塞尚并不过多地重视空间、体积和透视的科学性,而是更加注重画面形和色的平面布局,力求达到一种类似图案一样的平面的和谐与均衡。塞尚鄙弃印象主义者追摹自然界表面色光反射的做法,提倡按照画家的思想和精神重新认识外界事物,并且在自己的作品中依照这种认识重新组构外界事物。正由于这种认识方法上的彻底变革,塞尚在西方美术界一直被誉为"现代绘画之父"。——译者注

主义美学活动总是可能存在的危险。正如贾柯梅蒂谈论关于他那个时代的抽象艺术:"当今的艺术家想仅仅解释他们自己的主体感觉而不是忠实地复制自然。在寻求原创性的过程中,他们失去了原创性。为了寻求新颖,他们重复陈旧。至少对抽象艺术而言这是真的。"

第二个问题和陈腐有关。也许最需要避免的是将新颖简单地转化为陈腐,即使其不可预测性也是可预测的。对新颖的探寻尤其被陈腐这一问题所困扰:"现代绘画被相片及画家作画之前就存在于画布上的陈腐所困扰。实际上,认为画家在洁白无暇的表面上作画的想法是错误的"(Deleuze 1981:14;参见 58—59)。正如布迪厄这样的人所清楚地认识到的,在那些对他而言几乎构成了艺术事业本质的对颠覆、邪恶和震惊等令人尴尬的有意追求中,新颖本身也可能成为陈腐。

所以新颖的生产可能失败。但关键点是,在现代艺术、先锋艺术和新先锋艺术中,新颖生产已经成为所有艺术生产的"正常"——我们几乎可以说"传统"——形式。但是无论如何,先锋、新先锋和伪先锋出现的历史与艺术和生活这样的大问题的再形成之间的关系不大,而与发现新颖生产的不同方式这样一些更具体的问题联系更为紧密(参见 Bürger 1984)。在美学启蒙中始终非常关键的是,"新颖作为一个问题"这样一个问题,艺术品的"现代"成分仅仅包括努力在特殊情境和传统的背景下发现对这一问题的"答案"(参见 Baxandall 1985:35)。

创造性与自由

早些时候我说过,这和其他一些东西一样是对艺术的一种功能主义观点。我的意思是,我们不应该期望能将美学原则转移到这样一些特定的艺术领域之外。美学的理念最多是可以被当作一种与其他实践有关的手段的规范性理想——正如我在与福柯的美学存在理想有关的内容中建议的——但不是作为超越艺术世界之外的实质性原则。根据这种观点,艺术世界的存在服务于一种伦理功能,作为专门产生自主性和新颖的场所——具有它为自己发明的规则的启蒙的专门领域。实际上,也许这才是对美学领域的最佳界定:并非操练艺术惯例的场所,而是开发新惯例的场所。在这种意义上,现代艺术的"功能"不是说这说那,而只是作为发明惯例的专门空间而存在。

也许对艺术而言,这是一种积极功能——大概可以这么说。这会导致有关艺术的很强的功能主义观。也许艺术本身就用特殊的方式作用于人类能力,也许在这种意义上,艺术确实有直接的道德功能。美学的实验化传授给我们诸多道德内容。正如斯坦利·卡维尔所提出的,现代主义艺术不是探究传统,而是消解传统的暴政:"艺术家是知道如何……去构建对象的人,针对这些对象我们被促使且注定要探索、教育、欣赏及谴责我们的能力。隐含在传统暴政之后的实际上是自然暴政"(Cavell 1979;参见 Greenberg 1965)。情况可能确实如此。但是我所主张的并非对艺术的功能进行如此强烈的解释。我主张更弱一些的观点。艺术中确实存在道德内容，但它并非仅存于艺术品的实质内容中。实际上，对有关启蒙的批判态度而言，艺术生产的精神气质向大家传达的内容才是真正重要的。艺术之道德内容关注的是自由的状态。

美学伦理

我们最初可以从比较字面的意义来理解自由问题。也就是说，艺术家本人就是那些——理想上典型地——欣赏（如果这是正确的词汇）范例性自由的人。这不仅是说这些艺术家能自由地做自己喜欢的事，而是说美学领域的典型逻辑要求那些尽可能远离任何伦理自然主义的策略。那么，美学存在的伦理学不仅对闲言碎语及好奇之物，而且对任何对乌托邦或反事实伦理学感兴趣的人，都具有一种特定的魔力，因为艺术家常常是那些寻求尽可能形成自己风格的人。从伦理方面来看令人迷惑的事，对通晓的批判社会学来说就是小菜一碟了。但是我在这里呼吁的视角其实是对像布迪厄那样的人的颠覆，他会将所有的美学策略归纳为艺术场域中的竞争，而实际上，艺术场域同样可以被当作实验自由问题的场所。

因此，在某种程度上，美学自由问题只是艺术家的社会角色问题。这种看法把艺术家当作展示特殊自由主义态度的人，比如说，通过展示赞赏真正的典型自由的成功的现代艺术家的困境来揭示这种特殊自由主义态度。"因为他不仅能够按其他人可能做到的方式体验自己，他还能够用其他人所不能做到的更基本和原初的方式体验自己……他就是我们要崇拜的英雄之一，因为他通过创造性活动克服了命运"(Kuspit 1993:2)。但是事情还不只于此。对埃尔斯特来说,创造艺术品所需要的各种活动方式是必需和限制的产物,但是——正如他所言——是自由选择的必需的产物(Elster 1983:80)。这样,艺术活动总体上来说是自由实践的范例。艺术活动代表了在限制中的选择的活动,但是艺术仅仅增加了一种渴望,即,这些限制也是自由地选择的。那么,艺术可以说代表了自由的一种纯粹领域,这不是说根本不存在限制,而是说在艺术领域中,个人自由地选择其将在其中工作的限制和边界。那么,艺术品的生产就是一种自由的实践,不是关于"狂怒"或"波希米亚主义"的"什么都行",而是对限制的有意选择和对特殊美学"产品"的风格化生产。确实,艺术世界实践揭示给所有希望思考自由问题的人的正是,总体的启蒙,即使我们对之采取否定性定义,决不只是限制缺失的问题,而是型塑和对限制形成风格的问题。美学启蒙的例子告诉我们自由的成就有禁欲苦行的一面。

这种议题多少有点完全被对有关创造性的意识形态的社会学批判传统——不仅适合社会学——所模糊。社会学家自然将批驳这种创造观当作一个关乎荣誉的问题(Bourdieu 1971;Elias 1994;Bourdieu 1995)。他们大多对艺术家试图将创造活动当作属于他们自己的独特活动而忽略了介入艺术品生产的其他力量(传统、市场、其他人和艺术家)感到生气。比如说,我们看看芭芭拉·赫普沃斯(Barbara Hepworth)谈到她的助手迪康(Dicon)、诺曼(Norman)和乔治(George)的情况:

他们不知道我在做什么……不——迪康、诺曼和乔治是我的好朋友和助手。如果在雕塑过程中我要亲自从头做到尾,我是做不了那么多工作的,因为一件作品要持续那么长的时间……他们逐渐开始可以凭本能知道我想要做的是什么,因为我们合作了这么长时间了。但是所有精细的地方都由我亲自做……他们在各自擅长的方面都有高超的技能。他们的直觉杰出极了——我想这是因为他们自己不是艺术家。(Bowness 1971: 9)

一方面,我们可能希望通过驳斥潜藏此后的创造性意识形态来应对这一说法。赫普沃斯显然对如下情境感到不安,即,其作品的大多数工作实际上由其他人完成,而她求助于"艺术家"的神秘类别来树立正确的边界。这一点在此有助于我们的论述。很多类似的例子可以按类似的思路来思考,尤其是绘画界(Rembrandt,已故的 Matisse,已故的 de Kooning)。然而另一方面,这种情形不仅仅是意识形态掩饰问题。实际上,像赫普沃斯这样来说明他们的工作,这些艺术家要回应的正是他们生产新颖的责任问题。因为如果艺术品是自主的,没有艺术家的努力,那谁——或者什么东西——该为生产新颖负责呢?

我要说这个责任问题是一个伦理问题。艺术领域对那些关注自由伦理学的人而言是有趣的,这主要是因为该领域会笼统地告诉我们一些关于自由的事情,这种自由就是我们不得不逃避对它的责任。这是因为希望自由就像希望创造美学一样,是一个悖论。

希望无法希望的

在其对"希望无法希望的"的欢快讨论中,乔恩·埃尔斯特认为,任何艺术活动的特征之一就在于,艺术家必须不被认为努力得太辛苦,艺术品应该看上去像艺术家活动的副产品(Elster 1983)。埃尔斯特的核心印象是图拉真圆柱(Trajan's Column)[①]所造成的印象,它——上面小的细节和雕塑如果不用望远镜看不清楚——给公众深刻的印象,正是因为它不想给人造成深刻印象,正是因为它公然地轻视观众。公众的敬畏是一种副产品,而不是圆柱制造者的表面意图。因此圆柱给人带来深刻印象,只是因为它没有费力去制造深刻印象(Elster 1983:68;转引自 Veyne 1976:676)。对埃尔斯特来说,所有真正的艺术都应该是像这样的,因为如果我们怀疑艺术家在试图吸引我们,我们的注意力就会转向艺术品之外的东西,比如艺术家本人。换言之,艺术品将不再具有主体性的或自主性的存在,而只是主体意图的产物(而不能成为"完全令人满意的……完全引人注目的";Elster 1983:77)。在这种意义上,观念艺术的问题是它似乎——在对艺术品进行理智化方面,正如那些坚持要为我们提供他们创作意图的书面记录的视觉艺术家——希望无法被希望的:试图直接生产艺术品的艺术性,而不是将之作为副产品。如果我们真要自主地制造某物的话,这种反应至少应该

---

① 图拉真圆柱(Trajan's Column),建于公元 112—113 年,古罗马最杰出的叙事艺术,从柱底向上一圈绕一圈地叙述了皇帝图拉真经历的每一场战争,总共刻画了 2500 个人物,柱高 39 米,堪称人类艺术的奇迹。——译者注

是像"我们似乎并不希望如此"那样行事。这种否定性的热情为我们提供了美学伦理概要。

这似乎将我们从对艺术家形象的所有后现代毁誉引到了对立的方向。但这不是说艺术家产生或不产生影响,而是说资产阶级美学领域的逻辑决定着艺术品的责任问题将永远成为开放且富有争议的话题。我们甚至可以说从伦理学观点看,使艺术变得有趣的正是这个问题,而且美学领域对那些关注勾画从启蒙时代起启蒙伦理学的发展过程的人而言,可能成为一个有趣的经验实验室。所以,实际上,美学责任的这个问题是一个实证问题,是一个障碍——实际上是态度方面的障碍,科学史的法国传统根据这种态度谈论认识论"障碍",而且我们必须用一定程度的创造性来应对这种态度。这里不是说美学批判主义需要考虑作者或创造者,而只是说美学生产的所有范式都不得不面对这一美学责任问题,在美学生产的"纯化主义"理论这一情况下尤其如此。资产阶级艺术家的所有明显自命不凡的策略都可以按这种方式进行解读,不是作为激怒自我指定的艺术类型的心理学趋势的一个方面,而是作为美学场域的一种伦理流派。

举这一流派最著名的例子:关于天才的浪漫概念。从社会学批判的观点看,关于天才的想法是可以想像得出的最荒唐的想法之一,似乎思想和创造性可以是空穴来风,或者说这些又会导致同样的结果——就是思想和创造性只来源于特殊个体的头脑。但是天才这个概念也是在生产纯粹自主的作品的背景下解决美学责任问题的一个新鲜且经济的途径。天才有助于将艺术品这一概念看作是彻底自主的——纯粹美学的,用布迪厄的话说。天才这一说法绝不会将人们的注意力转向艺术家,而是转向艺术品,因为它指出艺术家不能为其作品负责,正相反,它是作品的牺牲品。作品附身于某个无辜者,即艺术家,而后折磨他,杀死他,使他喝酒,如此等等。那么,我们需要颠倒我们通常对艺术家和作品之间关系的看法。用艺术家内在的心理来解释作品是无稽之谈,但是将艺术家的生活看作是作品自主化过程的一个方面,这是完全有道理的。艺术家的生活是那种自主化的一个工具,而且,对艺术家来说,至少有一个原则——通过宣布自己对作品不负责任来将作品自主化。换言之,现代资产阶级艺术家的"问题"实际就是表明自己并没有创作作品,如果非要说什么的话,那他就是一种匿名的自主的创造性力量的对象,甚至是牺牲品。

因此,如果说将对艺术家和作品关系的分析纳入考虑范围是有道理的话,这两者之间也不是因果关系。它们应该是平行的。不是所有作家和艺术家,但是很多作家和艺术家似乎都对自己进行创作,将自己转化为与他们的艺术平行的一个艺术品。福柯通过雷蒙·卢塞尔(Raymond Roussel)的例子将之渲染到了极致,他认为卢塞尔的主要作品不只是他的书,而是"在写书过程中的他自己":

> 个体的私生活、他的性偏好,以及他的作品相互交织,不是因为他的作品阐释了他的性生活,而是他的作品包括了文本以及他的整个生活。作品不仅仅是作品,写作的主体就是作品的一部分。(Ruas 1986: 184; 参见 Foucault 1984c)

第4章 美学启蒙面面观

在这样一些例子中,关键之处不仅在于生产浪漫故事以促进被质疑的艺术家们的名气乃至市场效果,而是禁欲事业的秩序问题。艺术家以自己为创作对象,只是为了表明他们是艺术的牺牲品而不是源泉——因此,最好将他们被认为该为之"负责"的艺术品看作自主的而非他们生产的东西。

再一次,在这种背景下考虑一个娱乐的现代例子:画家弗朗西斯·培根。他显然不仅是20世纪最伟大的艺术输出者,还是一种风格化的美学经验最成功的推动者。培根是美学个性的范例,不是因为他是个唯美主义者,而是因为他将自己全身心地投身于过一种艺术家的生活。培根喝酒、豪赌、说话滔滔不绝、戏剧化地恋爱、不断喝酒——以及作画。将荒淫无度当作培根的传奇式生活令人感兴趣之处则没有抓住要点,实际上,令人感兴趣的应该是,他对自己的培养是其艺术的中心。"我对自己进行创作,"培根说,"使自己尽可能地不自然"(转引自 Farson 1993:20)。一些对培根的研究假定他在试图告诉我们什么——应该服从心理分析模式的解释的某种东西——关于现代自我或身份认同(van Alphen 1992;但参见 Adams 1996)。而且,对那些不惧怕观察的人而言,培根的同性恋取向显然使得他成为一个局外人,对很多人来说,仅这一点就足以使他成为一个伟大的艺术家了。按照这些观点,仅从统计上来看,认为培根的生活与他的艺术有关联的看法显然是荒谬的(不是所有厌恶自己母亲的同性恋者都成为有培根那样能力的艺术家)。更常见的研究是怀着某种敬畏单纯地描述培根的成就(exploits)(Farson 1993; Sinclair 1993; Peppiatt 1996)。这些研究试图揭开培根的面纱,探究真正的培根。但这显然是错误的道路。

培根的生活显然是平行于自己艺术的对自身的美学创作。约翰·麦尤恩(John MaEwen)将培根与一个波德莱尔式的花花公子相比较。"他本性中这种拜伦式的方面与以下各方面有关：多愁善感的彻底缺失、鲁莽、阴郁的理性、意识到自己缺乏宗教信仰本身就是一种绝望，以及一种强烈的兽性"(转引自 Sinclair 1993：310)。

但是，除了对培根这样的人的生活方式进行浪漫化之外，还可能将这些生活方式看作美学个性相当理性的风格化，也就是说，看作针对创作责任问题的禁欲"解决方案"。培根单纯地寻求同他的艺术一样来创作他的生活。另一方面，他培养出一种可以不去给人留下印象的敏感。他不像斯蒂芬·乔治：根据艺术的价值观来过一种美学生活。或者至少，艺术对培根而言是纯粹虚无主义的场所，如果是一个极富创造性的场所的话。他总是对他的作品表示出最直接的而非美学主义的态度，似乎他创作艺术这一事实只是其生物需要的一种副产品。他说，他的兴趣在于形象，那就是一切。这里面有某种生物性而非真正美学的东西。"我只是试图尽可能精确地将形象从我的神经系统制造出来。我甚至大半不知道它们意味着什么。我并不试图说些什么"(Sylvester 1980：82)。形象冲击我们的动机，就是这样：他不能说得更多了。那些曾批评培根没有对自己的创造性工作采取足够理智的态度的人忽略了他的美学策略。因为艺术家不了解作品，因为如果他了解作品的话就要为之负责，而这种运作的全部目的就在于使自己表面上与作品无关，因此其作品才能独自矗立。另一方面，通过对其生活形成特定风格，培根——这个经验的个体——非常有意地使他人不关注自己。相反：他躲在自己的艺术之后，因为在生活和作品中的他就是他的艺术。不存在为其艺术品"负责"的培根,因为在将自己创作为一件艺术品的艺术家培根之外根本没有别的培根了。根本就没有"培根"而只有其作品。再一次,在这种逻辑中最关键的是,在对作品自主性的正当兴趣中试图去解除个人对他所做的事情的责任。因此,美学启蒙批判所要求的并不是美学魅力模式批判,而是对美学个性不同模式的建构主义,这种建构主义将这些模式看作是自主化问题的解决方案,而不仅仅是逃跑主义或自我放任的多种形式。

我想我们最好将培根这样的人的策略作为试图解决"希望所不能希望的"这样的问题的不同方式。培根知道,为了创造传统,个人不得不用这种方式创造个人的传统,以使个人能不为自己创造的传统负责。结果是,培根现在对我们而言成为彻底自由精神的象征。我们无法得知他个人为这种自由付出了什么样的代价。我们只能说他的努力总体上成为自由的活的寓言。自由必须被创造、被培养,但是,如果它被希望、被宣称、被理论化:则所有的希望化为泡影。能宣告我们自由的只有——就像我们的艺术——将来的人们。

美 学 责 任

在本章开头我说过,会谈谈为什么谈论美学问题会使那些关注启蒙问题的人产生兴趣。到目前为止,我对美学责任的讨论似乎只是把这个话题搞得更含混了。除了我已说过的自由和艺术问题,我不想说我能从艺术中得出自由理论。相反,我认为我们的讨论将我们指向了相反的方向——远离美学的美学主义运用。这与社会科学中某些人的观点形成某种对比。尽管用了明显不同的方式,这些人将美学理念当作诱人的理念,在某种程度上可能作为一种模式服务于其热情。这些人包括从后现代主义者利奥塔到自由主义马克思主义者哈贝马斯。他们一方将美学看作考虑判断问题的示范空间,另一方则将之作为救赎和调解的空间。还有其他人将美学领域当作逃离启蒙暴政乃至社会科学中社会运动的场所。人们首先想起乔治·齐美尔(Georg Simmel)的作品,以及公然宣称为后现代或反基础主义社会科学的很多流派,他们试图对社会生活采取一种美学观点(Frisby 1985;Maffesoli 1985)。

另一方面,本章的目标已经显示,与这些视角所强调的很多内容相比较而言,对美学的追求——正如福柯看到的——可以被当作启蒙的一个方面。但是与此相联的内容是绝对否定性的。实际上,艺术成为一种范式,或者是否定性启蒙的极端例子,是批判主义的自我批判主义,等等。因为,如果——正如我们从对美学责任的讨论中所看到的——美学自主性可能是我们的关注的副产品,而不能被直接"希望",那么我们不能期望得到美学的特殊内容来作为以美学实践自身为基础的启蒙模式。这是美学启蒙的矛盾。那些说他们是艺术家或那些宣称自己在作品中使用了美学原则的人,更糟糕的是,那些对这些原则进行理智化的人:这些永远是最令人尴尬的人。这意味着,美学生产的伦理学本质上是否定性的,它指出艺术作为规范性理想的重要性。这种伦理学是启蒙自身否定性的一个范例性例子,因为毫无疑问,对启蒙来说情况也同样如此。我们不得不关心它如何被希望。那些宣称知道通往个人或社会自由或自主性的真正最终道路的人——那些宣称知道启蒙是什么的人——也许是最危险的。

考虑到艺术领域自身,我认为这意味着,有志于美学启蒙批判的任何分析形式都会揭示艺术作为一种规范理想的方式。这不是说我们能将美学原则应用于美学领域之外的其他生活方面,而是说美学领域是特定原则因为被隔离而成为范例的地方。而且,这些原则本质上是伦理的。艺术是新颖事物的创造性和自主性生产具有示范性重要性的地方,这是因为这些是所有艺术家都必然要面对的问题,因为他们是艺术家而不是别的什么人,比如说店主、教师、码头工人或运动员。艺术品生产中所涉及的最后一个问题是美学的(哲学)应用——这是令艺术中各种形式的概念主义处于不利地位的另一个原因。自从黑格尔主张"艺术品生产和美学理论并不同步,甚至美学存在也可能是艺术的死亡这样的事情的症状"之后,上述发现就很普通了。那些试图因此而将美学原则应用于美学领域之外其他活动的人,从本质上处于困境。因此,从美学领域批判得来的道德认识是,来自美学领域的任何经验教训都不能直接应用于其他地方。美学领域就像艺术品本身,如果要作为启蒙的象征,就必须独自矗立。

然而,这种严格的否定性原则可以被赋予一种最基本的积极形式。粗略地说,就是福柯原则的具体体现,即,即使不是所有的事情都是坏的,那么至少"所有事情都是危险的"。回忆一下卡维尔(Cavell)的观点,不光是自然失去了人们的信任,传统也如此。因为传统归根结底是自然的一个方面。说得直白一些,我们可以说,美学启蒙的例子促使我们采纳一种严格的唯名论自由观。这种自由观认为，我们不可能预先知道自由是什么，它是被生产出来的，其生产与美学传统的生产方式类似——新传统是被发现的。我们永远不能止于一种自由的终结观，而应该认识到自由是一个未完成的事业，这与追求自由本身是紧密相联的。艺术世界作为制度性宣言而存在，它宣告有关自由的未竟事业为绝对没有完成的工作。

传授自由

但是，关于自由和启蒙的这种否定态度能不能被培养呢？它能够被传授吗？由于自由和自主性与美学问题非常传统的联系，一代代哲学家们会认为传授自由的方式之一应该建立在特定的美学教育的基础之上，这就毫不奇怪了。这往往采取一种积极的形式：这些哲学家们通常试图赋予他们所说的美学以特定内容。比如说，这样的做法已经成为自弗里德里希·席勒以来，所有那些被美以及其他一些与美学领域有特定联系的实质性概念吸引到美学意识形态中来的学者们的梦想。对席勒来说，美学的重要性就在于它的教育潜能。美与自由相联系——"只有通过美，人们才找到通往自由之路"（Schiller 1967：9）：因为美是在人类的内部统一性中得以表达的，这种统一性在当代被割裂（同前：33），而且因为通往这种统一性的道路要经由美学教育，也就是说，美术通过美提供了教育（同前：55）。对席勒而言，美是一种巨大的协调性力量。对那些处于紧张之中的人，要使他融于美之中，对那些过于闲散的人，要通过美使之产生力量。这些做法就是要将感觉导向思想，将精神导向感觉。在美之中,所有的局限、压制和偶然性都被遗忘了。

如今很少有人同意席勒意义上的美学教育理念。但是,不论如何,艺术对美必须做的是什么呢？这并不意味着这一理念本身是不连贯的,比如说,当它不是从哲学而是从伦理实践的意义上被理解的时候(Hunter 1988: 81)。这一理念并非不连贯,但是面临一些困境。似乎美学启蒙应该由一些能够被传授或在美学生产的实际的、实验性的艰难实践之前被获知的实质性原则所构成。这样一些特定的美学项目——那些将美学领域本身作为教育领域的项目——倾向于与美学悖论相冲突,这种悖论认为美学的本质不可能事先得知,而且在传授特定美学原则时会有一些不可避免的问题。从我在本章所阐述的内容来看,很显然,一种美学启蒙批判会将我们引向一种很不令人激动的美学观点,美学主义改宗的观念即便不被厌恶的话也至少应该被忽视,这主要出于对美学领域本身的统一性和自主性的尊重——既崇敬又恐惧。但是,这也并不必然导致完全抛弃美学教育这样一种观念。

第5章　质疑启蒙：福柯和韦伯关于真理伦理学的论述

福柯和批判主义问题——马克斯·韦伯和"人的科学"——韦伯和福柯作为启蒙批判者

正如艾恩·亨特在其著作《文化和政府》(Culture and Government)中所言，美学教育的席勒式理想是决不可能消亡的，即便其19世纪浪漫形式过时了(Hunter 1988)。美学领域本身——文学艺术世界———般被当作学习特定启蒙的最佳场所。人们较少将美学看作一种规范理想，而是把它宣称为获取某种启蒙道德经验的适宜场合。如果说如今"成熟的人"很少接受这种美学教育了，但人们还是赞同这样一种基本认识，即，主体的好习惯最好是在美学领域内通过努力来学习。

如果说有什么不同的话，那就是，这种观点很可能会被引入更一般化的教育形式的要求所强化，高校中尤其如此。艺术学科的历史轨迹趋向于发展学生的总体批判能力，而不仅仅是给他们填充特定的知识。但是，正如我们在前一章结尾所看到的，没有理由将美学的规范价值完全等同于美学领域本身（实际上倒是有一些不这样做的好理由），因此，没有人迫使我们把进行美学教育的特

第5章 质疑启蒙:福柯和韦伯关于真理伦理学的论述

权转让给美学学科。而且,在这种思路下,我认为可以这样说,社会理论及社会科学是这样一些地方,在非严格意义上说,在其中用启蒙批判形式来替代美学教育也是行得通的。我并不想通过美学教育的总体理论来进行这个工作。相反,我选择了一种更轻松的道路:勾勒两位能够作为我所呼吁的思路的代表人物的思想家的解释性图景。我认为,马克斯·韦伯和米歇尔·福柯都是伦理思想家,而不是关于社会的科学的推动者。在他们的著作中都展现出一种思想,即,在正统的意义上,任何明显的社会议题都不是"社会学的",而是具有一种伦理学特征。我把他们作为典范,展示一种有趣的——一种探询的而非法理型的——社会理论看上去会是什么样子的。在勾画这些小的图景时,我们还可能展示,对启蒙的批判态度并不是必须被创造出来的某种东西。相反,它已经存在,而且已经存在一段时间了。它甚至完全外在于后来的后现代主义主张或反传统的反基础主义。

我并不是说,福柯或韦伯为我们提供了任何直接的或字面意义上的美学教育模式。然而,他们又都不仅仅是为"科学的"后果而工作。就他们都希望改变那些接触其学说的人这一点而言,他们都希望自己的作品有对话性。换言之,他们都是力争重新设想自己及他人的教师,而且他们都将对启蒙的批判态度作为如此行事的工具。他们各自用不同的方式获得了自己的美学地位。他们都常常被树立为某些社会思想特殊风格的典范,他们的名字本身就体现着这些风格类型,因此我们可以说,他们本身就是某种能够独立于世的美学价值的体现。这意味着,这些思想家的思想图景——尽管存在着巨大差异——不应该采取注释的形式,通过这一形式一种特殊的方法论被揭示以供他人复制,而应该模仿独特且不能重复的形象,如果说它也许具有一定的激励性的话。

福柯和批判主义问题

福柯的思想是不是美学教育的一个例子? 也许只是在很小的程度上,它是一种关于转型或成为的哲学思想。福柯的思想充满这样的想法,即,智力工作的功能包括我们为获得自由而对自身进行的工作。在这一点上福柯说到自己的作品:"对我来说,智力工作和能称为美学主义的东西相联系,意味着改变你自己……我认为,这种通过自己的知识对自己的改变与美学经验尤为接近。如果一个画家不能通过自己的绘画而改变,他为什么要工作呢?"(Foucault 1988:14)。那么,也许在特殊的方面,就一部分既针对他人又针对自己的作品而言,比如福柯自己的作品,福柯的哲学就像美学教育的一个分支,即使它并不通过反思任何特定美学素材如绘画、文学或其他什么进行教育。也许福柯的整个哲学可以被看作去促成试图转化我们自己及他人的实践,是通过个体化实施权力的一种艺术愿望:"对现代性的态度而言,现在的重要价值与重新想像它、想像它的其他形式并通过把握它的形式而不是摧毁它来对之进行转化这样的强烈热诚是不可分离的"(Foucault 1984a:41;参见 Deleuze 1990:135,154)。

如果"思想大师"就是应该或能够被跟随的人,那么福柯不是思想大师。就其揭示了某种——如果不是可重复的,它当然是可行的——启蒙批判路数而言,他的作品是启蒙性的。福柯是个哲学家。他的作用要么是直接的(对那些在探讨哲学或社会科学历史领域各种问题的人而言),要么就是用德勒兹的话说,作为对那些在其他领域工作的人的一个"仲裁者"而产生作用(Deleuze 1992)。因为他是一个仲裁者,如果要运用福柯的理论,我们可能不得不对其作品有一定程度的歪曲。在针对社会的科学这方面,情况尤其如此,因为试图直接且不加质疑地把福柯理论挪用到社会学方面,毫无疑问是荒唐的。福柯的问题并没有集中在社会方面。他的作品没有涉及社会的结构、身份认同和自我——简言之,没有涉及其作品通常被认为涉及的所有东西。这并不是说它不能相关,而是说为了使之产生关联,我们不得不将作品的这些特定方面翻译成其他的术语。

福柯的作品集中关注了一个特殊的问题,但这不是权力或主体或话语或其他的什么。福柯更关注自由,也就是说伦理学——以及,当然还有,启蒙。

福柯在道德哲学方面的工作——如果我们可以这样称呼的话——被美妙地描述为试图不依赖任何主体概念而通过主体化问题来进行思考(Deleuze 1988:101;Deleuze 1990:154)。对福柯而言,生活的伦理形式是来源于几乎违背生物或社会生活要求的某种东西。这种关注毫无疑问是在福柯的伦理生活概念中引入斯多葛主义的来源。对福柯来说,斯多葛主义不仅仅生产用于促使反抗生活的否定性力量的意识形态,它们还是对存在的一种积极的问题化。尽管斯多葛主义使用生物学理论作为其观念的基础,但是它们实践措施的关键点在于超越生物学需求及其他命运要素,这是不用内在形式思考伦理学的一种方式。这正是福柯的质疑

（参见 Hadot 1995：206—213）。同时，这也是为什么他要在对存在的伦理学阐述和道德法则之间进行区分的原因（参见上文第三章）。道德法则类似于决定产品的一系列规则，伦理关系则是一种仔细界定的自由。事实上，在福柯的作品中已有一些蛛丝马迹，即使它非常粗糙，只是道德法则和伦理技术之间的辩证法。在某些年代，某些社会法则占优先地位，而在另一些时代和社会，自我伦理学和技术则占优先地位。要说福柯确实在思考刻画历史中伦理和道德法令的总体类型学，这是不太可能的。然而，他似乎确实准备对伦理强化的各个不同时期进行宽泛的类比。正是在这种背景下，他将罗马—希腊化时期和当代进行对比，他在当代看到了与罗马—希腊化时期相类似的自主伦理学的需求，而不同于建立在关于自我、需求或无意识的科学知识基础上的伦理学。

伦理和道德之间存在着许多区别。我认为福柯与伯纳德·威廉姆斯等盎格鲁－撒克逊哲学家一样，认为道德或道德规范只是整个伦理考虑中的一个部分。对威廉姆斯来说，伦理学领域来源于苏格拉底的问题：我们应该怎样生活？与此相对，道德义务领域只不过是伦理学的子系统，尽管它常常似乎替代了整体。对威廉姆斯来说，对伦理学领域的这种拓宽具有界定哲学自身的功能，他认为，这种哲学不能为我们的伦理选择提供主要的基本原理。对威廉姆斯来说，哲学至少合法化了对伦理学的信任，但不是为了伦理确信或确定性。也许这种信任的一个方面可以来源于威廉姆斯所称的"距离的相对主义"：也就是，这种相对主义使得伦理遭遇成为"概念的"，而非真实的。福柯后期对伦理学的一些研究，可以归为这种意义上的关于距离的相对主义（Williams 1985：162；

第5章 质疑启蒙:福柯和韦伯关于真理伦理学的论述

Williams 1993)。

毫无疑问,传统伦理学吸引福柯的正是它和任何道德法则化的距离,而不是其现实可行性。道德由关于禁止的一系列规则组成,也就是一系列决定行为正确与否的要求。由此就会将道德生活界定为本质上具有限制性的事件,而且道德显得外在于个体。与这种看法不同,福柯提出一种新的界定,他把伦理学看作是促成某事发生的建构性规则,而不是规范性规则。伦理就是施加于自我的一条或一系列规则,是对某种权威的自愿服从,是以自由的名义实践的规训。这并不是说在传统的伦理学里没有义务问题。在这种意义上,威廉姆斯和福柯要加以区分的内容出现了差异。威廉姆斯认为在伦理行为和道德义务问题之间有区别,而福柯则在限制系统与加诸自我的义务形式之间加以区分。但是这种义务来自内部,它是一种伦理方面的自我努力。因此,福柯的伦理学定义是这样的:不是一种内在的他人导向的行为,而是我们对自己的一种责任。

然而,福柯的伦理学概念不是决定主义的:也就是说,不是威廉姆斯所提出的,仅凭意愿本身就可以导致某种特定生活的存在主义选择那样的决定主义概念。正如威廉姆斯注意到的,"伦理确信,就像其他任何被确信的形式,其中必有被动性的方面,必然是在某种意义上走向你的……你不可能拥有某种伦理确信,请注意它是某一决定的产物,除非这一决定本身就显得不可逃避"(Williams 1985:169)。但这种模式不是一种面对存在的孤立的自由,而是对某种外在于自己的力量的屈服。在这个意义上,福柯的伦理学概念达不到威廉姆斯关于伦理概念必须在某种程度上"外在于自我"的要求。因此，内在于福柯伦理学概念的更醒目的义务感，尽管是一种道德外义务——是一种关于确信的伦理学，而且，在这种意义上，是针对道德子系统的对康德式义务的运用。

毫不奇怪的是，福柯被诱使去重新清理一种美学原则来作为反对这种道德理念的武器。在其于法兰西大学的最后演讲中，福柯——正如托马斯·弗莱恩(Thomas Flynn)所说的——给自己提出了现代西方世界中犬儒主义的角色问题。也许这是伦理学工作中美学原则的一个例子。最初的犬儒主义者当然发展出类似存在美学之类的东西，而且他们是在一种非主流的苏格拉底传统的背景下这样做的。弗莱恩说，柏拉图的《论勇气》(*Laches*)是说真话或真理讲述风格上的一个转折点。在辩论中苏格拉底的权威并非源于其专门知识，而是源于和其逻辑、信条、生命活素以及生活模式的一种特定风格化的联系。这种联系构成一种不能化约为仅仅是苏格拉底的实际陈述信条的存在风格。这里有很重要的一个方面，关键的并不是与信条的联系，而是对个人存在的即时转变，是真理和生活的开放状态(Flynn 1988：108—109)。换言之，可以说这种美好存在的条件不是道德封闭的意愿，不是对原则的断然界定，而是运动的意愿，是关于形成的实践哲学。保持这种运动或开放感是规训和禁欲主义的问题，它并不是无政府主义的、自由流动或不负责任的存在。运动是艰难的禁欲的事情。

弗莱恩说，福柯将犬儒主义者看作西方这类美学存在的早期缩影。犬儒主义者有意的、精心策划的非传统生活方式导致一种特定的真理讲述方式：作为"真理丑闻"存在的生活。这里涉及的似乎是一种延伸，将对柏拉图传统的滑稽模仿运用于我们的整个

第5章 质疑启蒙:福柯和韦伯关于真理伦理学的论述

生活。因此,它也涉及去除伪装,有意通过贫穷来获得不好的名声,以及否定社会传统,等等(同前:110—111)。弗莱恩解释了一种有趣的观点,这种观点被假定是福柯在最后的那些演讲中提出的。这也为我们提供了一些线索,用以理解对他而言理智主义存在美学所扮演的角色。弗莱恩说,"福柯认识到,一旦成为教授们的职业,哲学就会被极大地削弱,那么最后一位哲学英雄就很可能是歌德的浮士德:'浮士德离去,革命者登场'"(同前:110)。另一方面,福柯偏爱浮士德模式。

这决不意味着我们不应惊奇于一点,即,福柯的哲学不是普通的哲学。毫无疑问,福柯将哲学理解为在"存在"背景下进行的一种精神操练,而不是这样一种哲学"话语"。这样一种关注方式中含有"人类学"的元素,因为福柯在这里所关注的目标不是社会或现代性,而是"人"的地位问题:人类本性,以及首要的是启蒙了的"人"。那些抱怨福柯没有关于人的理论的人又对又不对。说他们不对是因为在福柯的理论中至少有最基本意义上的人类学存在。他相信人类具有这种使他感兴趣的特定能力,即使这种能力并不是在所有人类社会都可以发现。这些能力中最主要的是将人类本性本身当作工作目标的能力。人类会努力使自己自由,并塑造自己的自由。正是在这一意义上,那些说福柯没有关于人的理论的说法是正确的。这种缺失实在是很有策略的。这一游戏假定,为了使我们的质询本身成为对自由的探询的一个方面,人类本性中没有什么是根本的或永恒的。在这种意义上,如果这是一种人类学,我们应该将之描述为一种否定性的人类学。福柯的著作本身是伦理学的。它更接近对人类本性方面的操练,而不是关于人类本性的一系列论述。在这种意义上,把福柯看作某种"科学家",并试图证明人类本性这样的东西确实存在,似乎这是反对福柯的,这些做法都没有什么好处。

如果看看福柯的著作,会发现自由问题一再出现。但是因为福柯没有关于自由的明确界定,我们看到的只是一系列关于自由建构的研究。也就是说,因为福柯在自由问题方面是一个唯名论者,他采取的是我们的术语体系称之为现实主义取向的态度。但是,就"分析人类寻求建构其自由的不同方式意味着这种建构的边界需要被揭示"这一点而言,这些研究也是一种启蒙批判。因此,举例来说,福柯部分地根据自由新形式的出现,同时也根据对这种建构的批判,来分析疯癫者的解脱、他们的枷锁的去除,以及精神病院这样一种道德空间的发明(Foucault 1971)。这并不是说福柯偏爱枷锁和水疗,而不是精神病院的道德自由。而是说,所有的自由都是受到规范制约的,不存在纯粹的自由,因此对自由的批判必然是追求自由的一个方面。我们能说的是,福柯对自由和人类本性这样一些范畴的策略性的唯名论使得他有点像乌托邦主义者,他提出了存在完全独立于决定论的自由以及完全由自己决定的人类本性存在的可能性。但是这种乌托邦主义是一种规范性理想,它调节着什么是可以被言说的,扮演一种批判主义原则而不是必然的现实主义终极目标。

131　　那么,福柯的主要关注点并不真的是社会或自我或主体,而是这里说的自由问题,它归根结底是启蒙批判问题。作为更宽泛的例证,想想治理性范畴问题,这个问题在福柯的作品以及那些受福柯影响的人的作品中都是非常重要的(Burchell, Gordon and Miller

1991; Foucault 1991a; Rose & Miller 1992)。也许这一视角的关键在于,它为不借助国家概念来思考政治权力问题开启了一个空间。这并不是说国家与此无关,而只是说我们并不一定必须从国家问题开始思考。事实上,在社会等级的各个层次都会进行治理,它并不仅仅来源于国家或其他统治的中心地点。在这里福柯的最初范式或建构范例是希腊的范式,正如他在描述色诺芬关于治理艺术的类质同像原则时所说的:"管理自己、管理个人财产和参与城市管理是同一类型的三种实践形式"(Foucault 1986:76)。由此,任务就变成去勾勒描述人类在不同时代借以进行管理的一系列不同理性和技术。

就福柯而言,只有当我们面对"处理"我们的治理问题的有关力量的场域时才存在治理,其他的东西都只是强制或控制。自由是福柯治理研究的持续主题,还有对自我治理和治理他人之间的某种互惠性运作的持续关注。因此,对亚里士多德而言,个人的善对城市的利益是有贡献的:"个人对待自己的态度,他针对自己以确保自己自由的方式,以及他对自己保持至高无上性的形式等等,都是城市福利和优良秩序的贡献性要素"(同前:79)。古希腊关于自我主宰的概念"*Enkerateia*"暗示了关于自我的特定自由,一种来源于各种奴役关系减损的自由。"但是这种自由不仅仅是一种非奴役,不仅仅是使个人摆脱任何内外限制的解放,其完善而积极的形式是个人用运用于他人的权力施诸于自己的一种权力"(同前:80)。在这种意义上,治理意味着治理自己与劝说及与他人达成共识之间的某种平衡。那么,看起来治理的概念在这种宽泛的意义上,与用我们针对自己与他人的行为来阐述与自由的关系的理念是有紧密联系的。因此,治理的主题实际上显示的是对自由的这种关注。

那么,当对自由的这种关注、这一原则被放置于现代西方政治理性的背景中时会怎么样呢?福柯的目的不是达到一种类似"社会的科学",而是对涉及自由问题的文化科学做贡献。但是,他关注的并不是西方伟大思想家们在头脑中构思的那种关于自由的政治哲学,而是实践理性、问题化、自由采取的积极形式,还有他对那些本身就是"实践"关注对象的"实践"文本的关注(同前:12)。简言之,他对自由的关注采取的是对现代西方自由能力进行否定性人类学考察的形式,同时还考察自由的现代规则:即,按照自由的形成把它当作一种规则的原理,而不是对政治哲学的一种否定性假定(参见 Rose 1992a)。这意味着当福柯将这些例子看作自由主义和新自由主义政治理性时,他与通常和这些议题联系在一起的政治主题相去甚远,就像他决不希望说自由主义是存在于西方所有政治主张背后的成功"信条"。这不是记录自由主义及其分支的成就的问题,而是审视可以以历史哲学人类学形式表达我们的兴趣的自由主义和新自由主义前提。

从福柯的启蒙批判的角度对自由主义的主题感兴趣,并不是因为它是无孔不入的,而是因为它是一种创造,也就是说,因为其意图格外"新奇"。这意味着,对自由及其他治理问题采取一种准社会学的福柯式"路数",这种想法有点荒唐。自由主义令人感到有趣并非是在社会学意义上,而是因为它作为一种伦理实验的地位。每个人都似乎知道自由主义是什么,但当我们试图界定它的时候,又总是麻烦不断。在运用关于治理的自由主义观念时,自由主义从比较典型地被描述为一种反国家理论或治理的缺失，转而与某种特定的积极的治理形式联系在一起。这就是为什么那么多关于现代治理性的分析集中于自由主义的出现，他们试图展示，自由主义导致了对治理技术和机制的新感觉（Burchell, Gordon & Miller 1991）。

比如说，早期自由主义中存在"问题空间"，这集中体现在市民社会领域、竞赛和互动的自由空间的建构。

这种问题空间是一种现实政治技术创造的开放空间，也是治理建构主义的开放空间。自由主义为政府与市民社会相比可以知晓或行动的内容设定了界线。即使按最极端的方案，有人提出市民社会或国家完全有可能治理自己而不需要一个政府，市民社会最少还是要被治理的（Burchell 1993）。

换言之，我们所说的市民社会，这个介于早期自由主义公共领域和私人领域之间的场所，并不是资本主义发展特定阶段的自然发展，而是对治理的恰当空间和界线的一系列建构性质疑的产物。在这里自由主义表现为一种实验理性，它是治理理性历史中的一个"关键"实验。这种实验即使一开始非常成功，它也从来无法直接复制。不过这并不是事情的关键，而且历史是无法逆转的。此外，重要的正是这种实验的态度，其重要性不在于我们能否书写自由主义的"真实历史"，或者我们是否希望确切地评估自由主义对西方其他政治理性（比如社会主义）的总体影响。所以关键并不在于自由主义在这种特殊意义上是否确实界定了西方的各种政治抱负,也不在于在这个治理性的基础上去发现完全的社会学视角。实际上重要的是对"被治理的人"的人类学考察,而不是关注政治社会学的新规则的形成。

事实上,我们提出的观点既具有文化意义又具有伦理意义。从文化上说,自由主义的价值在于,它代表了一种致力于对人类自由能力发挥作用的政治技术。它对那些试图分析我们社会中自由被赋予一种实践形式和政治共鸣的各种方式的人是一个挑战。从伦理学上说,于此我们可以明白为什么这种视角会导致一种否定性人类学,其目的是达到一种针对我们面对的那些必要及合意的自由形式的距离感伤。这恰恰因为自由是如此普遍而未遭质疑的热情——所以我们必须坚持不懈心平气和地追溯我们如今被提供的各种自由形式的起源。因为自由在它所采取的实践形式之外并不存在。因此,在与自由保持一种伦理距离时,我们并非指责它,而是正相反:按韦伯的说法,我们都"献身于"自由。

但是,福柯是在以某种形式认同自由主义吗? 从方法论上说,回答应该是否定的,他没有用任何自由主义社会学和哲学去分析自由主义本身。首先,在福柯的作品中没有借用任何公私划分的概念。实际上,治理性概念存在的目的确实在于需要找到一个概念,它不会将权力问题化约为公共权力尤其是国家。

这些研究的重要后果之一,在于改变我们对政治领域的一般看法。那就是,似乎这一领域在某种意义上被缩减了,但在另一种意义上则得到了扩展。当他们倾向于主张,国家以及围绕国家而来的关于狭隘的"政治"国家的争论并非政治学的所有内容时,关于治理性的研究缩减了政治领域。通过将视角由这样的政治学转

第5章 质疑启蒙:福柯和韦伯关于真理伦理学的论述

向一般行为治理这一明显更丰富多样的领域,这些研究主要关注的其实还是政府的治理化问题。这些研究参照一些后库恩主义逻辑倾向科学社会学的样子。在它们看来,政府,最多就是一个重要的"计算中心"——但是需要分析的是这一中心通过其外在而非内部行为而得以表现的方式(Rose and Miller 1992)。另一方面,通过同样的方式,政治领域得到了扩展,因为如今既然通过上述界定几乎所有行为的治理都可以被看作是由政治激发的,那么对什么可以被看作政治事务就没有限制了。

对很多评论家而言,这样一个视角使得福柯显得是反自由主义的,因为他明显成为一种偏执狂,将权力看作是无所不在的。其他人甚至宣称福柯对新自由主义的兴趣实际上使他成为某种新自由主义者。这种解释没有什么证据。然而,在某种程度上,福柯确实是个自由主义者,不过是特殊类型的。福柯的研究可以被看作采取的是一种致力于为特定的唯意志论提供空间的启蒙形式。并非将人们视为文化玩偶——或者是话语的玩偶——治理性研究实际上假定人类是有意志的生物,或者,至少是具有意志能力的生物。当福柯谈论治理艺术的时候,他主要是在字面意义上谈论它——治理的各种形式本身就是文化的产物。治理的理性只能被创造,而且易遭破坏。所有这些都取决于人类的意志,并不一定是导向任何特殊方式的意志——只是治理和被治理的意志。

但是,是不是说福柯并不反对治理概念,就像他被很多人假定反对权力的观念一样?也许事实上福柯只是认为,启蒙要求的不过是对以真理为名的治理形式进行批判。事实上,福柯将批判界定为"不过于被治理的艺术"(Foucault 1996:384):

如果治理化确实是这种致力于通过能吸引真理的权力机制使个人屈服于社会实践的现实运动，我认为批判就是这种运动，通过它主体赋予自己权利来质疑真理的权力效果，质疑权力的真理话语问题。批判将成为自发的非奴役以及反思性的非顺从的艺术。批判的核心功能是在人们可称之为真理政治学的游戏中的去主体化（Foucault 1996：386）。

那么，这种批判态度并不构成对真理或治理观念的全面否定，而只是希望以启蒙治理本身为名进行批判，或者简言之，以自由为名进行批判。这种批判的功能并不是对治理玩弄另一种真理游戏，而只是使我们保持一种认识，即，我们都在真理的名义下被治理。因此去主体化的做法一直在持续——如果说它是不可能的、乌托邦的、反事实的。

但这就是全部吗？或者说，这些研究就没有一些更普遍的关键原则？也许我们可以提出以下三点。

首先，我们可以称之为现实主义的宿命原则。福柯的所有质疑都导向分析那些似乎作为必需品赋予我们的东西。换言之，其主体并非任何任意的东西，而首先是似乎或多或少作为不可或缺之物赋予我们的那些东西。人道主义本身就是一个例子。把福柯看作某种自然的反人道主义者是错误的。相反，因为人道主义是作为一种义务赋予我们的，启蒙批判视角就被要求来反对它。福柯的问题总是"我们的宿命是什么？"以及随之而来的"这必然是我们的宿命吗？"就"我们所研究的"受到"以必备物形式赋予我们的

第5章 质疑启蒙：福柯和韦伯关于真理伦理学的论述 213

东西"的影响这一点而言，这是一种特殊的现实主义原则。举个前面章节里的例子，比如说心理学，谁会反对心理学知识的启蒙目标？但这并不意味着按社会科学的术语而言，我们生活在如此一个心理学社会之中。福柯的现实主义和特定的目标相联系，但这并不是说只有某些目标才是重要的。换言之，这种现实主义是策略性的、受限制的、伦理学的。

其次，可以称之为透明原则。这个术语很少和福柯的作品联系在一起，但是透明并不是指常识，或是说每件事情都应该根据主体问题中最困难的部分，依据盎格鲁－撒克逊哲学来获得意义。相反，致力于透明意味着使任何事物都成为需要努力获得之物，而不能免于质询。透明原则并不意味着用清楚的方式写作，而是决不假定我们把握了我们行动的全部意义。这是一种"没有什么是基本的"原则，也许我们应该将之解读为按"如果没有什么东西是基本的"[1]那样去行事，而不是真的意味着没有什么东西是基本的（谁能这样说呢？）。批判主义在此再一次表现为伦理学而非建议或法则的形式。

第三，似乎还有一个高贵原则。它适用于那些在他们的主体方面运用这种批判主义的人。高贵并不意味着冷淡或拒绝承诺，而是对距离化的一种伦理工作。这是任何启蒙批判的一个方面：试图使自己远离、使事情变得奇怪，就是——像福柯著作的例子一样——疯癫、医学、自由主义、性或其他什么。这是一种严格意义

---

[1] 此处的引号为译者所加，原文用的是虚拟语气，为便于理解，做此处理。——译者注

上的伦理学的——也就是说有意限制的——高贵。我们培养这样一种品质只是为了能够重返这个世界,用一种不同的方式重返世界。这里的目的不是去控制判断,去说做这个或做那个,去坚持主张特定的分析有特定的后果或需要特殊的能量。相反,这里的目的仅仅是培育判断的特定范围,按尼采的说法,是播下判断的种子。因为,也许最后,得到的就是任何启蒙批判都会导致的结果:对判断的不断操练。

如果这些做法不仅仅是要激发判断——那意味着激发对判断的焦虑——所有这些又是为了什么呢?实际上,这样一种批判风格可以被看作是在培养威廉姆斯所说的伦理信心——和我们的伦理存在一起成熟而高贵地生活的能力。他的观点值得全文引用(Williams 1985: 171):

> 事情的真相是,基本的问题是如何生活以及做什么。伦理考虑与此相关,花费于反思这些考虑的时间和人力与此相关。而且,我们花费于反思这些考虑的时间和人力本身又取决于从我们实际所拥有的批判生活的视角来看我们认为什么是值得过的生活,以及什么可能产生那些认为生活值得过的人。我们必须回答的一个问题是,人们(或那么多人)如何才能拥有实际的信心,这种信心尤其反映的是对反思的要求以及它在我们这个世界的普遍存在,它来源于力量而非自我欺骗和教条主义的弱点。(信心和乐观主义不是一回事,它可能来自尼采所说的悲观主义的力量。)

第5章 质疑启蒙:福柯和韦伯关于真理伦理学的论述

很显然,我们不能传授这种意义上的信心,但是我们可以寻求通过反思来培养它,将不断解构自我欺骗和教条主义当作我们的主要任务。这也意味着用教条主义和自我欺骗等这些术语来理解启蒙批判,尤其是福柯的思想,简直是无稽之谈。或者,如果说它只是一个错误,它至少也是一个大错误。因此我们总结说,对启蒙的批判态度本身就是人类学的,至少在非常严格的意义上是如此。它寻求用一种特定的方式对人类的判断能力发挥作用。不是去控制它,而是要操练它,也许要达到它的极限。

这么做的条件是很清楚的。福柯说,我们需要逃离赞成或反对启蒙、赞成或反对现代性的攻讦。如此做的目的主要是,在当今的现实条件下重建启蒙作为精神气质的一些原则。启蒙不是一种教条,而是一种态度,是保持我们运动、为我们的困境寻找出路的意愿(Foucault 1984a)。这种启蒙的特征之一是对启蒙自身的过度关注,启蒙会成为这种态度的目的和手段。

我已经指出,福柯不是一个社会学家,因为他没有关于社会的理论。但是在某种意义上,这样的判断具有误导性,因为它假定社会学思想的任务本身必然导向一种"关于社会的科学"。但是情况并非总是如此,尤其是如果我们不是社会学家而只是关注启蒙问题的社会理论家,则更是如此。如果我们看看社会理论家的典范马克斯·韦伯的作品,很容易发现,即使这一典范也具有启蒙批判的一些面相。不用说,我们在韦伯的作品中看不到明确的或实质性的美学范式。但是无论如何,这种事情就像希望无法被希望的,而韦伯的美学探讨应该留待以后再下判断。无论如何,在文化科学的理念方面,可以说就制度和传统的发展而言,韦伯所指的不仅仅是研究人类。实际上,文化的原则在韦伯的著作中既是手段又是目标。文化产物是和人类有关的,因为它们就像艺术家一样超越了自然的限制。在这种意义上,韦伯的质疑集中于文化启蒙的可能性:它同时关注启蒙批判的理念。

马克斯·韦伯和"人的科学"

如果我们相信为了富有成果地思考当今的启蒙和伦理学问题而仔细考察韦伯并非毫无启发作用,那么我们从一开始就需要确认我们找到了恰当的韦伯。我们所需要的韦伯是关于"人"的科学家而非关于社会的科学家。在如今有关韦伯的洪流般众多的论述中关于这个问题当然有一定程度的共识,但这种共识被人们不断争论的一个问题弄模糊了,即:韦伯的哪些思想来源于新康德主义(参见:Hennis 1988, 1996; Schroeder 1992; Turner 1992)。另外,人人都知道韦伯很少说社会学是一门自主的学科,他更偏爱 Kulturwissenschaften 这个词汇,即文化科学。因此韦伯关注的是"人"的文化方面:也就是说,并非关注某种文化"领域",而只是——也许在受约束的意义上——就其是文化存在而言的"人"(Turner 1992: 43)。

韦伯部分地是作为研究人类事务时强调有意义行动的意义的方法论者被纳入现代社会学中的。那么,如果我们要展示韦伯不是在"社会的科学"这一意义上的社会学家,而是文化科学的推动者和启蒙批判的实践者的话,这就是一个好的起点。

当然,韦伯在其方法论著作中赋予行动阐释很大的重要性。

第5章 质疑启蒙:福柯和韦伯关于真理伦理学的论述

"社会学(按这一高度模糊的词语在此被使用的意义上来说)是关注阐释性理解社会行动的一门科学……我们是就行动着的个体赋予其行为主观含义这一点而言来谈论'行动'的"(Weber 1978,卷1:4)。以这样的论断为基础,牵扯出社会科学中的所有传统和矛盾。比如,杰克·道格拉斯(Jack Douglas)坚持用阐释来反对涂尔干对自杀现象完全的"客观主义"理解。由此推论下去是,人类有意识地做他们所做的事情,所以要理解他们的所作所为我们需要知道他们的含义是什么。但是也许这里存在着对韦伯自己意图的误解。因为以一种奇怪的方式,韦伯的质疑根本没有导向有意义的行动,而是导向他所认为的有意义的行动在西方消亡的原因。换言之,有意义行动的存在并非简单地表现为韦伯一般方法论原则的先决条件,其本身就是社会研究的重要领域。对韦伯而言,有意义的行动暗示与人类中权威和联盟有关的个人要素的存在。而这种个人关系消失和被消除,因此韦伯"陷入沉默"——尽管这是非常有意涵的沉默,这种沉默决定了其社会学的所有特征。德国评论家维尔黑姆·亨尼斯(Wilhelm Hennis)提出,在这种前提条件下,我们应该看到韦伯的社会学具有内在的——如果是富有创造性的——局限。"'他的'社会学的这种局限一直与所涉及的实际内容有关,没有什么'个人'因素可以说明韦伯为什么陷入沉默,以及无法就未完成的意图再深入下去"(Hennis 1988:100)。亨尼斯补充道,"我们常常在韦伯的著作中碰到'伦理中性'(anethisch)这个奇怪的词语——不是非伦理的也不是反伦理的——而是伦理上中性的。对韦伯而言,伦理中性的机制的首要概念是市场。通过利益群集而形成的控制具有伦理中性的特征,也就是说,它不容易受伦理阐释的影响。这种对我们在其中被'置入'伦理阐释的世界的反抗,这种不透明性,是韦伯著作所力图抗争的'命运'"(同前：102)。

我们可以就是否应该在这种意义上把韦伯看作是现代世界的批判者与亨尼斯辩论(Gordon 1987；Turner 1992：47)。讨论这一问题的方式之一是集中关注韦伯著作预言性和划时代的地方。在《新教伦理与资本主义精神》结尾处,韦伯将没有精神的专家和没有心灵的享乐主义者当作现代社会科层制和法理型管理的伦理类型时,我们就体验到前述特征(Weber 1992b：182—183)。这显然并非直接对"人类将变得如何"这一问题进行社会学描述,而更像是一种警告,其存在只是为了避免其发生。在这种意义上,它与马克思主义的预言功能相反,马克思主义的预言是为了事情将来发生。这毕竟就是理想类型特征化的核心：对现实某些方面的夸大。按照特纳的说法,文化科学本质上就是辨正的。我们还可以补充说,其部分本质导致在背景限制下文本中的一种有限度的夸大。这种宏大"夸大"的可能性来源于这样一个事实,即韦伯当然假定人类是伦理的动物。这不是说人类总是而且必然是伦理的,而是说人类是能够从事伦理行为的动物,能够赋予他们在世界中的行为以意义逻辑。

韦伯也关注伦理可能性与能力在现代社会消逝的程度,他还含蓄地致力于为发展进一步的可能与能力创造条件。这就是韦伯著作中体现出来的关于宿命的伟大主题。例如,沃尔福冈·蒙森(Wolfgang Mommsen)指出,韦伯所谓的悲观主义是一种预言式的警告,是针对现状的有意的反乌托邦描述,也许是以另一个时代即将

第5章 质疑启蒙:福柯和韦伯关于真理伦理学的论述

来临为名试图对我们当下的时间概念发挥作用。实际上,韦伯的全部意图就在于激发一些对抗趋势以反对似乎将成为我们宿命的东西:

> 在这方面,韦伯著作中常常可以发现的对西方社会未来的僵化的含糊预言,不一定要理解为对历史特定情况的实质陈述,而应该作为一种预言式的警告,希望以此积聚力量来对抗在当前环境下似乎将成为西方人最大危险的那些东西(Mommsen 1987: 50)。

这种批判主义采取的是什么名义呢?韦伯并不是价值无涉阐释社会学的起点——"奠基人"——而实质上是回溯到亚里士多德的政治话语传统的终结者(Hennis 1988;参见 Weber 1994a: 16)。对马基雅维里、卢梭、托克维尔这些思想家而言,"人的科学"关键不在于建构发挥人的科学最佳功能的条件,也不在于为人类或其他物种寻求幸福,而是决定某种特殊性质的人类类别出现的最佳条件。这里的任务就不是描述道德准则,而是刻画现代生活中特定价值领域中像伦理杰出这类事物出现的条件。韦伯自己对于哪种人比较符合他的胃口是没有什么怀疑的。在这种背景下,亨尼斯注意到韦伯的《文化科学》(*Wissenchafstlebre*)有一个关键段落:"毫无例外,如果有人想对社会关系的秩序进行评估的话,它最终是按照人的类型来加以考察的。这种人的类型通过外在或内在的(动机的)选择为成为控制物种提供了最佳机会"(Hennis 1988: 60;参见 Weber 1949 原始译本:27)。亨尼斯还喜欢引用韦伯 1895 年的就职演说:"当我们考虑我们这一代人身后之事的时候,困扰我们的不是人类将来要享受的福利,而是他们会变成什么样的人。政治经济学所有著作背后所隐含的也正是这样一个问题。我们并不想培育人类的福利,而是培育那些我们将之视为构成人类伟大和高贵特性的特征"(Weber 1994a)。

如果说韦伯到底还是个社会学家,那是由于历史原因。因为国家和个人之社会关系的创造使得这一政治问题更为复杂。到韦伯的时代,自主的政治出现的条件——甚至对少数人而言——已经消逝了。首先,政治生活的协调因素已经不再是国家概念。"在人类发展可能性的背景下,实际上对韦伯而言——在这一意义上他是'社会学家'——存在的是'社会',尤其是其经济形式……国家不再是人性充分发展的关键,卢梭已经对此做了经典刻画"(Hennis 1988:193)。"'实践'、'道德'和'社会'科学的中心点不再是政治共同体——用现代术语说,国家是 *societas perfecta cum imperio*;取而代之出现了理想型的、由原则上自由而平等的人们组成的社会,即 *societas perfecta sine imperio*。'社会',以市场为其社会性的理想类型,权力和影响在其中自由竞争,勾画了人类行动的边界"(同前:108—109)。

对韦伯而言,世界的非透明性意味着,要想确知从科学本身可以获得多少伦理回报,有相当大的困难。个人能从文化科学中期望些什么呢?在"以科学为业"的结尾,韦伯写道,社会科学明显很受限制的目标之一,在于帮助人们获得透明性。这种透明性常常用来意指类似技术可行性或其他的东西,但是,它不仅仅和在给定情境中"最好方法"的技术展示相联系,也与对我们的确信的伦理

第 5 章 质疑启蒙：福柯和韦伯关于真理伦理学的论述

后果给予说明有关。因此"我们可以迫使个人，或者至少我们可以帮助他对自己行为的最终含义给予说明"(Weber 1991a: 152)。换言之，社会科学不仅处理称之为伦理学的有关事务，而且，这些科学本身就是伦理的。这不是指这些科学呼吁这种或那种伦理学的实质形式，而是说它们寻求改变这种科学的实践者和他们有意义行动的关系，试图在不放弃应该"做什么"的蓝图的基础上质疑这些行动。如何比较好地描述一门文化科学的伦理目标呢？这不是要为我们提供一种伦理学，而是迫使我们认识到我们的伦理确信，使我们能够对自身进行说明。

到目前为止我只是刻画了一些感觉，由此韦伯在"有关人的文化科学"[①]的名义下可能脱离社会学事业。我并不认为我能说韦伯采取了这样一种否定性的人类学，而是说他的著作被——主要是像魅力之类的核心概念——对人类创造性的可能性、人类赋予世界意义的能力的伦理关注所激活。如果说主导韦伯著作的价值观的核心是一个伦理概念的话，那就是这种确信。韦伯对这个解魅的世界的再巫魅化绝对没有兴趣，但是他对面临被一系列相互冲突的生活秩序割裂的道德现实建构这种确信的可能性感兴趣。有时韦伯的这种动机被批判为一种对"伟大"的迷狂，但是这种评价对韦伯是不公正的，除非我们大大扩展我们通常对伟大的界定。韦伯的兴趣不仅仅在于对魅力型领导进行评估，他的模型实质上揭示的是：那些政治动物能够在世界中行事、可以对世界行事，而且在这个过程中按照自己的意象塑造世界、根据自己的目标型塑

[①] 原文为 a cultural "science of man"。——译者注

世界。在这种意义上,正如特纳所言,韦伯的政治理念对他希望从总体上对行为进行评估的方式具有示范性。"不是说在政治领域中人类建构且揭示自己的身份,而是说政治家自己屈服的痛苦经验是具有示范性的理想型"(Turner 1992：146)。

在所有地方韦伯都被这个问题所萦绕:在世界具有客观发展趋势的情况下,我们如何能具有信念和个性？至少在政治领域我们可以假定,对于不想只是成为"背离"政治学主要活动的讽刺性存在的任何行为而言,基本的信念是极为重要的要求。韦伯显然并非从本质上反对信念,甚至也不反对策略上无用的信念。霍尼格谢姆(Honigsheim)这样叙述韦伯对反对俾斯麦"愚蠢的语言政策"的波兰人的赞赏:"他们是我们试图掠夺其文化的人,然而他们进行抗争,英勇地,准备慷慨赴死。他热爱他们的这些品质"(Honigsheim 1968：10)。但是,在政治学这一特定领域,矛盾的是,伦理信念并不是传递信念的方式。因为那些支持伦理信念的人不能忍受这个世界的伦理非理性(Weber 1994b：361)。个人多少有点被迫——也许甚至作为一种信念——趋向责任伦理:这种伦理衡量个人行动的后果。但是韦伯关心的不仅仅是在这种感觉中导入理想主义或是勾画实践这种政治学的更"现实主义"或实用主义的方式。他的观点是,政治学的价值领域为那些占据其边界的人赋予了一种责任伦理。政治学最终是部署国家行使合法暴力的手段:"任何使用暴力手段的人,不论出于什么目的——每个政治家都在这样做——都受到其特定后果的控制……那些希望实践政治学的人,尤其是那些希望以政治为业的人,都不得不意识到这些伦理悖论,以及在这些悖论压力下他为成为自己所承担的责任。我

第5章 质疑启蒙:福柯和韦伯关于真理伦理学的论述 223

反复指出,他正被卷入隐藏在所有暴力之中的恶魔般的权力"(同前:364—365)。但是这并不意味着所有的信念都是不可能的。相反,它意味着个人必须按照责任伦理对个人在政治中的信念发挥作用。这就是政治学的悲剧和苦痛:感受到责任的局限。因此,最终我们是否希望对我们的信念采取一种立场取决于我们的判断。"另一方面,当一个全身心感受其行动的真实后果所承载的责任且在责任伦理基础上行事的成熟的人(不论年纪大小)说'我矗立于此,则我别无选择'的时候,是极为感人的",而且最终正是在这个意义上——"信念的伦理学和责任的伦理学并非绝对对立"(同前:367—368)。

因此不能说韦伯的伦理质疑是这一信念问题的核心。世界本身可能是伦理非理性的,或者至少是非确定的。但是人们使得世界是伦理理性的,因为人们用其行动为世界赋予意义。我们可以发现这种视角和目前仍流行的观点相去甚远,那种观点认为韦伯的重要性在于发展了资本主义发展——包括起源——的理想型理论。正是这种观点将《新教伦理与资本主义精神》当作韦伯的名著。实际上,这种观点使事情走向错误方向。韦伯感兴趣的可以称为资本主义的人类学后果。当然,资本主义可能是现代社会最致命的力量,而且韦伯对这一事实的伦理后果感兴趣。然而,韦伯的观点不是说确信的可能性在现代社会被压制。这不仅仅是伦理学如何首先在资本主义然后在科层制下变得不可能的故事。韦伯的观点实际上是说,现代资本主义世界催生了一种伦理冲动,它促进了产生信念伦理的需求,同时,几乎出于同样的动力,它又阻碍了这样一种需求(参见 Turner 1992: 173)。

对韦伯来说,加尔文主义者是现代信念伦理的起源。加尔文主义者的重要性在于,他们创造了"职业"的现代形式:那就是,他们把职业的概念——天职和世俗活动联系在一起。对加尔文来说,天职本质上是禁欲的,与人的自然倾向和特征相对立。"职业是上帝为任命我们而设置的职责和岗位,可不是为了我们的享乐。它是作为我们唯一的精神希望和目的而承担的特殊负担,而不是为了个人的实现"(Goldman 1998:39)。但是加尔文主义的天职不是我们必须服从的被动的宿命,相反,它为服务于某种更高的善提供条件(Goldman 1998:45)。

对韦伯而言,这种天职观是促使现代资本主义发展的"态度"和精神气质的核心。如今不再需要这样的天职。韦伯不是一个极端的理想主义者,以至于相信如果没有天职来激发人类的话资本主义就会土崩瓦解。实际上,马克思所描述的经济生活的惰性压制(dull compulsion)完全能够使我们局限于日常行为。但是韦伯说,天职中的义务观仍然"像以往宗教信仰的幽灵一样"萦绕在我们的生活中(Weber 1992b:182)。在某些特定背景下我们可能会发现它的复苏,但更多的时候它只是一个幽灵。不只是通过禁欲承诺为我们的生活赋予意义,更常见的情况是退缩回主观主义——韦伯将之视为理性化本身的必然结果和反应。"确切地说,最终且最崇高的价值观从公共社会中退缩回神秘世界的先验领域或是直接的人际关系的兄弟情谊之中"(Weber 1991b:155)。但是事情并未到此结束,尽管韦伯自己明确表示他所做的只是纯粹的"历史"探讨,并未设想要用这些判断来干涉什么。因为韦伯的意思确实就是说我们必须用恰当的武器来应对资本主义精神,这不

第5章 质疑启蒙:福柯和韦伯关于真理伦理学的论述

是一种私人化的主体主义,而是确信或禁欲主义的一种形式。韦伯的著作围绕着对这样一种禁欲确信的质疑而展开:"因为有关自我和世界的这种实事求是的透明性,导向此时此地的禁欲主义比导向世界的和神秘化的替代形式更能产生与既存秩序相协调的生活方式"(Scaff 1989:170)。

这并不是说韦伯的社会学应该被看成与如今相当流行的自我社会学和自我哲学有任何遥远的关系。对韦伯而言,自我是与我们的确信斗争的疆域,但是它本身又不是这种分析的结局。完整自我和实现了的自我的观念完全不同于韦伯的关注点,而且他对立于关于修养(Bildung[①])的浪漫主义理论家(Turner 1992:36—40)。伦理学并非来源于自我。实际上,如果说它确实来源于某物的话,它来源于其他的地方。正是我们的伦理学把我们和关于自我的特殊意象联系起来。现代伦理学将我们的确信观念和自我联系起来。因此,韦伯常常诉诸于内向性语言,这同时也是对心理学语言的冲击。按通常的说法,韦伯对自我并不感兴趣,而是对与它正相反的东西感兴趣:个性。正是从这里,韦伯那些关注在任何特定生活秩序内产生个性的可能性的条件,而不是关心一般个人的著作中,关于高贵的主题得以浮现。韦伯沉迷于培养高贵所需的"内在距离"(Owen 1991;Schroeder 1991;参见 Weber 1991c:393),这

[①] 所谓修养(Bildung),是新人文主义的一个核心概念,指一种道德和人格上的境界。洪堡从新人文主义出发,认为修养,或者说通识性的修养(allgemeine Bildung)是个性全面发展的结果,是人作为人应具有的素质,它与专门的能力和技艺无关。相反,任何专业性、实用性学习会使人偏离通向修养的正途。惟有探求纯科学的活动是达至修养的不二法门。洪堡说,纯科学是用于"精神和道德修养……天然合适的材料"。——译者注(见陈洪捷,"洪堡的大学思想",《中国大学教学》2003年第6期)

也意味着判断所需要的距离。而且,韦伯的思想都关注尼采式的要求,即,在一个困难的民主时代播种判断的种子。这一点如果不能说比福柯的思想表现得更为明显,至少也应该说是差不多的(Hennis 1988:188;Hennis 1991)。

所以,如果韦伯的伦理学理念与个人对自己的义务有关,这并非预先假定它关注的是类似于如今时髦的某种关于自我的社会学。事实上,对韦伯的重要运用之一就在于,他使我们能够利用透明性和良心的安逸来绕过这些问题。建构释放关于自我的条件,是韦伯伦理质疑的一个关键方面。亨尼斯把这看作是对"自我保存"的"奉献"的典型的韦伯式认定(Hennis 1988:197)。我们几乎不需要引用韦伯"以科学为业"中的那些呼吁对现世工作投入精神而非依赖于浪漫主义和自我沉醉的著名段落。"女士们先生们,在科学领域只有那些单纯地献身于现世工作的人才有其'个性'"(Weber 1991a)。个性这一概念更多地具有一种迥异于任何心理学概念的知识分子感伤,这是一种混合着有意的亲近的距离。

事实上,韦伯时常激发一些明显地反心理学的心理学概念。但是个性指的是逃离了自我的人。如果说韦伯的伦理学明显是——至少按照亨尼斯勾勒的线索——亚里士多德式的,那么他的个性概念可以被描述为康德式的。对康德和韦伯来说,自由通过不依赖外部制约或内在影响或情感被界定。有个性的人不是因为他行动时不考虑价值观而自由,而是因为他出于自己的选择而自由地使自己服从价值观(Goldman 1988:142—143)。在《实践理性批判》(*Critique of Practical Reason*)中,康德就义务规则谈到如下观点:"它可以是完全的个性,比如说,源于完整本质的自由和独立。同时被当作存在的一种能力,这种存在的特殊性名义上是由其特有理性赋予的纯粹的实践法规"(引自同前:121)。伦理个性和自我没有任何关系,而且被置于与它对立的位置(参见 Schroeder 1991)。

除去仅仅像其他人那样展示区分韦伯的文化科学理念和社会科学观念的距离之外,我们还能做些什么呢?对这一问题的反应应该有助于表明,韦伯的著作实际上应该被当作启蒙批判分析范式。

正如少数人所提出的,韦伯发现,在某种程度上,跨越现在的各种理智形式隐含于道德和身份问题之中。他还发现,当我们认识到我们不能回到或回避启蒙理性,而且这种理智本身不可能导出对世界的任何伦理解答,我们如何生存。进而,韦伯将其文化科学完全建立在那个问题之上。主张韦伯是以对世界的单纯理性化概念为核心的哲学社会学的推动者,这当然是有误导性的。换言之,他的反启蒙只是一种姿态。韦伯的理性化概念并未采取理性过程和人类的主体能力之间的辩正形式。韦伯的观点非常特殊,即,理性化对人性的伦理主体性没有影响。如果我们认为它有影响,那是在欺骗自己。因此,正如我们所看到的,与其追逐新来者的狂想,不如追逐韦伯在追求超越科学之外的某物——个性确信——时所提出的更全面的主体性。在这种背景下,斯卡福说韦伯的工作是寻求逃离——用福柯的话说是启蒙——主体主义文化诱惑之困境的禁欲方式,那是对的。

韦伯的例子也可以帮助我们避免伦理学和政治学的任何轻易联系。评论家要试图说明韦伯的政治意图是很困难的。对有些人来说,他是极权主义的先驱,对另一些人来说他是自由主义进步论者,对另一些人来说他则是绝望的自由主义者。可以肯定的一件事是,对韦伯来说,政治启蒙如特纳所言,直接说来是一种苦痛而非事业。他并非绝望的自由主义者,而是意志伦理学的推动者,是比较奇怪或特殊的自由主义。亨尼斯写道"如果韦伯是自由主义者,那么他的自由主义是一种奇怪的非常特殊的自由主义。如果我们不得不给它个标签的话,我们可以说它是唯意志论自由主义,更恰当的说法也许应该是与自由紧密联系的自由主义唯意志论"(Hennis 1988:186)。对亨尼斯来说这种唯意志论的特征是对时间的特定态度,这种态度完全符合启蒙批判,它可以被描述为对轻松的改良主义进步模式的一种伦理反应:"韦伯对时间绝对没有信心,我们可以依赖的只不过是人们的意志"(Hennis 1988:185)。韦伯反对马克思主义将赌注押在时间上,也反对自由主义者信奉的"进步"逻辑,他认为一切都取决于我们自己来创造我们自由的条件。以俄罗斯革命为背景,韦伯写道"一个国家的确定意志不会像羊群一样被治理"(Weber 1994c:69)。不论他关注什么,韦伯的文化任务实际上是去探寻这种意志的可复兴性的证据。

韦伯和福柯作为启蒙批判者

我们很难说韦伯的著作像福柯一样集中于对否定性启蒙的质疑。不像福柯拒绝启蒙的任何特定内容,韦伯关于德国身份、德国等还是有一些特定的——而且常常是相当不愉快的——内容要说(例如 Weber 1994a:15)。韦伯的作品具有启蒙批判的特点,常常

第5章 质疑启蒙：福柯和韦伯关于真理伦理学的论述

关注对当今时代奇特之处的诊断，关注发现从这种现实中"跳出"或前行的办法，这种关注如今可能具有特殊含义，它作为一种武器来应对对这种跳出可能涉及的内容的浪漫理解。

回到本章开始的主题，没有一个心智正常的人会愉快地指出韦伯的著作在直接或间接意义上倾向于成为一种美学教育理想。正相反，正如我在第四章所指出的，对于任何要对道德生活进行审美化的企图，韦伯都是持批判态度的。但是韦伯把"人"作为文化存在的理想在某种意义上是一种美学观念，虽然它和美学教育的席勒模式关系不大（参见 Turner 1992：47—50）。而且，他的文化科学是伦理性的而非仅仅规范性的，这也将其著作置于旨在改变个人对自己行动的概念、改变个人透明性和个性方面的兴趣的美学教育的系谱学之中。韦伯坚持认为文化科学不能直接勾画道德准则的价值观，而且他对于科学为行动提供信息的权力方面有所保留，这些使得他至少是那些支持存在美学理念的人们的盟友和典范。事实上，对韦伯的研究本身显示了这一点。这不是说韦伯是席勒意义上的一个全面的人，而是说他是那样一种人，尽管"内心毫无艺术气质"，但却学习去在巨大的压力下把生活的方方面面整合起来，按禁欲的方式形成风格（参见 Green 1974：145）。

那么，我们可以毫无疑义地说，韦伯个人的例子就具有审美价值，韦伯的生活就是一种知识分子的美学存在方式。这可能依然是社会科学的示范性价值——确实，看看那些学科建构它们知识遗产的方式，很明显是这样。钻研韦伯的著作本身就是一种判断操练，它并非在使我们成为全面完整的人方面而是在追问如今人之为人的确切含义时具有美学价值，这就像韦伯坚决坚持社会科学应该是关注人类"质量"的文化科学一样。这些与在福柯作品中可以发现的内容一样都具有同样的美学"效果"(Owen 1995;参见 Gordon 1987)。这种效果与社会科学和社会理论显然被假定应促进的实证主义"结果"相去甚远,正如它与立基于某种美学主观体验的确定类别的各种美学教育相去甚远一样。去主体化的社会理论并不炫耀其"美学"特征,事实上,如果这样做将会失败。然而,福柯或韦伯那样的社会理论形式可以被当作美学教育合适的替代形式:也就是说,作为转型的工具,激发思想、催化判断,对启蒙的内在困难有示范作用。

最后,我并不是要说韦伯和福柯之间有很多实质性的或实证性的相似之处(参见 Owen 1994)。这不是要在两个完全不同的思想家之间寻找那些令人尴尬的同化现象的问题,也不是要把两者当作同样重要的人——韦伯显然已经或将要作为比福柯更为伟大的知识分子进入历史。也许他们之间确实有类似之处,但那并不是观点、方法或结果的相似——甚至也不在于他们都是尼采主义者——而是范围的类似。福柯质疑的是自由,而韦伯关注的是确信问题。但是他们用非常不同的方式同时采纳了"现实科学"的视角,该视角致力于凸现在多大程度上人类是文化存在物,致力于指出在多大程度上人们更主要地是作为文化存在物而存在的。二者的著作都集中于人类学及伦理学质疑。这样做的时候,他们都有效地消除了一系列二元区分:支持或反对启蒙、赞成或批判理性,或者用今天的话来说,承认或否认现代性或后现代性。如果说方式有所不同,两人都是主要关注知识分子天职的本质和功能的学者,也就是关注启蒙伦理学的问题。他们都很杰出,甚至具有一种

第5章 质疑启蒙：福柯和韦伯关于真理伦理学的论述

"预言的"意义。他们也许不能称为圣人或艺术家，但是在尼采的肯定意义上他们当然是"哲学家"（Nietzsche 1983b：159）。但这是否意味着启蒙批判和对"人"的文化方面的调和只有通过这种大声的预言式的模式才能进行？下一章认为情况并非如此。我们在下一章将考察启蒙的日常主体——知识分子——的一些模式。

第6章 启蒙主体:知识分子颂

以启蒙为业——知识分子现代性——真理和时间——英国理智主义——道德主义者和历史学家——经验主义赞——判断——知识分子启蒙——杂货商和知识分子——大学

福柯和韦伯是用特殊方式风格化真理和批判主义关系的知识分子,以至于如今他们可以说主要不是代表历史人物,而是提到这些风格就必然会提及的名字。显然,我选择这两个人作为对启蒙问题特殊态度的范例并无任何突出的重要性,我完全可以选择其他的例子。我这里希望强调的其实并非对这个或那个思想家的特定推崇,而是风格化活动这一事实的重要性。实际上,这些活动是各种知识分子启蒙形式的核心。我认为,这种认识非常有助于使众多知识分子关注的问题——什么是知识分子?——复杂化。正是对这个问题的深思构成了本章的内容。我将回顾思考知识分子问题的一些方式,探讨将英国知识分子作为检验案例这一明显不太可行的想法,然后对知识分子的功能及其在大学中的角色进行简单的评述。

以启蒙为业

启蒙运动是——也许首先是——知识分子运动,其得以发生的条件是18世纪文化总体上的世俗化过程。比如在18世纪初期,法国作家中压倒多数是神职人员,到大革命时期,这个数字下降到大约20%(《大百科全书》只有5%投稿者是神职人员)。图书出版总数大幅提高,其中独立作者如雨后春笋般增长。因此到1757年,法国大约有1000个人每人至少出版了一本书。到大革命时期,这个数字上升到至少3000(Darnton 1987:266;引自 Heilbron 1955:60—61)。

毫无疑问,这些作家视他们自己为启蒙的主体:在一个未启蒙世界中与理性相连的声音。没有知识分子,就没有启蒙。但是用启蒙名义发言的是哪种权威呢?那些自启蒙时代开始就力图让理性发出声音的人们的宿命是什么呢?在这些问题上,当代研究知识分子的社会学家倾向于走向非常不同的方向。例如,齐格蒙特·鲍曼认为,知识分子的启蒙功能——理性的"立法者"——在目前这一后现代时期经历了一个倒退。知识分子曾经是政治理性的体现:思想家和立法者(参见 Gella 1976)。现在这个梦想实现了,知识分子没有什么权力了,没有人会想到为了启蒙和立法而转向他们,他们的功能最多只是多样化的后基础主义世界中各种各样的话语之间的沟通(Bauman 1987;Bauman 1992a:1—25)。与此相反,古尔德纳不久前预测说西方世界将由知识分子控制,他们形成了"新的阶级",准备掌握权力。古尔德纳的观点对马克思主义正统观念进行了顽童式的扭曲:"奴隶并没有战胜主人,平民并没有征服贵族,农奴没有推翻领主,学徒也没有斗赢行会首领。低等阶级从未获得权力。即使如今他们也没有像人们认为的那样掌握权力"(Gouldner 1979: 93)。相反,一个"有裂缝的阶级"——它有裂缝是因为它将自己划分为技术精英和实质的知识分子两部分——受到理性的"详细阐述的"沟通规范意识形态以及建构它自身或多或少永恒的再生产条件的意愿的驱使,似乎要去获得权力了。事实上,这是新型的具有文化资本的精英。

这两种描述并不像看起来那样矛盾。其分歧首先来源于关于知识分子是什么的界定问题,也就是说,我们是采取一个宽泛的还是局限的定义。在古尔德纳看来,批判型知识分子来源于技术精英(工程师、官僚等),另外,他们或多或少与社会现状有点隔阂。这样的一些知识分子很难符合他们自己的启蒙模式,鲍曼称之为"劝诱改宗权力"。他们可能形成统治阶级,也就是说,他们的阶级利益在针对各种资源所进行的争斗中占优先地位。但是,他们不会统治,而且也并不一定会立法。换言之,如果我们假定知识分子就是有很多想法并试图立法的人们,而且认为他们是由技术官僚知识精英占主导地位的更宽泛的"新阶级"的一个部分的话,我们就可能同时持鲍曼和古尔德纳两人的主张。官僚们可能依然把持着权力,但是批判型知识分子不得不满足于只是阐释和批判。

也许更充分的反应应该是指出鲍曼和古尔德纳论述中的局限,而不是他们隐含的相似或差异。古尔德纳当然有点过高地估计了知识分子阶级的雄心。事实上,他没有告诉我们为什么这样一个阶级会想要去攫取权力或立法,而不仅仅是维持一种含糊的文化霸权。对鲍曼来说,他显然过高估计了知识分子的启蒙角色,似乎那种启蒙模式曾产生了一种与批判功能相对的"立法"功能。也许我们在此可以借用一下古尔德纳自己的观点。对古尔德纳来说,相对于技术精英而言,人文主义知识分子的特点在于他们有志于批判功能而非立法功能。激发知识分子的是他们的"批判话语文化",这种文化中"没有什么是言说者原则上会永远拒绝探讨或质疑的。事实上,他们甚至愿意探讨谈话本身的价值以及它相对于沉默或实践的不足"(Gouldner 1979: 28)。甚至经典的知识精英启蒙模式也更多地具有这种批判功能而非立法梦想。知识分子并非在那立法,而是去启蒙——去批判,去寻找办法。

知识分子现代性

考虑到知识分子职业——或至少是人文主义知识分子职业——的这种相当否定性的批判特征,如果说社会科学很难产生出一种"实证的"——描述性的、功能的——知识分子理论,就没什么好奇怪的了。这种困难的特征之一看上去来源于一个假定,即,知识分子的自主性来源于如下事实:尽管他们是某个领域的专家,但他们倾向于成为一种超越他们特殊专业的权威。事实上,这样一种"剩余物"正是知识分子权威的特征和定义。让-保罗·萨特(1974)曾经写道,知识分子是怪物。这意味着我们无法用功能主义术语或仅仅根据知识分子实际所做的特定内容,比如说根据某种特定专业的内容,或根据某种形态学术语(他们"领域"的功能等等)来轻易界定知识分子。相反,知识分子的主要功能是削弱知识分子可能具有的任何功能,这甚至可能导致用理性意识对抗理性本身——这在任何情况下都可能成为知识分子启蒙的实质。

作为一种社会学类别,知识分子这一概念弹性太大,因此可能无法操作。对这一类别的批判可能至少有助于揭示,最终所要求的并不像知识分子的伦理界定那么正式。为达到这个目的,我们可以将包容性的理论与多少有些排斥性的理论进行对比。杰克·古迪(Jack Goody)的著作可以被看作是包容性理论的一个好例子。对部落社会的大多数方面进行研究后,古迪指出知识分子这一类别应该包括魔术师、巫师、圣人以及有特殊途径达到神圣的人。古迪说"人们的一个基本错误认识是,设想存在一些地方,对创造性知识活动乃至知识分子的没有任何界定"(Goody 1977: 35)。他的"知识分子"指的是投身于"创造性地挖掘文化"的人(同前:20)。这也许对我们目前的知识分子概念也是一个线索。对古迪来说,知识分子从概念上看就是创造性的,他们是神圣世界的中介。古迪的观点是说,在部落社会,这种合成并不像在现代西方文化中那样传递这样一种可见的个人印记,所有这些部落社会确实有类似于创造文化形式的现代知识分子那样的创造性人物,但是因为这些大多是口述社会,"个人署名总是被抹去了"(同前:27)。对古迪来说,在大约所有社会都开始有知识分子的时候,知识分子类别可以被描述为多少是无所不包的。然而,根据他们在特定社会的地位,它就不是无所不包的了。显然,对古迪这样的人而言,尽管我们能够将"知识分子"的标签贴在社会中很宽泛的一系列角色上,这一类别还是有限制的,因为知识分子在某种程度上孤立于社会的其他部分,而知识分子的范式性意象也许只是关于具有创造性的外在者甚至傻瓜的意象。

另一种不同的包容主义视角可以与安东尼奥·葛兰西这样的马克思主义者联系起来。知识分子应该被归类为独立的阶级还是从属于其他阶级？因为一方面，有一些有组织的知识分子，那些人依附于他们最初的阶级出身。而另一方面，也有一些寻求以作为纯粹客观知识分子为职业的那些知识分子（他们常常成为国家工作人员）。更糟糕的是，我们没办法说清楚理智主义从何开始从何结束。"这意味着，尽管人们可以谈论知识分子，却不能谈论非知识分子，因为非知识分子并不存在"（Gramsci 1971：9）。对葛兰西来说，每个人都是知识分子，但有些人比其他人更有知识一些。马克思主义者尤其对此感到困难，并不是因为他们自己比其他人更多受到知识限制，而是因为通过他们所下的定义，物质基础和精神上层建筑之间的关系问题很显然是他们的关注中心。因为文化再生产显然有精神层面，或至少是有非明显物质的层面，这对文化的自我更新而言和物质因素一样是根本性的（Godelier 1986）。

但是在哪一点上这种"精神"的东西实际上成为"知识的"呢？一个答案来自那些采用更排斥性视角的人们，他们认为理智主义不仅仅是一种心灵态度，它依赖——虽然很难简化为——对特殊资源和技术的运用。但是，我们怎么能够为这种排斥性设定边界呢？也许我们所寻求的关键在于学术问题。魔术师、牧师等人可能是古迪所说的知识分子，但是他们并不写东西——因此关于他们独特性的记忆很快消逝。另一方面，学术型知识分子首先依赖一种特殊"技术"的存在：书写记录（Ong 1982）。根据这些脉络来界定，知识分子应该是通过特殊写作方式实践学术的人。这一"技术性"界定有其用处恰恰是因为,从宏大历史的观点来看,历史上只有少数社会我们能确切指出其存在学者阶级。至少是从社会学文献上看,前资本主义最明显的例子应该是帝国时代中国的社会分层,即韦伯所知的儒家文人(Weber 1962)。文人的地位并非来源于影响、财富或血统,而是来源于他们的文化资格。事实上,韦伯声称中国1200年来将文化教育作为社会声望的标准,这是独一无二的,它比文艺复兴时期的欧洲或19世纪晚期的德国更突出(Weber 1962:107)。那么,这里就有一个与学术的现代含义一致的知识分子阶级:也就是说,因为自己本身的原因投身于类似学术这样的东西。因此,韦伯对文人进行的另一个不太常见的特征归纳是"绅士",这一归纳使我们注意到,对文人而言,学术不仅仅是获得纯粹的技术专门知识或当官的手段,它更是一种生活方式,它本身就是目的(同前:131—133)。

但是,我们仍然不能因此就简单地以依附于学术价值观为基础来界定知识分子。原因很简单,就是因为理智主义本身是个相对主义的类别。按照在中国社会中与其他阶层的关系,文人很显然可以界定为知识分子。但是换到其他地方,比如说19世纪的英格兰(19世纪中期后,英国也产生了一种以绅士学者为基础的官员模式,当然方式可能不同),他们可能看起来——与其他阶层相比,他们由"识字的人"组成——更不像独立的知识分子,而更像只是一些普通的官僚或过度教育的官员。

如果说关于知识分子的实证理论必然倾向于并不指出,关于知识分子理念什么是其独特的"现代"意义,这是因为,对大多数人而言,他们并不考虑自启蒙时期以来理智主义精神气质中的批判面相,这是不论采取哪种知识分子界定都要建构进去的一种批判状况。对知识分子进行研究的人一般要么关注特定知识分子阶层的社会归属和利益,要么关注勾画他们理念中不断变化的内容。这种视角并非不重要。比如说,存在这样一个事实:西方自由主义社会比历史上任何其他已知的社会类型产生了更多可能适应知识分子生活的人。大众教育的增长,大学教育机会的扩张,甚至一些低报酬工作在某种程度上对知识分子的需求也在增加,这些都是原因。如果是这样,像我们这样的社会总是存在过度生产潜在知识分子的风险。因此,强调知识分子生活中的异化因素的文献非常多。比如说,布迪厄主要用知识社会特定部门及学生的异化——"阶级下沉"——来解释1968年的五月风暴。

这样一些研究极有价值。但是,当其关注集中于整个知识分子领域时,这些研究倾向于将知识分子生活的环境直接简化为个人竞争或是非常狭隘的"文凭政治"。这些分析探讨了知识分子场域的状况,而没有过多提到将理智主义理性作为一种文化权力。为了做到这样,我们不得不放弃对该领域的整体性关注,而只关注稀有的智力贵族性,关注知识分子"大众"所竞相获得的智力贵族性的文化精神气质。这个知识分子"大众"应该不仅仅包括"学术界",即那些有地位有工作的人,还应该包括一些——根据萨特的说法——"怪物",即那些自由作家或艺术工作者以及著名教授,那些超越自己阶级并在某些方面最能体现作为批判理想的理智主义理想的人,以及那些融于其中的人。

批判的启蒙知识分子不仅仅是经营理念的人,或者是获得了特定层次学术水平的人,而是反思、探求、思考的人,是培育了独特的成为其他人典范的整个思想美学的人。这至少是我们日常谈论"知识分子是什么"时的部分考虑。这种"思考者"的独特性甚至隐含在知识社会学的很多内容之中。因此,现代社会学家努力区分"专家"(与"知识专业"有关的人)和上述思想家。但是"思想家"是不是就是投身于"知识专业"的人呢?或者说,这样一个人是不是只能归为我们所说的小得多的"高级知识精英"群体呢(Gella 1976;参见 Gouldner 1979;参见 Debray 1981:22—23, 32; Eyerman 1994)?似乎思想活动越成为普通人日常生活的一部分,将某些确实进行思考、培育具有展示作用的思想美学的高级知识精英与其他人区别开来的要求就越强烈。

也许迄今为止这些听起来都是否定性的特征。它使得知识分子似乎非常自命不凡、自以为重要、似乎是天生的贵人,过于关心他们自己的地位。但是我认为这样一种判断可能是误导,不是因为它一定不对,而是因为有其他更充足的原因来解释——它应该和知识分子观念的所有辩护联系起来考虑——为什么知识分子会对他们自己存在的状态如此痴迷。这是因为很可能知识分子就是那些其存在天生就必然可质疑的人。

科学家采取一种科学的精神气质,行为专家帮助他们的服务对象建构他们自己的真理,知识分子则纠缠于真理问题。人们认为知识分子常常会体验的异化和疏离感常常导致知识分子对他们的信念进行戏剧化,甚至对之浪漫化。这是知识分子作为世界阐释者的意象,立刻使神圣脱离巫魅,而根据他们的自我意象来再造世界意象。在一个完全理性化的世界,只有知识分子——知识分子们这么说——能拯救我们:

第6章 启蒙主体:知识分子颂

知识分子寻求的拯救总是立基于内在需求,因此它立刻就是远离生活的,它比那些来自外部困扰的拯救更理论化、系统化,那些对外部困扰的拯救一般来自非特权阶层的需求。知识分子力图用不同的方式赋予其生命以普遍意义,并因此发现其内心、与其他人、与宇宙的统一。正是知识分子才将"世界"作为意义问题来思考。当理智主义压制对神秘之物的信念时,世界的过程变得去巫魅化了,失去了其神圣意义,因此只是"是"和"发生",而不再代表什么(Weber 1978 卷1: 506)。

韦伯在这里并没有考虑现代知识分子问题,但这种展示有助于表明总是有类似于理智主义伦理学的"存在"面相的东西。韦伯并非任何哲学意义上的存在主义者,但是对他来说——从社会学意义上说——存在对知识分子来说只是一个建构问题:对知识分子来说,他们自己存在的意义常常倾向于将之作为一个"问题"提出,也就是说,作为一个界定的苦难提出(参见 Brubaker 1984: 100)。

因此,现代社会最著名的知识分子精神气质——也许甚至是这种现代理智主义的核心例子——是实际上被称为存在主义的那种哲学的精神,这就没什么好奇怪的了(见 Boschetti 1989;Eyerman 1994: 173—175)。出现这种情况有非常直接的原因。存在主义批判社会学,如果它将自己命名为启蒙批判,就会成为关注教育扩张等问题的一种因果分析的一部分。但它还是不得不揭示存在主义和更普遍的理智主义意识形态——包括所有试图成为纯粹理智主义的那些思想——之间的选择性亲和。在所有理智主义的中心都存在着矛盾。毫无疑问,还有一种恐惧,担心理智主义作为一种纯粹力量几乎是完全无用的,甚至是放任的。因此,萨特的整个伦理计划是:消灭中产阶级。但是,存在主义对于这样一种激情而言也是绝对适当的一种哲学——想想它"存在先于本质"的口号——它对人类的创造性权力是如此地重视。"人就简单地是。不是说他只是他们认为自己所是的东西,而是说他是他所希望的东西,而且他在已经存在之后才设想自己——正如他希望追逐朝向存在的跳越。人除了自己所创造的自己,别无所是"(Sartre 1948: 28)。

存在主义知识分子当然只是人类作为创造性存在之梦的典型,而且人的"绝望"只是知识分子绝望的普遍化。因此,萨特自己沉迷于建构出知识分子适当角色的思考形象,也就没什么好奇怪的了(Khilnani 1993)。最近的版本之一使得知识分子成为总体的现代责任的范例。知识分子只不过是知识技术人员,他转身攻击被灌输的意识形态,开始干预与他无关的事情,变得怪异,致力于歪曲民意(Sartre 1974: 231—246)。因此知识分子是一个矛盾,他们生于意识形态而又要完全为自己的命运负责;是善的象征,却因为世界的状况而感觉罪恶。也许萨特立场的主要局限在于他将丑陋和政治领域联系得太紧密了,非常狭隘。对他来说,似乎伪知识分子就是那些没有投身于特定政治斗争的人。然而,还有其他一些办法可以将个人变成怪物。暂时——因为很重要的原因——停留在法国背景下,比如,我们可以注意到,福柯就是通过驳斥改良计划来实现上述目的的,这种改良计划是萨特之类人所持观点的核心。这两个人的区别既在于真理美学层面——通过这种方式个人及他人与真理的关系得以体现——也在于他们是介入的还是非介入的,是政治的还是非政治的。

知识分子美学的法国模式并非总是过于精致。萨特只是过着一种知识分子生活,他从不在家庭,也从不能确切地说就是在工作。每个人都知道这种陈词滥调。萨特创造了一种与萨特这一恰当的名字无法分割的精神气质——坐在咖啡厅,抽着香烟,过着比较复杂的个人生活,参加游行并被捕——这种精神气质更多地是由环境而非选择所决定的。然而,另一方面,对福柯而言,知识分子角色似乎只是寻找一种作为生活方式的"真实的"有关存在的批判方式。在某种比较严格的意义上,福柯也是一个存在主义者,如果说他显然对立于萨特的存在主义。也许福柯的长处在于他认识到对他来说,理智主义的存在面向当然是一个存在的特定风格化的问题,至少在他晚期关于主体的著作中是如此表现的。在那些著作中,他开始尝试着将自己界定为一个知识分子:也就是说,马上认识到知识分子角色及其局限(Gordon 1986b)。对福柯而言,知识分子不应该是可以规划整个世界观的萨特式先知。但是,那种已获公众认同的"特定"知识分子观念也并不太符合福柯的看法。这种观念比较狭窄,强调专门知识,这是有问题的,因为福柯当然和萨特一样也非常希望完全捕捉到一种知性的精神气质。他想寻找一种在真理中批判地生活的方式,那种真理不是知识预言的一种形式,而是对个人存在环境的持续批判。因为这样一种在真理中的生活方式从来不是最终形式而总是有条件的,个人需要一种知识伦理,它不同于突然的意识形态化的"转换"(Foucault 1994 卷

4:675)。因此,使福柯的知识态度变得惹人注目的不是他所说的内容,而首先是其与真理的特定关系。我们可以说它是对"对真理的批判态度"的持续质疑,而不是一种实证的"真理分析"(Rajchman 1991: 126)。但是,和真理的这种关系不仅仅是"认知的"或知识性的——作为一种启蒙职业,它像萨特一样完全是存在主义的,即使其形式并非总像萨特意义上那样是狭义的"政治的"。

真理和时间

到现在为止的反思应该很清楚地显示,我所主张的是,至少,不考虑启蒙理智主义的做法遵照的是理性主义模式,也就是说,直接用理性化、立法等类似范畴来表述。在某种意义上,所有的知识分子——甚至"不理性"的那些——都试图对世界进行理性化,因为他们的目的是为世界赋予意义,即使那种意义本身有时离虚无主义不太远。但在每个例子中,这种理性化都远非采取一种正式的方式,而是以个人方式体现在知识分子的惯习(habitus)和精神气质中了。这意味着将知识分子作为永恒立法者的观念甚至夸大了关于启蒙知识分子理想的现实。

考虑知识分子启蒙更好的一个方式是根据知识分子寻求为运用时间的不同风格发出声音的方式。也许,它依据的是一种时间伦理学。对尼采而言,知识分子的功能就在于非时间性,违背当下时间而行事。另一方面,对于像萨特这样的人来说,在理智主义的法国模式的限制下行事时,知识分子的目的是要在即将来临的时间的名义下行事。这种法国模式非常依赖于特定的斗争性的知识分子身份认同概念。法国知识分子——不论福柯,萨特,还是其他什么人——总是为真理和进步而不是已确立的权力而发言。这就是理智主义的德雷福斯(Dreyfusard[①])或控诉(j'accuse[②])模式(Sartre 1974:230; Khinani 1993:11; Macey 1995:6)。很显然有理由说这种模式与法国的天主教传统有很大的关系。这种德雷福斯派知识分子模式是反天主教人士的模式,或者至少是那些不管国家或宗教缘由只为真理而言的批判型人物的模式(Coser 1965:215—225)。非常明显,反教权主义是推动理智主义的决定性力量,它不仅鼓励理论家的道德发展,还为界定知识分子力量边界提供基础,这种边界是知识分子为了拓展其职业边界而倾向于反对的。换言之,天主教教义——作为一种宗教"教条"——促进了学术理想,同时也促进了知识分子理想。在拒绝赋予这种知识分子理想过高自主性的同时,它就为批判的反教权主义知识分子的出现创造了条件。

---

① 1894年法军总参谋部上尉德雷福斯被法国军事法庭以泄密罪论处。一年后事实却证明德雷福斯根本无罪。然而,法国军方却用尽各种手段,掩盖真相,伪造证据,拒不纠错。这时,法国著名作家左拉通过舆论,连续发表《告青年书》、《告法国书》、《我控诉!》,揭露事件真相,控诉法国军方和整个司法制度,直到1906年,蒙冤12年的德雷福斯得到昭雪。从此,"德雷福斯事件"永远留在了法国人权史上。——译者注(见子曰,"舆论监督的力量",《南方都市报》2003年1月2日)

② 以1898年1月13日左拉在《震旦报》上发表《我控诉》为标志的德雷福斯事件,法国的一大批杰出思想家、作家、学者,如法朗士、克雷孟梭、普鲁斯特、饶勒斯等投入到为纠正德雷福斯上尉的冤案中,经过12年的奋斗,德雷福斯派最终获得胜利。这次事件产生了"知识分子"概念,并且如美国社会学家刘易斯·科塞所言,它激活了法国的国家生活,让人们再次惊醒:一个为了掩盖真相而故意制造冤案的政府是不值得信任的,它成为法国现代历史的起点。——译者注(见萧瀚,"冤案与公共议论",中评网,每日评论2003年第90期)

法国知识分子对有关时间的天主教传统看法不感兴趣,也不简单地赞成轻率的自由主义进步观。实际上,它关心的是运用时间的问题,甚至在某种未来时间的名义下引起当下的不安。正如萨特所说,对知识分子而言,人类是存在,但又是即将来临的(Sartre 1974: 253)。那么,在法国,就出现了一种特殊的理智主义,以对当前的某种抵抗为特征,它甚至可以看作是天主教世界观的颠倒。它与德国对理智主义和时间关系的看法相反。德国的时间伦理学——如果我们被允许对这些问题冠以相当粗糙的名称的话——并不像这样被作为一种对未来的理性计划而对抗现在。在德国,理智主义更多地通过其与萨特而非宗教的关系而被界定。《德意志意识形态》很好地树立了这种观点。德国人在政治方面不那么跟得上潮流,就在意识形态方面力图跟上潮流。在德国,知识分子是有很多理念的人,他关心的不是物质现实而是哲学,只是用一套黑格尔术语反对另一套黑格尔术语(Marx & Engels 1976: 29—30)。

但是德国人和法国人都想——按"地理哲学"来说——延伸到其他地方(参见 Deleuze and Guattari 1991: 104—105)。为了追赶英国人在思想方面的作为,法国人创造了启蒙运动。为了表现文化杰出性,以弥补他们在意识形态方面的政治不安全感,德国人创造了我们现在称之为欧陆哲学的东西。我们可以在这种时间伦理学的粗糙分类中增加其他的例子。比如说,苏格兰启蒙运动来源于在更早期建立英国社会发展的现代化趋势。正是苏格兰与英格兰相比的不平衡发展,以及爱丁堡与苏格兰其他地区不平衡的发展,在这个过程中是决定性的(Phillipson 1974)。时间伦理学可以被导向反对更宽泛的知识分子文化,因此各种特定的理智主义可以被用来表达对本土知识分子文化的蔑视,这种知识分子文化实际上属于过去或者多余的时间。

爱尔兰的情况也如此。爱尔兰拥有一种殖民化的天主教文化,这也许是世界上最伟大的现代文化传统。其原因不难得见。正如塞缪尔·贝克特(在英国关于爱尔兰)的著名论断所说:"他们迫使我们辉煌。"然而,这里的"我们"比这种情感本身要有问题得多。像爱尔兰文学殿堂的其他很多人一样,贝克特是盎格鲁-爱尔兰人,一个基督徒。他离开爱尔兰是因为——还有其他一些原因——他不能再忍受爱尔兰天主教文化了。他比起爱尔兰其他人而言当然也是"非均衡发展的"。但是甚至爱尔兰其他部分也是一个创造。它是由马修·阿诺德(Matthew Arnold)那样的人所创造的。马修于1867年发表其《凯尔特文学研究》,创造出梦幻般的凯尔特人形象,"时刻准备着反对专制"(McCormack 1994:228;参见 Eagleton 1995)。正如麦科马克所指出的,凯尔特爱尔兰传统在很多方面是保守分子的神话。在这种意义上,贝克特那样的人可能被认为实际上是在那种传统中建构一种进步的断裂。但是不论事实如何,实际上,那些被创造的历史当然可能就成为真实的。爱尔兰知识分子与当代人的断层关系,以一种自我实现的方式,曾经促进了创造性及建设性的逃脱。

对时间的这种相当戏剧化的批判性风格化,也可以和苏格兰人联系在一起。爱尔兰人和法国人则可能使事情变得似乎知识分子启蒙的唯一声调就是这种响亮或者愤怒的声调。但是,根据时间伦理学来思考不同的理智主义实际上导致一种便利,即,我们不必仅仅根据这些响亮的批判性模式来界定理智主义。这就开启了新的空间,可以思考按前述批判模式无法很好地研究的一些知识分子启蒙问题。因此,就促进了当前反思的目的之一——为知识分子理念提供非理性主义的辩护。

英国理智主义

英格兰及其知识分子问题一直使文化史学家着迷,就是因为它显得有点反常。这就是我在此对之进行讨论的原因。这并不是因为英格兰或其知识分子有什么天生的重要性,而是因为英国问题为我们提供了一种实验性的例子,而且就因为它存在的困难,因为我们的语法所能赋予理智主义概念的含义。

我们知道,英国的情况不是非常和谐。他们有一种意识形态(经验主义),但是如果我们考虑20世纪——这将排除伟大的19世纪文学传统和浪漫主义思想——就没有什么知识分子可以说的(除了被流放至此的欧陆思想家,再加上伯特兰·罗素(Bertrand Russell))。事实上,如果我们以法国的控诉模式作为范例,很显然在英格兰可能没有这种可被看作知识分子文化的东西,因为英国知识分子的懒散是出名的。在英格兰,也有些人称自己为知识分子,但是没有人——除了少数近代新保守主义破除旧习者以及少数人文主义马克思主义者之外——似乎具有知识分子该具有的怪异性。

毫无疑问,事情的这种状况涉及历史发展问题和英国文化传统导致的特殊性。关于英格兰是否有过启蒙运动的争论一直未有

第6章 启蒙主体:知识分子颂 249

结论。对 J.G.A.波考克(J.G.A. Pocock)来说,英格兰有过启蒙运动,但这是没有哲学家的启蒙运动,因为"不是非常需要"哲学家(Pocock 1980:93)。事实上,英国反教权主义至少在17世纪非常成熟,以至于他们根本不需要哲学的支持:"英国反教权主义在宗教和社会生活中根基太深,而且它对世俗和精神事务的结合与转换太熟练,以至于它们不需要寻求哲学知识精英的帮助来进行表述"(Pocock 1980:96)。然而,我们可以指出18世纪早期因反对华波尔(Walpole)而聚集的政治知识精英形成的证据,以及像埃迪森(Addison)和斯蒂尔(Steele)这样一些文学知识分子的批判性精神气质。奥古斯都时代的旅行家当然也创造了——优秀的、四海为家的——批判文化。但是这很难导致一种十足的批判性攻击,而且当然也不会导致一种重要的意识形态运动。无论如何,其主导形式并不是这样一种反教权主义。自然神教派的影响允许在宗教领域采取更宽容的态度。这并不意味着我们不能谈论启蒙运动。也许英国没有启蒙运动的这种印象就是浪漫主义的自我憎恨的产物,和他们自己的文化遗产作对(Porter 1981:3)。但是,也许这种印象也来自这样一个事实,即,因为英格兰是启蒙运动的原型(例如,法国《大百科全书》来源于翻译埃弗雷姆·查姆伯(Ephraim Chamber)的《百科全书》的计划),所以根本不需要公开的启蒙运动意识形态。

换言之,可以认为详细阐述有关时间的批判伦理学问题并不真正适用于英国的情况。英格兰没有要求一个启蒙运动来预见而实现了现代性。再次用波考克的话来说,英格兰"太现代了而不需要启蒙运动"(Pocock 1975:467;参见 Gordon 1986b)。

即便如此,也许评估英国知识分子文化的问题并非依赖英国而更应该依赖法国的控诉模式。法国模式的问题在于它可能太范式化了,主要的问题是它可能表现出论辩的荒诞性,比如布迪厄的《学术人》在勾勒法国知识分子明星体系的局限的时候,似乎同时在诅咒知识分子观念本身(Bourdieu 1988)。这可能导致一个结论,似乎如果没有像法国那样的知识分子文化,就是整个地没文化。甚至于如果我们能举出例子说明最初英国启蒙运动确实是存在的,那后面的一切也似乎是每况愈下,而且 19、20 世纪的知识分子运动似乎微不足道,而且远远不够怪异,因此不够资格成为知识精英。当一个历史学家哀叹不列颠历史上都缺乏统一的批判知识精英时,当他将英格兰的情况与同时期流行的更有反叛性思想的"其他国家"的情况进行潜在比较时,他很可能得出上述结论(Anderson 1992a; Anderson 1992b)。

对佩里·安德森(Perry Anderson)而言,英格兰没有知识分子文化,因为除去殖民主义的人类学外,它没有一个批判的知识精英阶层致力于生产某种总体理论。换言之,没有人准备将英国社会当作一个整体来批判。安德森本人通过揭示"实际上英格兰由于社会的中产阶级化而经历了不平衡发展的痛苦"来弥补这种缺乏。统一的文化知识精英阶层的缺乏可归结为中产阶级与贵族的合谋,以及他们对更一般的事物的既存状况的接纳。实际上,我们可以提出反对,因为这实际上不过就是对问题的再陈述,其大意是说,英格兰没有批判文化是因为英格兰人不想批判。批判文化所留下的就是"文化"本身。"尽管在国内处处受压,总体性的思想毫不费力地输出到海外,在没有这种社会学的地方产生一种人类学悖论。在由此产生的真空状况下，文学批判主义篡夺了伦理学并且巧妙地渗透进历史哲学之中"(Anderson 1992a：103)。

这可以归结为人们的期待。因为安德森根据"总体性思想"及其概念化其对现状抵抗的能力评价了——不论正确与否——批判的知识精英，他就是依据法国理智主义模式在这样做，但是他不能真的告诉我们，英格兰是否确实有过任何知识分子运动。实际上，用安德森的术语来说，证据显示，如约翰·霍尔(John Hall)所指出的，我们有某些社会学基础来断定，大约在1830年到1880年左右英国有类似独立知识精英的阶层存在(Harvie 1976；Hall 1979：291)。这是一种有自我意识的批判知识精英——甚至和法国模式一样——因为它采取了反对的姿态，并不特别为学术自由的价值观和废除实验行为而奋斗。穆勒《论自由》(On Liberty)一书中谈到自由时，"思想自由"所具有的核心地位就可以作为明证。这种知识精英在法国意义上还是不够怪异。喜欢公民权和民主政府理念的那些牛津剑桥的老师们似乎很难喜欢对这些障碍的法国式解决方式(同前：10—11)。而且，如果这是批判知识精英，其改良理想并不一定倾向于定位在适应既存秩序的水平上。但是，不论它如何具有批判性，霍尔认为，早在19世纪80年代中期，这种知识精英伴随着民政改革的实现、教育中教堂影响的削弱、公民权改革以及《效忠宣誓法》(the Test Acts)的废除，已经很破碎了(Hall 1985：215)。

我们还是可以选择知识分子运动来进行讨论，但是没有任何一种产生了真正的法国模式的"批判"知识分子。实际上，我们随处可见的是适应现存政治秩序的焦虑标志。例如，费边主义的政策就是不扰乱社会现状。这就是乔治·萧伯纳（George Bernard Shaw）所说的"渗透"：也就是，并不用反对性的矛盾术语来行使统治权力，而是主要以幕后的网络联系为基础来诱使政府服从个人意志（Coser 1965：178）。还有布卢姆斯伯里（Bloomsbury①）团体，他们一般被描绘为相当衰退的群体，对艺术活动②（raffia work）而不是政治秩序感兴趣。从真理中什么也无法得出。布卢姆斯伯里文化圈的人吹嘘凯恩斯（Keynes）——20世纪不列颠最重要的经济学家，吹嘘列奥纳德·伍尔夫（Leonard Woolf）——一个重要的进步政治活动家，还吹嘘克莱夫·贝尔（Clive Bell）——这个社会观的令人尊敬的推动者。然而，这并不是要去激发那些倾向于法国模式的人。或者，正如雷蒙·威廉姆斯（Raymond Williams）在其明智的应对方式中所断言的：

> 没有暴乱。因为其所有的怪异性，包括一些颇有价值的怪异性，布卢姆斯伯里文化圈的人表明了一种立场，要是采取刻意淡化的立场的话，这种立场就是要成为一种"文明化了的"规范。正是在这种展示必须由公共注意力形式来保护和扩展的私人敏感性的权力中，他们创造出"公"、"私"领域之间

---

① 布卢姆斯伯里团体是一个意气相投的小圈子，其核心成员包括著名作家、女权主义者弗吉尼亚·伍尔夫，其姐姐范尼莎（画家）和她的艺术批评家丈夫克莱夫·贝尔、经济学家约翰·梅纳德·凯恩斯、艺术批评家罗杰·弗莱和作家福斯特，此外，哲学家罗素、诗人T.S.艾略特和小说家亨利·詹姆斯也是这个团体的常客。这些人就社会、文化、哲学、美学、艺术的话题无所不谈，运用他们训练有素的敏锐眼光，对传统的观点进行猛烈抨击，从中发展出一种不落俗套的友谊。——译者注

② raffia是一种棕榈树，其树叶柄的纤维可制成帽子、席子等用品。Raffia work应该指编织活动。根据上下文，似乎应该理解为一种艺术活动。——译者注

当代意识形态裂变的有效形式（Williams 1980：168；Eyerman 1994：133—142）。

换言之，布卢姆斯伯里文化圈的人的政治化程度只不过达到这种程度，他们的这些做法是为了更广泛地对文化进行他们所呼吁的私有化。

但是，如果不去试图用这种或那种理智主义模式来谴责或赞扬英国知识分子的话，我觉得更恰当的说法是，英国并非没有知识分子，而只是拥有理智主义的另一种模式。当然，这种说法从任何狭义的政治或控诉意义的角度来看都不是批判性的，但是也许有办法详述一种关于时间的知识伦理学，而不仅仅是出于对即将到来的或多或少有点神秘的政治时间的兴趣来对当下情况采取行动。

道德主义者和历史学家

作为至少是不同态度的一个例子，我们来看斯蒂芬·科里尼（Stefan Collini）有关19世纪不列颠理智主义的近期著作里的发现。对科里尼来说，英国知识分子并不是对法国模式的批判反抗主义者，而是类似于"公众道德主义者"（Collini 1991）。科里尼著作的妙处就在于展示英国知识分子型塑他们他们自己声音的程度，这种声音并非就是一种批判，但是这种做法更可能导致与真理有关的行为的特殊风格化。对维多利亚时代知识精英的标准描述是以相对由自私激发的功利主义为标记的，与此不同的是，科里尼坚持认为其真正的口号是基本上有利他倾向的原则"为他人而活"(同前:62—67)。

这既是一个伦理问题,也是一个道德问题。换言之,这种利他主义文化并不简单是"他人导向的",而是导向自我。它是展示个人本身具有很强的个性的一个方式(同前:62)。那就是为什么我们会说这种精神气质"几乎"是利他主义的,因为这种利他主义意图确实是设计来最终服务于自我的。但实际上,有争议的是对自我的强健的共同关注,而非自私和慷慨之间的对立。重要的是牵制住会导致厄运的懒惰。因此利他主义有助于激励个人去行动。科里尼写道:

> 可以说,不变的是对目标的需求——得到恰当情感支持便足以激发行动的目标。一个典型的维多利亚知识分子,不论他是信徒还是怀疑论者,都没有去服务于人的恒常动力:对意志的冷漠和衰弱,他或她一直非常焦虑……这是因为我们假定利他主义的目标是促进如下认识,即,维多利亚知识分子把社会工作当作对怀疑的解决方案,而不是说由于已经有了动机,他们就将怀疑从上帝"转换"到人类(同前:84—85)。

没有人会否定这是一种社会性的——甚至是"社会学的"——知识分子精神气质,即使它既不是总体的也不是直接政治性的。科里尼所说的知识分子并不就是萨特所说的那种"怪物"。虽然如此,他们又确实给时间赋予了一种特定的批判态度。对他们而言,时间在没有被我们的活动型塑之前是没有意义的——再次指出,这和存在主义的精神气质并没有什么不同。在被人类创造填充之前,时间是空洞的,是人通过行动、确信和工作为时间赋予意义。

不需要纳入太宽的视野,我们很容易就可以发现,这种质疑时间的批判态度和英国思想中的一般性历史化趋势有一定的相容性。人们可能会说,英国的时间伦理学导致了对时间本身的内在批判。对英国人而言,可以说历史的教训是,事情都是暂时的、人们行动、人们会按特定的方式相互控制、有些事情会出错、其他一些事情可能永远无法理解。这里,启蒙由一种对时间的情境主义,甚至是地方性的态度所组成:去跟随其情节、中断以及变动,努力去全面把握其环境。

"英国"思想这个概念是有意使用的。也许其典型代表是苏格兰人大卫·休谟(David Hume)。由一个批判的外来者来发展该视角最全面的论述,这丝毫没有什么好奇怪的。尼古拉斯·菲利普森(Nicholas Phillipson)很生动地描述了休谟和德国人的历史敏感性之间的差别。其目的不是要去创造一种关于过去实际上是什么的科学,"相信权威历史以及能为读者立法的历史学家"。相反,"休谟式的散漫的哲学史丝毫也不权威。它是为那些对他们的过去好奇并想重新思考关于失去的世界他们被告知的故事的人所书写的"(Phillipson 1989:140)。历史的目的是去开启判断的空间,去建构一个显明的领域,以至于人类可以开始理解"他们在其中被感受的文化是如何形成的"。这看上去可能是一种辉格主义式的视角,英国人为此常常自责。但休谟确实是对人类事务怀疑主义视角的原型,他对每个时代的特殊性都尤其敏感(参见 Phillipson

1989：109)。这并不是说后来的英国编年史派生于休谟。事实正相反。在其《历史学》(*History*)出版后至少半个世纪休谟都被看作历史写作的怪人(Burrow 1981：26)。但是我们可以说,如果情况确实如此,那是因为休谟对争论的双方都有所表现,正如马克思说黑格尔,他的敌人只利用了他思想的一个方面——要么是辉格式的对自由的现代性的强调,要么是保守主义式的关于权力的特定相对主义视角的强调——来攻击另一方面。

显然,如果把英国思想的特征描述为某种特定的历史主义的话,这没有什么特别新奇的地方。马克思主义传统已经为英国历史的杰出而欢呼了,这可能与英国体制与治理形式本身的历史有特定关联。英国人通过传统来思考历史,他们的普通法依据先例,他们的体制永远在进步——如此等等。我们可以说,对英国知识分子的个性而言,是历史而非形而上学和意识形态组成了认知合法化的视域。这可能是一种极端保守的趋势,如果对英国思想观念核心的伟大意识形态只是草率地看看的话,情况常常如此——但实际情况并非绝对如此。

经验主义赞

英国经验主义,如果确实可以描述为一种意识形态的话,确实令世界上的形而上学者感到绝望。但是经验主义远非常识性的世界观。经验主义代表的主要是,风格化我们针对真理的职责的非常英国化的——或者相当"英国化"的——方式,它以与进步或教条意识形态无关的历史形式为基础。但这并不是说经验主义不是一种有创造性的思想。经验主义分析"事物的状况,用这种分析方式有可能抽离出以前并不存在的概念……经验主义观的本质是多样性,它表明了相互不可通约的一系列路线或维度"(Deleuze and Parnet 1987：vii)。经验主义也是一种认知伦理,在其中它隐含的恰恰是针对自我的特殊工作:也就是,针对认知主体的工作。经验主义者只能尽可能接近事实,来重现过去的各种可能性,并限制事实中存在的东西以超越数据或其他事实。在这种意义上,经验主义不是教条或方法,它更是一种禁欲主义,一种受到限制的有关真理讲述的伦理方式,它示范性地居于——我们想像——个性的英国模式之中。我们这里说的"英国性"并非具有实际属性的现实主义概念。这一概念的关键不在于真实的人,不论是不是英国人,而在于建构一个知识分子个性的模式,它可以恰当表达行事的"英国"方式。

毫无疑问,一些可怕的行为和偏见都通过这种经验主义伦理被合法化了。经验主义者极易将事物的现状看作不证自明的,因此,这就有不论事情的特征如何,都将其自然化、合法化的危险。但是经验主义对此也有反击,比如,不列颠马克思主义历史著作的伟大传统。这一传统只能通过与经验主义短兵相接,或者我们还可以补充说,通过对马克思主义本身产生一种新奇的——是不可还原的,我们甚至可以说是"伦理的"——视角,才能得以发生。有些人攻击经验主义史学太幼稚、反动、过时,而且充满了未言明的假定(Stedman Jones 1972)。这都没有问题,只是要记住历史思想,甚至其最经验主义的模式,也不仅仅是对"事实"的常识性的幼稚认识,而是个人制造出来的类似于辛勤的伦理工作的东西,是产生其自身与真理关系的推理的一种真实方式。

如果要寻找为这种戏剧化其与真理关系负责的英国知识分子的话,我们确实要将目光投向历史学家,或者至少投向那些更稀罕的历史学家——也许是英国"怪物"们——他们由于各种原因,处于这种相当结构化的历史经验主义传统的边缘或之外(见 Collini 1991:217;以及 216—224)。我们肯定会关注有关英国历史意识的那些19世纪伟大的思想家,像阿克顿(Acton)、弗里曼(Freeman)、斯塔布斯(Stubbs)、戴西(Dicey)等人。很显然,"专业化"这一相当老套的范畴不足以刻画晚期维多利亚时代历史著作的特征(同前:216)。实际的情况是,在这些思想家的著作中,他们用迥异的方式,试图详细阐述一种他们作为历史学家所应具备的探询伦理。这里的关键不在于仅仅建构适合于历史学作为一门学科的各种"方法",用科里尼的话来说,还有个人能借以作为历史权威来发言的一种连贯的批判"声音"。这里最首要的是关于"无私性"的认知伦理,这种无私性"暗示个人的判断应该获得特别的尊重,如果太轻易放弃这种无私性的话,所获得的尊重就可能被侵蚀或丧失"(同前:224)。

判　　断

其实,这种无私性并不是一种"方法",而是谨慎的经验主义进行艰苦劳动的结果。历史学家是进入档案和过去,针对困扰而接受伦理教训的人。对19世纪晚期有关历史意识的思想家们而言,历史学并不是个专业的——也就是说,"科学的"——学科。更确切地说,历史学是古典人文学科课程①的后继者,来训练好的判断,其知识的目的主要在于培养合适的人,而不是产生实证的知识。史实本身并不是目的,而只是训练这种判断的手段,除非成为目的有助于训练这种判断。但是,古典人文学科课程与古代世界的静态历史相关,而历史则展示,真理分析需要动态的判断,关注时间问题(Soffer 1994:67—68, 71)。斯塔布斯1887年指出,现代史研究与古代史相比"就像研究生命与死亡、观察活体与骨架之间的差异"(Stubbs 1887:15)。作为研究这种活的历史的结果,研究者有可能培养出冷静的现实主义判断原则:"如果他的研究教给他一些事实和处世道理,他会发现,实际判断最需要的是耐心和忍耐,而且最终的正义必须暂时容忍很多错误持续存在,因为没有更大的错误,它们就无法得到纠正"(同前:21)。

即使我们很难说这些思想是严格意义上的"批判"传统,我们却不能说它与政治学没什么关系。正相反,历史学家知道政治是现实的最终领地:就是日常生活的实质内容,明显是存在的最"真实"面向。历史学帮助我们在政治领域中不像更受意识形态激发的政治学研究者那样去行事。斯塔布斯说,现代政治学并不提供特定的意识形态,而只是提供训练。而且,在这一点上,提供的是不全面的训练。但是现代历史感训练的是谦逊,它勾画了我们行动的非预期后果,以及我们行动的局限,实际上有点类似"沮丧"——行动的必要性、我们行动责任的必要性,以及永远看不到我们行动实现的悲剧:

---

① 原文为Greats,指牛津大学的古典人文学科课程。——译者注

我们学习忍耐、宽容、尊重相互冲突的观点,对有原则的对立观点平等对待。我们看到不同时代的人如何迥异地解读历史事件,而这些本来在我们看来似乎只有一种合理的关系。我们看到在人类及其事业中善和恶是如何混杂的。我们学会宽容地看到,我们最喜欢的人常常犯错误,而我们讨厌的人却常常是对的。我们学习忍受这样一种情况:由于其维护者的笨拙,我们最喜爱的事业经受了巨大的蔑视来对那些攻击它的人进行合法化。我们还要学习去认识,在很多方面,无法判断一个决定是正确还是错误、是好还是坏、是无辜还是有罪。同样有很多方面,我们可以说——常常,从勇气的高度来看我不敢说,在爱的高度我不会说,在智慧的高度我们已经学着去说——我不知道(Stubbs 1887: 109—110)。

斯塔布斯在这些问题上采取了一种特定的视角,而且他不以单一事件为基础进行普遍化,这是很好的。然而,维多利亚晚期的历史学家们,尽管他们之间存在着巨大差异,都关注为历史赋予适用的特定认知伦理的需求。因为,在每个例子中,他们的实际历史著作都既是关于历史的著作,也是对历史的系统反思。而且这种伦理同时包含着对自由条件的反思。因为当从英国的观点来书写历史的时候,不论是否考虑诺曼底征服(Norman Yoke[①])、古代宪

[①] 诺曼底征服一般指诺曼底公爵威廉(William, 后来的威廉国王一世)对英格兰的征服战争。1066年黑斯廷斯战役(Battle of Hastings)的胜利完成了威廉的这次征服,被作为重要的历史分水岭,也被作为"传统意义上"的英国历史的开端。——译者注

第6章 启蒙主体：知识分子颂

法、现代宪法的发展，以及其他的什么——不论赞成或反对——这始终是关键的。这种伦理视角似乎是以现在为中心的，按赫伯特·巴特菲尔德(Herbert Butterfield)的否定性的意义来说，也就是辉格式的(Butterfield 1950)。但是如果这种历史被看作是对现在环境的一种反思，那么这种辉格式的标签就可以超越那些对过去和现在之间关系采取简单化的、改良主义的、甚至是目的论观点的那些人的限制被普遍化。实际的情况是，不论从什么视角来看，"对历史的辉格阐释"只是英国历史编撰的总体任务之一，是总趋势的一个简化的变形，根据与过去自由建构的关系来反映自由的现状(参见 Burrow 1981: 294)。

如今有些人试图颠覆英国历史学传统，反对那些用经验主义方式反映历史的人的思想传统，对立于像 R.G.柯林伍德(R.G. Collingwood)或米歇尔·奥克肖特(Michael Oakshott)这样一些哲学家或刘易斯·纳米尔(Lewis Namier)这样一些历史学家的思想传统，也不同于仿效英国历史传统并作为其内在反应而形成的马克思主义历史著作传统。但是那些呼吁英国历史更"理论化"视角或甚至是后现代主义视角的人，也许并不把他们自己当作对历史话语本质一种迟来的反思精神的呼吁者，而只是当作其他种类的历史话语的呼吁者。后现代思潮中当然没有什么能成为英国历史意识的界定性——也就是认识论的——颠覆(Kirk 1994; Vernon 1994; Eley & Nield 1995)。后现代主义不能颠覆传统历史意识的预设，因为那些假定本身如果说是理性的，同时它们也完全是伦理性的。后现代主义者所能做的最多也就是提供历史意识的替代模式，最多只是揭示被传统历史学概念所忽视了的一些东西，最差的情况就是局限于一种自鸣得意的形式,只能反映他们一些反对者的更可惜的趋势。

就像经验主义有很多有价值的内容,历史学英国趋势也有很多合理的方面,这可以扩展到以历史学家为基础的知识分子个性的英国模式。历史启蒙批判并不在于引入关于历史的"更好理论",或者优秀的、更文雅的方法论或认识论,而在于分析这些模式本身的局限,比如引入反对历史规范的历史主义思想工具——这恰巧是像福柯这样的人的著作在与经验主义传统有关的研究中仍有一些策略用途的原因之一,这种策略用途具有激发性,尽管任何更实证的"理论"用途都可能是另一回事。

知识分子启蒙

无论如何,英国人确实具有知识分子个性的一些规范,即使相对于喜欢用理论来挖掘重大事实的欧陆传统视角而言这些规范可能看上去有点浅显。以我们可能认为与英国观点极端冲突的历史意识形式,在《道德谱系学》(*the Genealogy of Morals*)中尼采严厉批判了特定历史的传播者:

> 现代历史是否也许展示了对生命或理想更确信的一种态度?今天其最华丽的断言是:它是一面镜子。它驳斥了目的论,它不再希望"证明"什么,它蔑视判断并将此作为好品味的标志——它肯定的和它否定的一样少。它确定,它"描述"……所有这一切在很大程度上是禁欲的,但是同时它在更高

程度上是虚无的,在这一点上我们就不要自我欺骗了!……这儿有雪,这儿生命走向沉默,这儿其啼可闻的最后的乌鸦名字叫做"为何!"、"徒劳"、"虚无"(Nietzsche 1969: 157)。

至少在英国理智主义背景下,我们可能同意这段引言的第一个断言,即,历史是禁欲的,但是不同意第二个,即,它是虚无的。或者说,我们可能不同意第二个断言所隐含的意思,就是说这种虚无主义在某种程度上是对生活的否定,但可能是——如果它是虚无主义的——对时间的一种有意的批判态度。英国人可能太正规,他们有点古板,对想像的东西持批判态度,但是这并不意味着英国思想没有自己的启蒙传统。所有一切均取决于我们所使用的理智主义模式。如果用控诉模式,我们会发现英国没什么知识分子。但这很可能只是因为英国知识分子很多是历史学家,他们常常被隐藏在档案之中。

如果说这里有什么经验教训的话,它只能是,直接从我们的知识分子启蒙模式中得到东西本身可能就是启蒙的一个方面。比如说,我们不能以一种时间伦理为基础,简单地颠覆批判反思实践,而突然运用另一种模式。我们无法在充满敌意的土壤里直接借用理智主义的欧陆模式,而且这种敌意并不必然是粗野或反理智主义的标志。

然而,可能存在不同的理智主义模式这一事实本身并不能确保维护知识分子这一理念。因为所有的模式有可能同样遭到批驳。实际上,如果我们要展示知识分子理念是必要的,我们需要将知识分子责任与更宽泛的责任和运用联系起来。这就要问:知识分子责任只不过是哪种更宽泛的责任的代表？

杂货商和知识分子

我认为葛兰西的如下主张是正确的：理智主义在每个人身上都存在，不依赖某种或多或少有些武断的划分要从社会学上界定知识分子是有困难的。我们只能说，知识分子是用职业形式实现了"在真理面前我们应该力图成为伦理上负责的"这一要求的人，根据瓦茨拉夫·哈维尔（Vaclav Havel）一篇常常被引用的著名文章的说法，是生活在真理之中（Havel 1986）。这不仅仅是就这一或那一主题发现什么是真理的问题，而是过一种存在主义的献身于真理的生活。但是哈维尔的这个通过尊重真理培养自我尊重的生活在真理之中的人并不是高尚的知识分子，而只是一个某天醒来拒绝在他商店挂上标志支持独裁的社会主义政权的杂货商。说这个杂货商开始在真理中生活，正是因为他本来很容易继续过平静的生活，挂上这种标志，依然过虚伪的生活，但他并没有这样做。换言之，重要的正是这个例子的微不足道。这个杂货商不是个知识分子，但是他仅仅通过挂出标志①就开始生活在真理之中，因为他倾向真理，将真理作为生活本身的条件。

哈维尔认为，在真理面前的这种责任是总体人类责任的一个方面。我们可以补充说，知识分子只是这种责任的戏剧化或体现。所以实际上问题不只是——如葛兰西和蒙蒂菲奥里所指出的——

---

① 根据上下文，此处似乎应该是"拒绝挂出标志"，疑为笔误。——译者注

至少在某种程度上,每个人都是知识分子(Montefiore 1990：223)。知识分子在某种意义上也只是我们所有人都应该思考的责任的极端例子或戏剧化的情况。因为作为日常生活的一个方面,每个人都会面临将自己与真理联系在一起的责任,这是也许能也许不能应对的挑战。我们所说的这样的知识分子只不过是把这种责任当作天职的人。知识分子只不过是潜藏于我们所有人内心的责任的范例。蒙蒂菲奥里在这一点上非常正确：

> 我们随处携带着对真实的基本责任和对真理的尊重,来真实应对并为它们的相互理解和利用提供可靠的检验。如果不排除这种人类话语领域——惟独在此领域内我们有可能有意识地进入自己的本质人性,我们是不可能完全拒斥上述基本责任和尊重的。但是,如果这种责任在某种程度上确实在建构我们自我的基础,这并不意味着每个人在其生活的当务之急中都必须形成主要而明确的兴趣关注点……然而,知识分子自己总是注定要通过自己对有效性和真理的关注而首先去面对这种责任所隐含之意(Montefiore 1990：227)。

如果说所有知识分子职业中都固有一种政治责任,那也许是将事情限制得过于狭窄。这仅仅取决于我们说的政治指的是什么。也许伦理责任是个更好的术语。按照这样的思路,知识分子就只是展示对真理负责的特殊伦理风格的人。然而,我们不能说——也就是说,外在于任何特殊风格——哪种特殊风格建构了真正的理智主义。首先,我们不应该错误地假定我们需要的是总体性思想,或者更糟,是本土哲学。因为哲学不是达致思想根基的唯一道路。知识分子是思想创造性的典范,但这并不意味着知识分子总是狭义的哲学家。

人们可以对这种做法持反对意见,即,当我们把这些东西当作针对真理的不同责任模式时,只不过是要去接纳一种可能有问题的相对主义。但是,如果情况确实如此,这种相对主义仅仅与责任模式相关。说得更清楚些,不负责任的模式就完全是另一回事了。换言之,这不是关于不负责任的相对主义——因为知识分子的不负责任只是一种错误,也就是说,它并不是一个伦理问题。但是,这并不意味着真理中的责任问题不困难,而且它决不能不证自明。在这种意义上,用知识分子责任表达的专制主义也许仅仅是不负责任的最高形式。

那么问题就变成如何培养这样一些责任。要做到这些,需要一个场所,在其中真理有可能不被假定,但是它被揭示、被提出以供攫取、被当作探寻的目标。实际上,这样一个场所有可能从外部世界被剥夺,它可能不仅仅是启蒙的场所,但在这里启蒙被系统地质疑。

大　学

这样的地方是——或应该是——现代的大学。人们常常发现,大学的基本原则是,它被假定是学习和体验而非按指令行事的地方。这种理想与大学这样一个事物存在的可能性是紧密相联的。这种理想常常获得辩护,所用的术语在意识形态上通常被认

第6章 启蒙主体：知识分子颂　267

为是落后的。用纽曼(Newman)的话说，19世纪大学的目标是传授"绅士的知识"(Heyck 1982：69)。T.H.赫胥黎告诉1892年的科伯委员会(Cowper Commission)说，"大学的首要任务是纯粹的知识和艺术——独立于一切实际应用，伴随着文化的进步而非财富的增长"(转引自 Halsey 1965：48)。这是非常熟悉的说法。穆勒1867年宣称人们有一些基本共识，认为大学并不是进行专业教育的地方，大学的目标"不是培养高明的律师或医生或工程师，而是培养有能力有教养的人"(转引自 Rothblatt 1968：248)。这样一种理想并不一定要妥协于大学作为研究场所的观念，后者至少起源于1943年的不列颠，当时布鲁斯·特努斯科特(Bruce Truscot)的著作《红砖墙大学》出版。针对20世纪早期阿斯奎斯皇家委员会(Asquith Royal Commission)提出的关于牛津和剑桥的更加功能主义的观念，特努斯科特指出研究本身就是一种扩展了的体验，是教育培养的一个方面而非仅仅旨在增加实证知识(参见 Heyck 1987：207)。换言之，特努斯科特的研究模式类似于大学学习的一种伦理模式，这种模式被假定也要适用于学生。因为学生被认为和研究者一样完全服从于发现伦理的套路：因此，自由教育就包容而非排斥了一种专业化了的研究伦理。

那么，如果大学是启蒙的场所，其基础绝非指导的理性主义模式。甚至就是在首要目标是研究而非传统"自由教育"的地方，研究的概念也具有伦理方面的重要性，因为研究本身可以成为培养的一个方面。而且，那些在大学教书的人不应该被看作研究者或教师，而应该被看作知识分子，是具体体现关于真理的特殊伦理的人。关于大学的这种模式看起来可能有点幼稚、天真而过时。对某些人而言——实际上是大多数人——这种理想多少已成过去，如今大学服从政府的意愿或者经济的表现，并因此而被简化为技术专家文明的各项要求（参见 Halsey 1965）。但是，这种观点实际上是错误的，它违背了培养和治理的原则。因为实际上，大学——甚至在自由教育的黄金年代——一直是与各种不同的治理理性模式联系在一起的。比如说，正如亨特（Hunter）指出的，自由教育的理想本身——为"知识本身"而培养知识——就完全符合国家治理术中的一种牧领模式（Hunter 1990）。

我想说的是，并不是自由教育的理想不能满足新自由主义时代的治理要求，而是对治理的一些新的强调导致教育方面新的——或可更新的——要求。求助于父权主义理想并非当今大学危机的解决方案。但这并不是说大学教育的精神一定是消亡了的。确切地说，从一些观念原则本身来看可以进行"技术专家"的论争。因此保罗·赫斯特主张，正是因为现代经济技术方面的复杂性，才需要能具体体现培养宽泛意义上的知识分子"技能"而非特定的狭窄的职业技能的各种教育形式：

> 现代社会太复杂，劳动的社会分工太过精细，而且太多对传统（也就是，处理由长期运用而限定的事物的既存方式）的技术改造，以至于不能提供各种理想或方式来应对未来。由于同样的原因，因为太复杂且有太迅猛的技术变迁，社会不能指望技术知识能给他们以指导。技术是高度专门化知识的即时产物，而且它同时能够导致广泛的社会后果，这些后果在技术层面常常未被预期。技术人员——政治家和经理们可以包

括在这个范畴——因此几乎不能设想或预期未来。他们是现代社会不称职的引导者,因为作为劳动的精细分工的一部分,他们发现自己很难超越他们的专门化角色(Hirst 1995: 3)。

为了教育那些能设想或预期未来的人,不同的教育形式中至少有些要素是必需的。这并不必然导致对总体能力进行自由主义培养这样一种不太好的意识形态。也并不必然只有那些成熟的个体才需要成为培养的对象,事实上,他们可以设想一种教育形式,它对人类能力的培养相当专业。我们可以不去寻求或假定某种这样的目的论总体性作为一种规范,而去培养人的能力。

对启蒙的批判态度——因为它至少应该是这种教育理想的一个方面——并非倾向于成熟的意识形态或道德规范,产生培养完人的浪漫理想,而只是培养那些能够进行判断操练的人,尤其是那些有志于操练与真理有关的判断的人。换言之,是要培养那些能够将启蒙问题当作我们这个启蒙时代背景下的一个问题的人。也许这种观点和阿拉斯代尔·麦金太尔(Alasdair MacIntyre)相当一致,他将大学看作受限制的不同意见存在的场所,关键是激发学生冲突,或者说使事情困难,并生产出能够适应投身真理所导致的困境的人们(MacIntyre 1990: 230—231)。由于相当充足的社会学缘由,这样的人是"被需要的",尤其是因为在我们的社会中,公民和主体是通过真理宣称而被治理的。因此,由于我们这一启蒙时代治理的特征,我们从策略上需要这样的判断(参见前述第一章)。这并不意味着大学的目的是就所要进行的判断的种类和内容——按韦伯的意思,是"最终价值"——去下指令。在这种意义上,麦金太尔对他所说的谱系学思想的颠覆性后果的焦虑似乎不是地方。同样不妥的是他将这些思想形式与他们在学校中的位置割裂开来,他错误地认为这两者的联系在本质上是不正常的(同前:218,233)。教育的目的就真的只是开启一个致力于判断本身的空间。而且唯一可重复的课程就是,指出判断是困难的,要上这门课需要有关真理问题的经验。

这并不是暗示,大学老师都应该是颠覆性的谱系学家或尼采式的反传统者。相反,探寻真理本身就是一项任务所固有的困难,不管理论上可以证明它是多么地不妥协,所有知识分子作为知识分子在其教学和工作中都必然面临这一任务。这一任务就是把事实和价值分离开来。正如韦伯所言:

> 大学……并非培养极端或最终道德价值观的机构。他们分析事实及其条件、法律及相互关系;他们分析概念及其逻辑先决条件以及内容。他们不会也不能传授什么应该发生——因为这是有关最终个人价值观和信念的问题,是基本观点问题,它不能像科学命题一样被"论证"……可以合法地提供给学生,在其人生道路上给予支持的任何"真正的"最终观点的一个要素,是接受知识分子统一体义务的习惯。这会导致对他们自己的无情澄清。在面对其人生的任务和问题时,其他任何问题——其热望和目标的整个内容——个体都必须实现(Weber 1973: 21)。

这里的意思主要是说,事实和价值之间的划分并不是已给定的,或者甚至是直接内在于世界本身的。在这种意义上,正如罗蒂所说,世界实际上是遗失了的。因为韦伯所说的事实/价值划分至少对韦伯而言是更多地采取伦理苦行的态度努力争取的,而非一种固定的轻松的教条。大学知识分子发现这种划分并不容易,实际上,这种划分正是这些人职责的一个方面,至少在课堂上他应该尽力去这样做。换言之,这不是关于教育价值观的直接自由主义模式,但他可能是一种奇特的自由主义模式。

也许,从最后的分析来看,知识分子并不是特殊的人,而只不过是在这些判断艺术以及划分事实和价值的持续游戏方面训练有素的人,不论这种训练成功与否。而这反过来意味着,为知识分子概念而辩护是绝对值得的,即使最后发现这一概念包含着常常被认为有点不流行的观点:知识的贵族性的观点。那实际上是因为,对判断的知识分子形式操练的需求是一种极端的学术自由,因为毕竟,如果根本就没有根据我们认为最合适的态度来型塑与真理的关系的那种彻底的自由,我们谈论真理伦理学是毫无意义的。而且,学术方面的自由决定着,大学以及所有知识中心都应该被那些在其中思考和工作的人们按照民主路线所治理,即使这样一些民主形式的自然结果是趋向知识方面的贵族制。在大学背景中,据韦伯观察,天才的某种贵族性是民主本身的结果(Weber 1978,卷2:948—952)。这是因为,任何致力于产生真理的知识分子机制都会以天赋的平等为基础来建构自身,而获得真理权利的平等将不可避免地导致真理问题上的一种"名人统治"。但是,正如赫斯特所指出的,我们可以同样为贵族观念辩护——恰恰是为了知识民主的利益,甚至恰恰是为了民主本身的利益,我们需要贵族观念。因为"技艺"最棒的总是那些在他们所从事的领域被认为"杰出"的人(Hirst 1995：11)。

我们应该进一步拓展这个观点,指出批判型知识分子——即那些能够质疑启蒙本身的人——的存在实际上是这样一种民主的标志,而要成为这种标志就是他们的功能,这在最宽泛的意义上也就是政治性的。因为我们都是知识的能动者,因而按哈维尔的说法,我们都被要求更新我们对真理的责任。知识分子只不过是这样一些人,他们被要求根据这种责任的要求来制造一种专门化的、有时甚至是怪异的伦理。也就是说,并不一定要保持责任的特殊传统,而是要将这种责任发挥到极致。因此,如果我们珍视民主,我们也会珍视知识分子。正如我们已经意识到的,这样做很可能会使我们发现,我们正在维护知识贵族这一概念,虽然具有各种天赋的人都可能成为知识贵族。尽管这种贵族性的最好家园可能并不是大学,但正如大学的现代奠基者们通常认为的那样,它从本质上曾是一个贵族机制这样一个事实,是维护大学作为贵族性生产场所的重要理由之一。

结论：社会理论、社会学和批判伦理学

社会理论——学习和政治——社会学和启蒙——赞化约论——伦理学和启蒙——再谈社会理论

在本书中，我对启蒙批判态度这一理念的总体可行性进行了论述。这种批判不是条件反射式的反基础主义，而是对启蒙本身的投入。反基础主义在此确有作用，但它不是非理性主义的，实际上，其观点非常明显是现实主义的。关于这些问题，我一直表明，启蒙批判分析这一概念可能与社会理论作为一门学科的命运具有特别的联系。然而，至今学术界对这后一个主题并没有太多评论，这是有原因的。本书并不想不自量力地试图去由下自上重构一门学科。实际上，我一直在试图揭示，社会理论可能是如何——从特殊的方面考虑——从那些已经存在的要素中被重新构成的。我更多地通过举例而非理论阐述来做这项工作。通过刻画一门学科所关注的特定领域，启蒙问题可能与其他问题产生联系，比如说，与科学、治疗和美学理性领域的关系，或者与某些思想家的联系，像福柯或韦伯以及法国或英国知识分子流派等。然而，这并不是说，在社会理论作为一门学科这个问题上我们不能谈些更一般化的看法。无论如何,我现在想比前面更直接地谈谈这个问题,而这样做就要勾勒——希望以不过于引起争论的形式——启蒙批判理念的一些局限和特殊性,而且要考虑该理念与社会学和社会科学其他思潮的关系——不论是批判的、认识论的、政治的或是伦理的。

社 会 理 论

我要指出两个重要的疑惑,因为它们的存在,如果我们声称社会理论在考虑启蒙批判理念问题时有任何特殊权利,这都是不对的。第一个疑惑是,实际上没有任何学科能够宣称这种独特权利。实际的情况是,我们看到了启蒙诸原则是在各种实践中被刻画的,而且甚至各种批判形式都包含在众多此类实践活动之中。第二个疑惑是,因为我们在本书中已经花了如此大的篇幅试图将启蒙问题剥离于更传统的社会学问题,比如对现代性问题的关注,再宣称社会理论的特殊权利就似乎有点不合时宜。

我不想质疑这两种疑惑,而只是通过两种观点来进行反驳。首先,从前面我已经谈过的启蒙批判这一理念的特定特征来看,把启蒙批判作为一种专门的职业确实没有什么意义。在这种背景下,专业的"启蒙批判"这一概念显得有点荒唐。这种批判主义是一种严格限制的操练,将我们从与真理的既存关系中割裂开来,而并不是致力于一种生活完整性的认知性道德。这样一些割裂形式成为解释为什么大学可能是实践这样一些批判形式的合适场所的另一个原因,因为大学本身就常常被看作一种独立的空间,是片断或"暂停"的空间,而不是安顿或休息。而且大学里可能有一些人全职传授启蒙批判的各种形式,然而他们并不一定在与真理有关的任何事情上都是反传统的。也就是说,这些人并不一定将颠覆真理作为一种整体的生活方式。但是这样的话,专门化和总体的承诺就不是一回事,就像精神操练与一种完全的道德准则不是一回事一样。

第二个观点是,社会理论确实是——或者说应该是——不同于现实主义的、批判的以及极端的社会学。下面我会进一步讨论一些这样的差异及其特征。然而,区分一个关键差异的迅捷而基本的办法是要注意到,大多数社会理论形式共有的并不是对这种或那种现象的这样或那样的"社会"分析,而是对当代精神的各个侧面进行批判诊断的热情。在社会理论之内,"社会的"这个词似乎愈来愈有点儿多余,因为许多社会理论似乎并不借助于社会这一明确的范畴开展工作。接受这种状况并不是要放弃社会学分析或社会这个范畴,而只不过是要强调这些分析形式和社会理论本身的区别。

但是,那什么是社会理论呢?在相当长一段时间,因为它一直力图成为一门独立的学科,社会理论实际上已经成为"没有规范的学科"。尽管它一直力图从经验社会学或社会学理论(方法论)等这样一些横向的研究领域中将自己独立出来,如今它好像根本没有占据任何特定的研究领域,还是偏向于仅仅将自己建构为总体性理论,有时难以和特定的哲学探讨区分开来。尤其是在英美两国的知识界,这种独立的社会理论的出现看上去可能有点异常。这门学科,如果它是一门学科的话,常常似乎有点笨拙地周旋于社会学理论、认识论以及欧陆哲学之间。这种独立的社会理论一直长于创造新词汇、增加各种划分,而不太善于产生概念。其后果并不能深化知识的特定质疑和研究项目,而是不断增加这些质疑和研究项目。

这种"独立的"社会理论确实是误导性的,这是本书的一个基本论断。社会理论要想成为一门独立学科,必须拥有自己的研究"对象",或者至少有一个关注的核心问题。迄今为止,这种理论的核心范畴一直是现代性,或在这种背景下和现代性差不多一回事的后现代性。正如我在本书第一章所指出的,到底现代性是一段时期、一个结构理性还是一个仍在持续的过程,常常都显得不太确定。无论如何,现代性作为社会理论的核心概念不合适,这只是因为如果它要有意义——也就是说,成为它试图成为的划时代的范畴——就必须是社会学概念:它应该具有确定的经验内容——而这是目前大多数现代性研究明显不具备的东西,现在的现代性讨论通常只是借助一套世界观、含糊的过程或趋势或者是不确定的人生观(*Weltanschauung*)进行的。但是我的目的并不是要剔除现代性范畴。毫无疑问,社会学之外关于现代性做得很好的研究有很多。我只是主张,如果现代性是按照它所要求的那样被谈论的话,社会理论和社会学之间就没有人们通常认为的那些差别了,而我要为之辩护的正是这样一种差别。

我认为社会理论应该限制其划时代的雄心,而有意识地将其关注点集中于启蒙概念,以替代现代性范畴。我强调的是启蒙的概念,而不一定是这个词汇。我并不是计划立刻去扭转每个人的习惯。实际上,正如我已经指出的,很多社会理论——甚至那些关注现代性范畴的理论——已经注意到这个意义的启蒙概念,所以

结论:社会理论、社会学和批判伦理学　277

我的论述最多只能说是导致了某种重构,而不能说是呼吁一种彻底的革命。这个呼吁是社会理论本身在某个方面的重构,而不是全面的重新审视。

但启蒙是一种什么概念呢?除去它是社会和批判理论的核心概念这一点以外,简言之,其长处在于它没有把自己与特定的内容(理性化、异化或其他概念)或时期(现代)联系起来。启蒙的精神实际上是力图将真理与自由联系起来的精神,是力图以真理的名义进行控制的精神,这种真理也是一种关于自由的真理。它是一种热情或一种精神,而不是某种现实。我们发现,关于启蒙的现实主义导致关于这种精神的现实主义。当被赋予确定的内容,比如说知识或理性化,在是或否的基础上就预先给定了批判视角。其结果就是我们在现代与后现代争论中那种毫无意义的二元论思维方式,这种思维方式过于戏剧化地看待社会变迁,并将应该是对当今一些特殊性进行的反思转化为对一个时期的演绎性的现象学。

使用启蒙概念需要小心。我认为太多的文献将启蒙与一种社会学过程联系起来,这有点像世界的理性化这一理念。正如我在第一章中所主张的,如果我们不是将理性化这一范畴作为特殊的背景或视角,而是在总体理论层次来运用,它在本质上是有问题的。人们不能有意义地谈论社会的总体理性化,就像人们不能谈论一个启蒙了的时代而只能谈一个启蒙的时代一样。当用这种实质性的而非态度方面的术语来考虑问题的时候,关于启蒙的这些观点只会导致我们比较轻易地将启蒙本身和理性主义联系起来。这种联系常常是直接关于政治理性主义的,这一点也很有误导性。在这样一些情形下,我们发现,人们常常以相当直接的方式将近期历史上的所有细小变化都归咎于启蒙。比如说,苏联的解体可以被看作是启蒙本身的解体,因此反启蒙可能意味着成为自由主义以及——将事情延伸到荒唐的极致——非常可敬的各种多元主义的形式——比如艾赛亚·伯林(Isaiah Berlin)著作中所做的——这些也可能和后现代非理性主义和后启蒙精神联系起来(Gray 1995, Gray 1997)。因此,这里存在两个混同。不仅是启蒙这个孩子被混在政治理性主义这盆洗澡水一起被泼了出去,政治自由主义这个孩子,本来根本不需要洗澡的,又被扔进了后现代主义这盆洗澡水中——那实在是非常阴暗的地方。

上述混同就是因为他们没有赋予启蒙问题以独立性。如果独立思考启蒙问题就要求我们有意识地开放这个问题。因此,与其问题有关,社会理论的目标就不应该是直接将启蒙等同于这种或那种政治学,也不应该等同于对它进行由下至上的理论化,而应该是跟从启蒙的实际情况,并在此过程中对它进行一种永恒的批判。这样来考虑问题,现代和后现代的二元论及其对应物就失去了意义,问题的关键就不再是维护启蒙或认为启蒙已消逝的问题,而是一种伦理责任,用以建构对启蒙进行持续批判的理想。

实际上,这种做法会使得社会理论成为相当奇特或特殊的学科,因为它具有某种内在的寄生性。它可能导致某种理性形式,其目的是要批判反思其他现存理性形式,而不是去对理性本身(比如说根据多种哲学态度)进行合法化。这会使社会理论成为传统意义上比较不独立的学科,而类似于某种知识习惯。这种习惯涉及的不仅是称自己为社会理论家的那些人,还包括很多用各种不同方式对人性和社会科学进行工作的人。那些称自己为社会理论家的人只不过是希望获得这些问题上的多面手地位。

如果我们将社会理论理解为用这种方式反思启蒙特征的一门学科,那么我们可以发现,社会理论可能具有一个重要的——如果说特殊的——地位,不仅作为学术事业,而且还作为教育的工具。

学习和政治

尽管它可以涉及特殊领域,就像它可以涉及任何学科一样,社会理论的特殊性——就其可能是对启蒙地位的某种反思而言——在于:它并不是通常意义上的研究领域。

我已经说过,从现实主义视角来看,启蒙能够用自己的方式进行治疗。同时我还坚持认为,这样一种治疗会使我们远离理性的信仰主义或者后现代非理性主义,或许会引导我们走向第三条道路。但这条道路不是前面各种选择的折衷,甚至也不是像厄内斯特·盖尔纳在一个论争性文本中所说的"双重生活"——对真理怀疑但又忠诚——他将之称为由真理控制的立宪君主政体,而也许类似一种承诺,去寻找生活于真理的共和联邦所需要的伦理(参见 Gellner 1992b: 94—96)。有时候,启蒙批判态度的怀疑特征可能使它看起来像反基础主义后现代主义。就它会导致"偶然后果"——偶然性的伦理前设——而言,情况尤其如此。但这既不是那些自命不凡的后结构主义道德的一种,也不是后现代主义多元自由主义。我们来比较一下像罗蒂这样的人的立场。对罗蒂而言,偶然性哲学应该用反讽的语言理解为一种反讽的存在,不是愤世嫉俗者,而是"那些面对其自身最核心信念和欲望的偶然性的人——十足的历史相对主义和唯名论者,已经抛弃了这样一种观念,即,那些核心信念和欲望回过头来指的是超越时间和机缘的一些东西"(Rorty 1989: xv)。这样一种做法可以用两种方式之一来解释。它们都是微不足道的:我们都是关于时间、机缘和进化的生物——这反过来导致了我在第二章中所说的相对主义的"相对"方面,也就是说,我们的某些特征(比如与心理特征相对的种类特征)显然比其他一些特征"更具相对性"。或者相反,它可以被当作一种关于偶然性的道德哲学来解读,伴随着生活各个方面的确定后果。这两种方法都不是——采取罗蒂自己的实用主义判断标准——非常有用的教条。不论如何,这种观念不能与启蒙批判相混淆,尽管这种批判一般显得与偶然性阐释有关。区别首先在于这种态度的意涵。因为对启蒙批判分析的态度并不必然围绕语言展开,也并不必然与身份哲学(或者是非身份哲学)有关,而且,最重要的是,它并不必然与关于偶然性的总体哲学、本体论和认识论有关,或者要求我们将偶然性当作伴随直接政治后果的世界观。简言之,它并不是一种无所不包的怀疑论,而是伦理的,或许还是美学的受到限制的怀疑论。

因此我声称启蒙批判态度最好不要被看作一种世界观,而是被看作一种伦理话语,也就是说,同时还是一种策略性的话语,按这个词语的字面意思可以理解为受到限制的"学科":即,作为一种教育"操练",而非世界范围的道德。这样一些操练倾向于只针对特定的一些问题。首先,是自由力图自我实现的地方,或者说是任何自由最受质疑的地方。而且因为启蒙批判具有这种"教育"特征,我认为大学是和其他任何操练它的地方一样优秀的场所。

社会理论在大学可能被当作学习的学科的典范。通过学习启蒙与被传授某种东西并不是一回事。按照迈克尔·奥克肖特(Michael Oakeshott)的说法,学习是:

> 一种活动,只有具备对自我冲动及周围世界进行选择和自我定向能力的智力才可能进行这种活动。这些当然是杰出的人类特征,而且……只有人类才能够学习。一个学习者不是对印象的被动接受者,其成就并非只是对环境的被动反应,他也不会对自己不知怎么做的事情毫无作为。他更着重想要(want)而非需要(needs),他注重回忆(recollection)也注重记忆(memory),他更想知道要去思考什么、相信什么,而不仅仅是去做什么。学习关注行动(conduct),而非行为(behavior)。简言之,有关用黏土制陶和上蜡、要被充实的容器和要布置的空房间这之类的类比,都不同于学习和学习者的关系。(Oakeshott 1989: 43—44)。

学习的概念可能要与人们常说的"研究"概念进行比较,后者指的是知识的结果。现在,恰当地说,这个意义上的研究应该——从自由教育的视角来看——仅仅是学习的附属物:

> 当大学的学习下降为现在所说的研究的时候;当其教学仅仅变为指令和占据本科生的所有时间的时候;当受教育者不是来寻求智力的财富,他们的活力未被激发、过于疲倦,以至于只希望能够获得实用的道德和智力工具的时候;当他们

并不理解保护维持的态度,而只是希望获得谋生的资格或一纸证书使他们能够加入对世界的掠夺的时候,大学就肯定会消亡的(同前:104)。

在这种意义上,学习可以和成熟的理想联系在一起,和成为自主存在的理想联系在一起,脱离仅仅是被"教"或者接受教条的状态。这就是康德的启蒙思想,他将不成熟界定为"没有他人的指导就无法运用自己的理解"(Kant 1970: 54)。对启蒙的批判态度将导向的恰恰是这种有点字面意义的成熟理想。这是一种操练,旨在确信我们并不是不成熟的,也就是说,过于依赖我们的偏见和被灌输的理念,甚至当这些偏见和理念被启蒙了的时候也是如此。说得坦率些,在"理论"领域还有很多"成长"工作要做。

也许目前最紧迫的事情就是不要再幼稚地坚持理论和政治之间的联系。无论如何,这是关于我们应该在什么地方促成这种成长的问题。正如我在导论部分提到的,令人惊异的是,"现代"现实主义者及其同类喜欢在政治私利基础上,而不是像人们以为的那样以理性和认识论为基础来批驳后现代主义。对这样一些评论家而言,后现代主义的错误并不在于后现代主义本身有什么错误,而在于其对政治活动的致命后果,在于如果我们赞同后现代主义,从政治方面来说,天就要塌下来。

不接受后现代主义的理由有很多,但上述原因并不在其中。更好的理由依然是后现代主义本身对理论和政治做的虚假联系。后现代主义者常常宣称,以解构一切的形式,后现代主义的意涵在某种程度上,比陈腐老旧的现实主义现代主义在主体、真理等问题上都要"激进"。但是，实际上没有理由认为，所谓的解构主体以及后现代主义者喜欢做的其他事情会导致任何特定后果。似乎一种认识论姿态并不会导致政治多元。后现代主义者做的这些宣称——同样，或者更明显地，他们的信仰主义对手所做的宣称——其实只是后现代主义所持的理智主义话语极度膨胀的症状。由于对概念的权力持极度唯我论观点(Hypersolipsistic)，后现代主义希望创造概念的多元共和状况。因为"偶然"、相对性或其他原因，其中所有的概念都最终具有同样的地位。

但是这种观点首先会误解概念的意涵。概念带有限制，它们是学科的工具。实际上，概念的理念本身就预设了学科的理念。因此，后现代主义者和其他相对主义者抱怨或宣称所有的概念都是平等的，那是没有用的。因为不同的学科确实赋概念以权力，这意味着某些概念可以比其他概念做得更多。那些致力于"理论"领域工作的人应该真正成长起来，所要求的不是本体论或认识论的多元主义，而只是认识到批判模式的多样性。可能只存在一个世界，但可能有很多东西需要批判，而且有很多不同的方式来落实批判主义。

这是否意味着启蒙批判理念在政治领域是绝对中立的呢？这是不是说，正如很多人也许毫无疑问会怀疑的，它实际上是保守的呢(参见 Kant 1970：103)？实际上，其政治姿态很可能必然是——甚至有意地——不确定的。启蒙批判的主要功能显然是打破知识类型和政治类型之间的轻率联系，因为可能存在这种联系的假定违背了我们关于否定性启蒙的理想：我们永远不能最终得知启蒙是什么，这正是启蒙的一种面相。

但这是否意味着启蒙批判理念在政治问题上必然只是姿态性的？即使它可能作为自由探寻模式而发挥作用，它还是个骑墙派政治术语？我认为不是这样。比如说，和其他很多要素一起，这种启蒙批判理念可能发挥作用，生成针对政治和适用于恰当的政治感的各种判断的一种态度。如果自由主义的一个关键原则是政治领域应该有某种自主性，而且政治不能简单地化约为社会、阶级、经济或其他任何东西，那么启蒙批判理念也许确实就是自由主义的。但是启蒙批判态度这一理念本身一般而言也是反自由主义的——或者也许是奇特的自由主义——因为其目标应该只是寻求"对话"而不是制造麻烦，这和奥克肖特或罗蒂按其并非截然不同的方式所做的不同。其目标是激发需求和判断能力，而且批判主要是通过复杂混乱状态来激活的。如果要"操练"，判断主要通过使事情难以思考的活动以及关于判断的特定"教学法"来得以激发。因此，启蒙批判态度这一理念实际上立刻指向了两个方向。它一方面用知识和认识论安抚我们，但是另一方面，除非在自我方面使我们不安，否则它又没有行使其功能。

那么，也许成熟仅表现为认识到启蒙的困难、真理的困难，这种真理既是义务又是劳作（前述第七章；参见 Malpas 1996）。理性信仰主义者和后现代相对主义者有联合的趋势，他们都相信信念和行动、认识论和政治之间的联系是直接的、无中介的而且没有问题的（也就是说，我们的信念或认识论是正确的）——如果我们需要的话，化约论就是很好的例子。启蒙批判态度理念主要是对这种化约论的策略性应对。现在是培养苏格拉底式成熟的大好时机，这种成熟认识到，针对那些将真理问题化约为确定性问题及其后果——简单的争论的人,而非严肃的认识论对手,要讲述真理和辩证法问题是困难的。

社会学和启蒙

那么,在讨论关于社会的真理时,我们是从哪里开始脱离"社会学"的呢?这里包括所有寻求自我真理的学科,比如,社会学、人类学、社会历史以及各种哲学等。我的论断似乎导致双重立场:一方面,我们会拥有实证的、法理学的关于社会的科学,另一方面,是社会理论对启蒙更具怀疑特征的探讨。

但是实际上,这种观点可能会导致关于自主性的范畴错误,在此背景下社会理论很可能设想这种自主性。在任何情况下,我都没有说,启蒙批判分析在这种意义上是很自主的。或者说确切些,一方面,这是一种特殊的"寄生"自主性,因为我们已经看到了,启蒙批判理念似乎预设了一种探寻的态度,恰恰是与有关启蒙概念的学科一起,这种态度必然在此领域及各种场所追寻启蒙批判理念。换言之,正是其内部的自主性预设了它只在和这些领域的关系中存在,依赖它们、讯问它们、被它们激发而且激发它们,而不是相反,认为这样一种批判独立于其他领域——比如说,体现出适合于它自己的特殊"理论态度"。

另一方面,启蒙批判致力于实现的这种扰乱效果——尤其是其否定形式——并不独特。实际上,它将其效果戏剧化,将之理解为独特的东西。实际上,启蒙批判理念对所有教过社会科学的人都经历过的一个原则进行了简化,因为人们常常觉得学习这些学科的主要目的是在经验层次对人们产生有控制的影响。甚至对那些寻求最"解释性"目标的社会科学而言,这也是真实的。这些学科都致力于语言的行动效果,在其设定过程中转换言者和听者的位置。在批判社会学中,阶级、种族和性别的三位一体和其他任何事物一样属于伦理问题。一个成熟的学生,不论属于什么性别,在性别社会学课程上都不仅仅只是要得到启示,发现他们已经经历了的各种压迫形式。或多或少都会超出这些,因为启蒙在这里会充分发挥剥离或颠覆的功能,同时还重构它们。

那么,社会学和社会理论的区别可能就只是后者将这种批判的困难作为其目标,它并不是一种综合性的学科,甚至也不是独立的学科,而是对这种困难的学科性宣言,是一种针对批判的批判。我认为仅仅是这样一门学科的存在,就其与社会学及其他社会科学的关系而言,就可以说有积极的价值。因为这种存在可以作为一种持续的提醒,提醒我们知识和批判主义之间的联系并不像在有些情况下人们以为的那样固定或明显。那么,如果以具有自己的经验领域,甚至是自己的"专业"全职实践者为条件,社会理论可能并不是一门独立的学科,但是如果把社会理论看作这样一种地方,在其中社会学和社会科学可以持续提醒它们自己应尽的义务——批判——和困难——将证据和批判主义、事实和价值联系起来时,那它还是有一定自主性的。

在法理学基础上,事实和价值是不可分的。实际上,这种划分需要去做。很少有人会否认社会科学决不仅仅是关于自动的价值无涉的问题,但是它显然又总是——甚至对那些想在其工作中或在课堂上直接发表政治观点的人来说——致力于价值中立的一种

结论:社会理论、社会学和批判伦理学

操练,试图将个人的批判主义和政治观从指令中区分开来。也许致力于启蒙批判的社会理论可以作为希望实现价值中立的共识,证明这种愿望是艰难且无止境的,而且是伦理劳动的产物。从这种意义来说,社会理论不会是一门可以获得具体或可积累"结果"的"科学"学科。相反,它是个人操练自己判断的地方,个人提醒自己意识到,用任何确定的、最终的"科学"方式区分事实与价值都是不可能的,而个人又具有试图这样去做的持续的伦理强迫性冲动,这是真理付诸于社会科学的痛苦体验。

我们要注意到,这种视角遗留的问题和社会学本身存在的问题一样多。启蒙批判理念可能确实会导致我们对投射、统一体和善良的意愿持批判态度。但是就其会导致一种态度而非教条而言,这种怀疑主义并非持一种反启蒙立场,它并不会——如后现代主义者那样——否认投射、统一体和良好的意愿是社会科学实际责任的一部分。对理想的投射、对未来世界的设想正是社会科学所做的。以虚假的启蒙后现代主义的名义来否定这些理想实际上是要否定这些学科本身所固有的那些理想。正如韦伯谈论马克思时说到的,如果这些计划不仅仅是必要的虚构的话,那么也许它就是加诸于这个世界的理想类型。进步的理想内在于社会科学作为一种投射的理念,甚至内在于关于这些科学的近代后现代化的版本。而且,对那些认为这种观念试图夹带一种特殊的优越感的人来说——毕竟,谁来阐述我们应该怎样被启蒙呢?——我们只能反馈说,在以某人的名义行事和试图以某人名义发言之间有一个鸿沟。比如说,当女权主义者以全体女性的名义发言时,她们和后现代主义者一起抱怨,认为终归没有人能为其他人发言,这就是一

种不成熟的行为。事实正相反,为其他人发言其实是研究社会世界、进行批判或在这个世界生活所固有的特征。这并不意味着这种言语行为会成功,因为毕竟其他人——包括后现代女权主义者和男子沙文主义者——总是可能反击、辩论或者干脆不听。

那么,被启蒙就不是要拒绝言说的企图,而是要带着启蒙和特定精英主义冲动之间的张力学习生活。这里的假定是一些人——那些说话的人——是"知道的"。实际上,是要使内在的精英主义服从于某种永恒批判,这涉及一种认识,即这样一种姿态最终是伦理的,而且不能"立基于"对真理的任何最终宣称,尽管献身真理确实是其必要元素。那么,成熟在这里意味着一种谦卑,一种对真理加诸我们的痛苦经历的认识,而不是坚持认为我们所说的对任何人来说总是正确的,或者相反,认为没有任何人有权利代表他人说话。

无论如何,这后一种情形不是特别有帮助。我们不应该针对谁有或谁没有"权利去发言"或批判这一点进行不成熟的争论,而应该将注意力更多地放到创造一些最终导向批判主义的概念。评估不同研究路数的唯一准则应该是——与物质主义或理想主义、现实主义或相对主义等无关——任何学科的目标就是创造关于概念的学科。马克思主义哲学家路易斯·阿尔都塞(Louis Althusser)迄今名声都有点不好的巴什拉式的科学观——即,科学和意识形态之间有根本区别,以及科学存在于和日常意识形态"断裂"之际——作为科学观可能是错误的,但是如果我们用学科的视角来看,它就是正确的。这不应该是科学和非科学之间的区分,而应该是学科和伪学科或道德系统之间的区分。可以被称为学科的学科开始制造其独特概念,不论其多么无力。这就像一个熵值守恒的思想小岛,不论这种守恒多么短暂。在这种意义上,学科的特征是可被化约的,而这种化约论显然要受到赞扬,因为它与社会和人文科学中泛滥的浪漫人本主义视角不同。因为一般来说,概念的创造有一定的代价:就是概念集中的代价。化约论和决定论不是一回事。与其怒斥化约论,我们更应该做的是努力对它提问——正如阿玛蒂亚·森(Amartya Sen)对平等提问——这是关于什么的化约论呢?也许,从我们前面所呼吁过的批判主义多样性的立场来看,我们可以说社会科学并不要求单一的决定形式(最后以经济为例),也不要求一种空洞的后现代认识论多元主义(也就是说否定认识论),而是要求一种化约的多元主义。化约、概念化就是一种成功的——也就是说严肃的、"成熟的"——社会学学科的条件。

赞化约论

因此,举例来说,要在现代性范畴之外来建构社会学理论,我们就不得不将这一观念(notion)化约为更深入的概念(concepts),这也意味着通过这些概念对此观念进行自主化。比如说,如果社会学学科的核心范畴不是控制,那又是什么呢?这个问题本身就已经是一种抽象或化约,因为并不是社会行动的每一种形式都可以化约为控制的(Weber 1978,卷2:941)。根据韦伯的观点,我们可以将控制进一步化约为两种基本秩序:"由利益集合而来的"控制和"由权威而来的控制,比如命令的权力和服从的义务"(同前:943)。

比如说，如果关于现代性的社会学是关于控制研究的第一条道路，那么最好的概念之一也并不是无穷尽地创生的新词汇和文化范畴，而是确定的经济概念。如果采取经济学范式，而不是不停地回到对身份、主体性等问题的含糊谈论，关于现代性的社会学理论甚至是可以解救自己的。这假定了存在着社会经济学这样的东西，也就是说，关注文化、信任和社会关系等问题的一种经济学形式。韦伯自己持的观点是，现代性可以从经济方面来分析，主要是因为主体行动者不断地来吻合关于个人理性的经济图景。换言之，关于"人"的经济学模式不断地接近事实。那么，解释的经济学范式在近几十年来的社会科学领域具有如此重要的地位，谁会觉得惊诧呢？与其去哀叹理性选择理论、社会选择和博弈论——更不要提马克思主义经济学主义——在揭示复杂世界方面的失败，那些社会科学工作者更应该去认识到这种化约论只是我们为符合这种名义的解释所付出的代价。

对采取"命令权力和服从义务"的控制形式而言，这一领域已经有点被激进或批判社会学更严格的传统所过度殖民化了。这种社会学通常认为所有控制形式都可以批判，而不是去考察不同形式和风格的权威的社会构造，这种考察需要其他方法而不仅仅是轻蔑地批判。社会学化约论又怎么样呢？批判社会学常常提出——针对生物学、科学、心理学等的替代化约形式——正是社会决定了所有的差异。这种问题可能主要因为其在相对主义问题上的不确定性而受到批评，因为这些社会学家们倾向于强烈反对相对主义，尽管具有讽刺意味的是，关于社会确定问题本身他们立场的逻辑常常就是相对主义的。但是如果批判社会学倾向于用相对主义术语来描述社会的话,团结的范畴——不论是阶级、种族、性别还是其他的什么——都应该是他们分析中的一个常数。批判社会学通常将团结同时假定为人类联系的条件和目标。因为这种假定严格说来是目的论的,我们不得不赋予其伦理地位。团结是人们想要的东西,它具有价值。因此,启蒙批判并不立刻把它当作批判社会学来加以规范。如果批判社会学有问题的话,并不是说它"不真实"(像后现代主义中更为自吹自赞的人所认为的那样),而通常是说它认识不到自己首先是一种伦理话语,这往往意味着它具有成为道德话语或道德说教的趋势。但是我们不能证明,比如说,工人阶级是历史的主体,或者说所有女性都喜欢某种团结。然而,我们可以在伦理层面上持这些看法。而且,实际上,批判社会学应该被看作是一种令人尊敬的思想传统,它在方向上确实是条件性的。它常常用一种有点乌托邦式的反事实风格来诉说:"如果情形是这样的话,会如何呢?"或者会说,比如"如果假定某一天工人阶级确实会得到公正对待,我们应该如何解读历史进程呢?"这种社会学首先是乌托邦和伦理的,其次才能说是"科学的"或法理学的,承认这种状况也许更多地是要去维护批判社会学传统,而非马上谴责它。

这并不是说我们不能对批判社会学采取批判态度。批判社会学必须格外警惕自己容易满足的趋势。它非常容易流于重复已经说过的东西,而不考虑通过概念产生新的东西,而且它常常沉溺于对时间的满足,因为它假定公正寄寓于时间之中,即,在时间可及范围内,会有公正存在的。所有的批判社会学确实就是和时间打赌,作为一种潜在的规范而非规则性理想而激发在将来免受控制。

另一方面，启蒙批判确实是时间伦理学的道德教育，是反思我们当今环境的模型而非关于社会的推论性科学（Bell 1994）。在这里，人们并不那么将时间视为理所当然，其目的是要诊断当前的情况而非立刻拒斥它。这也不是反过来主张关于时间的后现代态度。

后现代视角似乎常常不只是颠覆了关于时间的补偿性观点，而代之以对时间的讽刺性反应。也许这种后现代的错误之一主要在于它没有很好地抓住以往社会学的特征，因为它的狭隘和所传授的东西而否弃了它，并把当下当作划时代历史整体之一部分来进行宏大理解，这被称为后现代或什么的，实际上不能通过当下问题来思考。我们应该用对当下的批判态度来替代时间的进步观和划时代观，这种批判态度首先关注我们当前的特殊环境，而不是将当下处境仅仅当作一种客观实际。启蒙批判应该是这一事业的一个方面，但是在这样做的时候，它只对批判社会学的当下现实进行了戏剧化。换言之，针对批判社会学的启蒙批判的适当后果，不是将之驳斥为一种错误或是意识形态，而是探寻它如何调整自己的观点来更好地吻合其自身实践。

在这种背景下再一次以关于性别的学术政治为例。性别研究领域目前正处于某种混乱状态之下，因为老一辈女权主义者——那些支持所有"批判"传统的人——受到来自年轻一辈的威胁，他们声称根本就不存在某种特定的性别分化的身份。因此，有些人会认为女权主义政治这种观念本身就是不可能的。关于这种情况的一种极端中性的社会学本身就是有趣的。这种研究毫无疑问会显示，伴随这种女权主义政治的首先既不是政治学，也不是认识论，而是伦理学。激进女权主义和后现代女权主义"争论"的一个条件,是必须有女权主义事业(project)这样的概念。但这是一种伦理的而非政治的或认识论的承诺。简要说来,它们的区别应该是,激进女权主义者认为她们依然可以将女权主义政治置于认识论基础之上(事实是存在着被压迫的女性阶级),而对后现代主义者而言,女权主义的政治存在是首要的,各种地方性的斗争应该被赋予优先性(见,比如 Yeatman 1994)。但实际上这是一种错误的对立,它们各自都只不过是质疑女权主义伦理地位的不同方式。而且这里的观点是,每一种伦理问题化都能够导致不同的或相同的方向,从政治学来说,这两种立场都更倾向于被思考而非确定。后现代女权主义者夸大了激进女权主义的认识论问题,而激进女权主义者也夸大了后现代女权主义的政治问题,而实际上从其中每一种立场都无法直接推导出确定的政治立场。

那么,首先要注意的就是,正是我们的伦理学为我们在这些问题上的行为提供依据。这一立场也许会将我们引向道德现实主义,或者按我们更愿意称呼它的,是一种伦理现实主义(参见 Lovibond 1983)。继续谈这个例子,女权主义最初既不是政治学也不是认识论,而是一种伦理权威形式,这意味着这是伦理论争的场所,是特定的人在伦理学领域用特定的知识形式寻求特定真理的地方——这种观点既没有使任何特殊的女权主义变得普遍"真实",也不能从整体上否定女权主义事业。

伦理学和启蒙

这样一种伦理现实主义——如果这样称呼不是太具误导性或

论据不足的话——还有另外一个优点,那就是,它使我们避开了二分的选择,就是说,一方面有一个伦理生活世界,另一方面有一个系统和专门知识的世界(参见 Habermas 1987b)。这些说法的结论总是非常类似,就是说伦理学被科学、专门知识甚至是启蒙本身殖民了。当代社会理论界很多有影响的思想家都持这种观点。这种理论不是去寻求对概念的限制性的化约主义,而是追求无穷尽的同义反复的二分法。

关于现代性的这种哲学社会学一般都是从一种基础哲学人类学——认为人类由种种特征构成——开始,然后叙述遭到质疑的伦理经验整体性的缺失。甚至阿拉斯代尔·麦金太尔很有影响的著作也是这样,它揭示,一方面,这些关于失去的哲学是成熟的,在实行过程中甚至很杰出,但另一方面,其结论的预测性太强。对麦金太尔而言,现代世界仅残存了一些前现代美德术语,现在甚至运用这些词汇的条件都消亡了(MacIntyre 1981)。人文科学和启蒙事业对这种情况也产生了影响,事实上,麦金太尔在其分析中将启蒙了的社会科学和"管理的"话语结合在一起,虽然伴随着讽刺性的附加条件,即,启蒙的效果"不是产生科学管理的社会控制,而是对这种控制的一种熟练的戏剧化模仿。这是在我们文化中赋予权力和权威的历史性胜利。最有效率的官僚就是最好的演员"(同前:107)。

这些哲学社会学发现自己不得不对现代社会进行明确的而且最终是浪漫的驳斥。它们迫使我们从特殊的哲学历史来演绎我们的判断,但是它们没有也不能激发我们去操练我们的判断。与这种哲学社会学不同的是,我们需要坚持的是,并不存在现代道德秩序,也不存在单一的理性化形式。实际上麦金太尔精细描述的社会科学家所居住的世界,尽管这些科学家把世界看作是完全被管理的并采取相应的行事方式,但这并不是真正的完全被管理的世界。希望和沮丧都不必然——也就是说演绎性地——成为这个时代的秩序。因此我们需要发展一种替代观,既替代这些社会科学——也许至少部分地以实际历史为基础,也替代这些科学的结构,这包括那些科学所预设的标准的内在形式,不同于依附于它们的某些意识形态的历史。我们同时还要发展启蒙的替代观。要做到这些必须考虑这些科学以及启蒙自身的伦理特征。这样做的时候,很有可能发现我们与伦理学后现代再概念化的距离和我们与共产主义道德幻想之间的距离一样遥远。也就是说,如下两个观点对我们来说都不合适,即,认为如今的社会见证了伦理学可能性的消亡,或正相反,认为它在激进复兴。

我们将近来关于道德的后现代著作当作后一种观点的例子,把它与麦金太尔作对比。比如说,齐格蒙德·鲍曼很遗憾:

> 和关于道德的后现代视角这一概念联系在一起的常常是对"伦理消亡"、伦理美学替代品以及随之而来的"最终解放"的庆祝。伦理学本身被贬低或嘲讽为已经被打破且要扔进历史垃圾箱的典型现代制约,是曾经被认为必要的脚镣,现在它显然是多余的:是后现代男人和女人们可以完全不要的另一个幻觉(Bauman 1992b: 2)。

不同于这种虚无主义,鲍曼试图塞给我们另一种——确切地说,是后现代的——伦理义务。这种义务是以"有关我们的伦理赋予"的特殊理论为基础的,实际上,这是一个明显的康德式概念,它的基础是"一种姿态,即,仅仅因他人原因而关心他人,并将他人作为'自由的主体'及'自己的目的'来尊敬"(同前:49)。对所有价值观的后现代重估似乎都涉及我们对自己和他人价值观的强化。这种伦理学在后现代背景下获得重生,恰恰是因为道德及关于美德的词汇已经被抛在身后了。

问题是这两种说法——不论是麦金太尔的还是鲍曼的——似乎都过于戏剧化了当今的情形。它们不是去寻求对当今的特定性进行定位,而是将现代性转向一种"是或否"的情形:今天的世界要么展示了伦理学的可能性,要么没有。但是,也许所有的不同并不在于伦理学可能性的增加或下降,而在于伦理学话语重要性的增长,换言之,是对自由、偶然和选择等的特征进行质疑的话语。实际上,我们很难否认这样一个结论,即,正是当前对伦理的沉迷本身产生了对哲学社会学的需求,以哀叹我们道德滑坡事实。也许,正是我们的伦理沉迷使我们感觉自己不再道德。

对启蒙的适当批判态度可能又有点不同了。只要它能帮我们跨越这种僵局、找到逃离的方式,它就是好的。之所以如此,部分原因在于它所回避的,而不在于它所支持的。我在此使用伦理学词汇并不是要通过表述"伦理学实际上是我们所留下的东西"来加入决定主义阵营。它实际上是要将伦理学维度隔离出来,作为所有的人类活动的基础,包括那些追求真理的活动。这意味着启蒙批判在形成任何伦理理论的时候都是彻底无用的。这比麦金太尔或鲍曼的宏大事业具有更明显的人为性,因为它关心的不是对当前伦理学可能性的一般诊断,而是直接针对我们的伦理倾向行事。这不是关于伦理学的话语,它本身就是伦理话语,其任务是要拓展思考的可能性边界,它不关注启蒙或改革的种种形式,而在意对判断的操练。

首先,启蒙批判分析试图开启一个空间,用伦理方式思考真理之类的重要问题。这种做法所涉及的东西不能在实际研究之前被陈述。毫无疑问,正因为如此,韦伯或福柯之类启蒙批判的前辈们更倾向于处理经验材料,而不是抽象重构或反思,或进行传统意义的哲学思考。这种关注显然和对真理的理性主义理解没有关系,但它也不是对真理观念的后现代批判。我们不能只是超越真理。如果后现在主义只是要做这些,它确实荒谬。正如玛尔帕斯(Malpas)所指出的:"反对谈论唯一真理而倾向于谈论真理的多样性,这误解了真理对我们提出的要求,这种要求使真理成为一个强有力的起始概念"(Malpas 1996:161)。现在的情况是,如果真理不是一种痛苦的经历,则它好像就没有价值似的。而且正是真理是一种痛苦经历这一事实导致一种要求,要求我们将伦理学问题与真理之类有价值的问题联系起来。

再谈社会理论

最后,我想重申,对启蒙持批判态度的理念并不是新近的创造。它并没有要求任何"最终的人"或对所有价值观的重新评价以使之成为比较灿烂的存在形式。在与相近学科的关系上,它本质上也不是颠覆性的。其完整观点应该是,我们在社会科学和社会学中所做的事情是非常值得的,人们不应该像"理论"反思使人们觉得的那样对这些学科感到羞耻。在一种同样内敛的精神下,我的观点是,启蒙批判是不同领域的各种人都一直在做的事情,甚至可以说它是内在于启蒙自身各种实践活动的一种实践。那么,社会理论不应该被看作启蒙批判成为可能的唯一地方,而应该被看作它通行的地方:是启蒙批判态度试图对自己最充分认识的地方。

这样一种社会理论就像现实或理性信仰主义与后现代主义之间的"第三条道路",是这两者的克星。我们不断被两种思想传统告知,存在着一种西方理性的危机,那种理性本身已经坍塌成了废墟。问题是理性的过程常常被这两种思想流派混同为非常不同的东西:理性主义模式。很肯定的是,作为一种理性伦理,理性主义没有未来,但是自从启蒙以来,理性主义的影响被大大地夸大了。理性主义确实是一种前启蒙话语,然后又是一种后启蒙话语。我们将一个非常不同的理性模式——甚至是伦理模式这样的东西——归功于启蒙时期。在这种背景下,我们如今真理论争中包含的愤怒只是对启蒙持续而非其消亡的一种见证。所以,也许我们关于理性的实践并非如我们想像的那么混乱,只是我们关于这些实践的解释尚不尽如人意。

参考书目

Abbott, A. 1988. *The system of professions*. Chicago: Chicago University Press.

Abercrombie, N. & J. Urry 1983. *Capital, labour and the middle classes*. London: Allen & Unwin.

Adams, P. 1996. The violence of paint. In *The emptiness of the image: psychoanalysis and sexual differences*. London: Routledge.

Adorno, T. 1984. *Aesthetic theory*. Oxford: Blackwell.

Adorno, T. & M. Horkheimer 1986. *Dialectic of enlightenment* (1947). London: Verso.

Aglietta, M. 1987. *A theory of capitalist regulation: the US experience*, trans. D. Fernbach. London: Verso.

Airaksinen, T. 1994. Service and science in professional life. In *Ethics and professions*. R. Chadwick (ed.) Aldershot: Avebury Press.

Althusser, L. 1984. A letter on art in reply to André Daspré (1966). In *Essays on ideology*. London: Verso.

Anderson, P. 1992a. Components of the national culture (1968). In *English questions*. London: Verso.

Anderson, P. 1992b. A culture in contraflow. In *English questions*. London: Verso.

Anscombe, G. 1966. *Intention*. New York: Cornell University Press.

Bachelard, G. 1984. *The new scientific spirit* (1934), trans. A. Goldhammer. Boston: Beacon Press.

Bacon, F. 1870. On the dignity and advancement of learning, Books II – VI (1640). In *The Works of Sir Francis Bacon*. vol. IV, J. Spedding, R. L. Ellis & D. D. Heath (eds). London: Longman.

Baker, K. 1975. *Condorcet*: *from natural philosophy to social mathematics*. Chicago: Chicago University Press.

Bakhtin, M. 1986. The problem of speech genres (1952 – 1953). In *Speech genres and other late essays*, trans. V. W. McGee. Texas: University of Texas Press.

Barry, A. 1993. Television, truth and democracy. *Media*, *Culture and Society* 15, 487 – 496.

Baudelaire, 1992. The painter of modern life (1863), trans. P. E. Charvet. In *Selected writings on art and literature*. Harmondsworth: Penguin Books.

Bauman, Z. 1976. *Socialism*: *the active utopia*. London: Allen & Unwin.

Bauman, Z. 1986. *Modernity and the holocaust*. Oxford. Blackwell.

Bauman, Z. 1987. *Legislators and interpreters*; *on modernity*, *post-modernity and intellectuals*. Cambridge. Polity Press.

Bauman, Z. 1991. *Modernity and ambivalence*. Cambridge: Polity Press.

Bauman, Z. 1992a. *Intimations of postmodernity*. London: Routledge.

Bauman, Z. 1992b. *Postmodern ethics*. Oxford: Blackwell.

Baxandall, M. 1972. *Painting and experience in fifteenth-century Italy*. Oxford: Oxford University Press.

Baxandall, M. 1985. *Patterns of intention*: *on the historical explanation of pictures*. New Haven: Yale University Press.

Bell, D. 1973. *The coming of the post-industrial society*. New York: Basic Books.

Bell, D. 1980. The social framework of the information society. In *The microelectronics revolution*. T. Forester (ed.). Oxford: Blackwell.

Bell, V. 1994. Dreaming and time in Foucault's philosophy. *Theory*, *Culture and Society* 11. 151 – 163.

Bell, V. 1996. Bio-politics and the spectre of incest. In *Global modernities*. M. Featherstone & S. Lash (eds). London: Sage.

Berger, J. 1972. *Ways of seeing*. London: BBC Books.

Berger, P. 1965. Towards a sociological understanding of psychoanalysis. *Social research* 32 (1), 26 – 41.

Blumenberg, H. 1983. *The legitimacy of the modern age* (1966), trans. R. M. Wal-

lace. Cambridge, Mass.: MIT Press.
Born, G. 1995. *Rationalising culture: IRCAM, Boulez and the musical avant-garde*. California: University of California Press.
Boschetti, A. 1989. *The intellectual enterprise: Sartre and "Les Temps Modernes"*, trans. R. McCleary. Evanston: Northwestern University Press.
Bourdieu, P. 1971. Intellectual field and creative project. In *Knowledge and control: new directions in the sociology of education*. M. F. D. Young (ed.). London: Collier-Macmillan.
Bourdieu, P. 1986. *Distinction: a social critique of the judgement of taste*, trans. R. Nice. London: RKP.
Bourdieu, P. 1988. *Homo academicus*, trans. P. Collier. Cambridge: Polity Press.
Bourdieu, P. 1991. *The love of art*, trans. C. Beattie and N. Merriman. Cambridge: Polity Press.
Bourdieu, P. 1993. *The field of cultural reproduction*, trans. R. Johnson. Cambridge: Polity Press.
Bourdieu, P. 1995. *The rules of art: genesis and structure of the literary field*, trans. S. Emanuel. Cambridge: Polity Press.
Bourdieu, P. & H. Haacker 1995. *Free exchange*. Cambridge: Polity Press.
Bowness, A. 1971. Conversations with Barbara Hepworth. In *The complete sculpture of Barbara Hepworth 1960 - 1969*. A. Bowness (ed.). London: Lund Humphries.
Boyle, R. 1772. A free enquiry into the received notion of nature (1686). In *The works of the honourable Robert Boyle in six volumes*. T. Birch (ed.). London.
Breuer, J. & S. Freud 1953. Studies in hysteria. In *Standard edition of the collected works of Sigmund Freud*. London: Hogarth Press, vol. 2.
Brubaker, R. 1984. *The limits of rationality: an essay on the social and moral thought of Max Weber*. London: Allen & Unwin.
Burchell, G. 1993. Liberal government and techniques of the self. *Economy and Society* 22 (3), 267 - 282.
Burchell, G., C. Gordon, & P. Miller (eds) 1991. *The Foucault effect*. Hemel Hempstead: Harverster-Wheatsheaf.

Bürger, P. 1984. *The theory of the avant-garde*. Manchester: Manchester University Press.

Burrow, J. 1981. *A liberal descent: Victorian historians and the English past*. Cambridge, Cambridge University Press.

Butterfield, H. 1950. *The Whig interpretation of history* (1931). London: Bell.

Callon, M. 1986. Some elements of a sociology of translation: domestication of the scallops and the fishermen of St. Brieuc bay. In *Power, action and belief*. J. Law (ed.). London: Routledge.

Callon, M. & B. Latour 1981. Unscrewing the big Leviathan: how actors macrostructure social reality and how sociologists help them. In *Advances in social theory and methodology: toward an integration of micro- and macro-sociologies*. K. Knorr-Cetina & A. Cicourel (eds). London: Routledge.

Campbell, C. 1987. *The Protestant ethic and the spirit of modern consumerism*. Oxford: Blackwell.

Canguilhem, G. 1968. *Etudes d'histoire et de philosophie des sciences*. Paris: Vrin.

Canguilhem, G. 1980. What is psychology? trans. H. Davies. *I & C*, 7. 37 – 50.

Canguilhem, G. 1988. *Ideology and rationality in the history of the life sciences*, trans. A. Gold-hammer. Cambridge, Mass.: MIT Press.

Canguilhem, G. 1989. *The normal and the pathological* (1944/1966), trans. C. Fawcett. New York: Zone Books.

Carrithers, M., S. Collins, S. Lukes (eds) 1985. *The category of the person: anthropology, philosophy, history*. Cambridge: Cambridge University Press.

Cassirer, E. 1951. *The philosophy of the enlightenment*, trans. F. Koelln & J. Pettegrove. New Jersey: Princeton University Press.

Castel, R. 1973. *Le psychanalysme*. Paris: Maspero.

Castel, R. 1985. Moral treatment: mental therapy and social control. In *Social control and the state*. P. Cohen & A. Scull (eds). Oxford: Blackwell.

Cavell, S. 1979. *The claim of reason: Wittgenstein, morality, and tragedy*. Oxford: Clarendon Press.

Clark, J. C. D. 1985. *English society, 1688 – 1832*. Cambridge: Cambridge University Press.

Collini, S. 1991. *Public moralists: political thought and intellectual life in Britain 1850 – 1930*. Cambridge: Cambridge University Press.

Collins, H. M. & S. Yearley 1992. Epistemological chicken. In *Science as practice and as culture*. A. Pickering (ed.). Chicago: University of Chicago Press.

Collins, R. 1979. *The credential society: an historical sociology of education and stratification*. New York: Academic Press.

Coser, L. 1965. *Men of ideas*. New York: Free Press.

Crawford, T. Hugh 1993. An interview with Bruno Latour. *Configurations* 1 (2), 247 – 268.

Danto, A. C. 1964. The artworld. *Journal of Philosophy*, LXI (17), 571 – 584.

Danziger, K. 1990. *Constructing the subject: historical origins of psychological research*. Cambridge: Cambridge University Press.

Darnton, R. 1987. The facts of literary life in eighteenth century France. In *The political culture of the old regime*. K. M. Baker (ed.). Oxford: Pergamon Press.

de Swaan, A. 1990. *The management of normality: critical essays in health and welfare*. London: Routledge.

Dean, M. 1994. *Critical and effective histories*. London: Routledge.

Debray, R. 1981. *Teachers, writers, celebrities: the intellectuals of modern France*, trans. D. Macey. London: Verso.

Deleuze, G. 1981. *Francis Bacon. Logique de la sensation*. Paris: editions de la différance.

Deleuze, G. 1988. *Foucault*, trans. S. Hand. Minnesota: University of Minnesota Press.

Deleuze, G. 1990. *Pourparlers*. Paris: Minuit.

Deleuze, G. 1992. Mediators. In *Incorporations*. J. Crary & S. Kwinter (eds). New York: Zone (see also Deleuze 1990).

Deleuze, G. & F. Guattari 1991. *What is philosophy?* trans. H. Tomlinson & G. Burchell. New York: Columbia University Press.

Deleuze, G. & C. Parnet 1987. *Dialogues*. trans. H. Tomlinson & B. Habberjam.

London: Athlone Press.

Derrida, J. 1987. *The truth in painting*, trans. G. Bennington and I. McLeod. Chicago: Chicago University Press.

Dews, P. 1987. *Logics of disintegration: poststructuralist thought and the claims of critical theory*. London: Verso.

Douglas, M. & D. Hull (eds) 1992. *How classification works: Nelson Goodman among the social sciences*. Edinburgh: Edinburgh University Press.

Dreyfus, H. 1991. *Being-in-the-world*. Berkeley: University of California Press.

Durkheim, E. 1973. *Moral education: a study in the theory and application of the sociology of education* (1925), trans. E. K. Wilson & H. Schnurer. New York: Free Press.

Eagleton, T. 1990. *The ideology of the aesthetic*. Oxford: Blackwell.

Eagleton, T. 1995. *Heathcliffe and the great hunger*. London: Verso.

Eagleton, T. 1996. *The illusions of postmodernism*. Oxford: Blackwell.

Edelman, M. 1984. The political language of the helping professions. In *Language and politics*. M. J. Shapiro (ed.). New York: New York University Press.

Eley, G. & K. Nield 1995. Starting over: the present, the post-modern and the moment of social history. *Social History* 20, 355-365.

Elias, N. 1978. *Involvement and detachment*, trans. E. Jephcott, Oxford: Blackwell.

Elias, N. 1983. *The court society*, trans. E. Jephcott, Oxford: Blackwell.

Elias, N. 1994. *Mozart: portrait of a genius*, trans. E. Jephcott. Cambridge: Polity Press.

Elliot, P. 1972. *The sociology of the professions*. London: Macmillan.

Elster, J. 1983. *Sour grapes*. Cambridge: Cambridge University Press.

Elster, J. 1993. *Political psychology*. Cambridge: Cambridge University Press.

Epictetus (ed.) 1928. *Discourses*. Book 2, trans. W. A. Oldfather. London: Heinemann.

Eyerman, R. 1994. *Between culture and politics: intellectuals in modern society*. Cambridge: Polity Press.

Farson, D. 1993. *The gilded gutter life of Francis Bacon*. London: Vintage.

Feyerabend, P. 1974. *Against method*. London: Verso.

Fleck, L. 1979. *The genesis and development of a scientific fact* (1935), trans. F. Bradley & T. J. Trenn. Chicago: University of Chicago Press.

Flynn, T. 1988. Foucault as parrhesiast: his last course at the Collège de France. In *The final Foucault*. J. Bernauer and D. Rasmussen (eds). Cambridge, Mass.: MIT Press.

Focillon, H. 1992. *The life of forms in art* (1934). New York: Zone.

Forester, T. 1985. *The information technology revolution*, Oxford: Blackwell.

Foucault, M. 1971. *Madness and civilisation* (1961). Harmondsworth: Penguin Books.

Foucault, M. 1976. *The history of sexuality, volume 1: an introduction*, trans. R. Hurley. Harmondsworth: Penguin Books.

Foucault, M. 1979. *Discipline and punish: the birth of the prison*, trans. A. Sheridan. Harmondsworth: Peregrine Books.

Foucault, M. 1984a. What is enlightenment? In *The Foucault reader*. P. Rabinow (ed.). Harmondsworth: Peregrine Books.

Foucault, M. 1984b. On the genealogy of ethics. In *The Foucault reader*. P. Rabinow (ed.). Harmondsworth: Peregrine Books.

Foucault, M. 1984c. What is an author? In *The Foucault reader*. P. Rabinow (ed.). Harmondsworth: Penguin Books.

Foucault, M. 1984d. À propos de la généalogie de l'éthique: un aperçu du travail en cours. See Foucault (1994), volume 4.

Foucault, M. 1986. *The use of pleasure*, trans. R. Hurley. Harmondsworth: Viking.

Foucault, M. 1988. The minimalist self. In *Michel Foucault: politics, philosophy, culture*. L. Kritzman (ed.). London: Routledge.

Foucault, M. 1989. An aesthetics of existence. In *Foucault live*. New York: Semiotext(e).

Foucault, M. 1991a. Governmentality. See G. Burchell, C. Gordon, P. Miller (1991).

Foucault, M. 1991b. Questions of method. See G. Burchell, C. Gordon, P. Miller 1991.

Foucault, M. 1994. *Dits et ecrits*. 4 volumes. Paris: Gallimard.

Foucault, M. 1996. What is critique? (1978), trans. K. P. Geiman. In *What is enlightenment? Eighteenth-century questions and twentieth-century answers*. J. Schmidt (ed.). Berkeley: University of California Press.

Freidson, E. 1970. *Professional dominance*. New York: Atherton Press.

Freidson, E. 1986. *Professional powers: a study of the institutionalization of professional knowledge*. New York: Dodd, Mead.

Frisby, D. 1985. *Fragments of modernity*. Cambridge: Polity Press.

Fukuyama, F. 1990. *The end of history and the last man*. Harmondsworth: Penguin Books.

Fukuyama, F. 1996 *Trust*. Harmondsworth: Penguin Books.

Fuller, S. 1992. Social epistemology and the research agenda of science studies. In *Science as practice and culture*. A. Pickering (ed.). Chicago: University of Chicago Press.

Gaukroger, S. 1995. *Descartes: an intellectual biography*. Oxford: Clarendon Press.

Gay, P. 1966. *The Enlightenment: an interpretation: vol. I*. New York: Vintage.

Gay, P. 1972. *The Enlightenment: an interpretation: vol. II: the science of freedom*. London: Wildwood.

Geertz, C. 1983. *Local knowledge*. New York: Basic Books.

Gella, A. (ed.) 1976. *The intelligentsia and the intellectuals: theoty, method and case study*. London: Sage.

Gellner, E. 1974. *Legitimation of belief*. Cambridge: Cambridge University Press.

Gellner, E. 1985. *The psychoanalytic movement*. London: Paladin.

Gellner, E. 1988. *Plough, sword and book*. London: Collins.

Gellner, E. 1990. La trahison de la trahison des clercs. In *The political responsibility of intellectuals*. I. MacLean, A. Montefiore, P. Winch (eds). Cambridge: Cambridge University Press.

Gellner, E. 1992a. *Reason and culture: the historic role of rationality and rational-*

ism. Oxford: Blackwell.

Gellner, E. 1992b. *Postmodernism, reason and religion*. London: Routledge.

Giddens, A. 1991a. *The consequences of modernity*. Cambridge: Polity Press.

Giddens, A. 1991b. *Modernity and self-identity: self and society in the late modern age*. Cambridge: Polity Press.

Godelier, M. 1986. *The mental and the material: thought, economy, society*, trans. M. Thom. London: Verso.

Goldman, H. 1988. *Max Weber and Thomas Mann: calling and the shaping of the self*. Berkeley: University of California Press.

Goody, J. 1977. *The domestication of the savage mind*. Cambridge: Cambridge University Press.

Gordon, C. 1986a. Question, ethos, event: Foucault on Kant and enlightenment. *Economy and Society* 15 (1), 71 – 87.

Gordon, C. 1986b. Foucault en Angleterre. *Critique*, 471 – 472, 826 – 840.

Gordon, C. 1987. The soul of the citizen: Max Weber and Michel Foucault on rationalities of government. In *Max Weber, rationality and modernity*. S. Lash & S. Whimster (eds). London: Allen & Unwin.

Gordon, C. 1991. Governmental rationality: an introduction. See G. Burchell, C. Gordon, P. Miller (eds) (1996).

Gouldner, A. 1979. *The future of intellectuals and the rise of the new class*. London: Macmillan.

Gramsci, A. 1971. *Selections from prison notebooks (1929 – 1935)*. London: Lawrence & Wishart.

Granet, M. 1975. *The religion of the Chinese people* (1922), trans. M. Freedman. Oxford: Blackwell.

Gray, J. 1995. *Enlightenment's WAKE: politics and culture at the close of the modern age*. London: Routledge.

Gray, J. 1997. *Endgames: questions in late modern political thought*. Cambridge: Polity Press.

Green, M. 1974. *The von Richtofen sisters: the triumphant and the tragic modes of love*. London: Weidenfeld.

Greenberg, C. 1965. Modernist painting. *Art and Literature*, 4, 193 – 201.

Gross, P. & N. Levitt 1994. *Higher superstition: the academic left and its quarrels with science*. Baltimore: Johns Hopkins.

Guyau, J. – M. 1898. *A sketch of morality independent of obligation or sanction*, trans. G. Kapteyn. London: Watts.

Habermas, J. 1985. Modernity-an incomplete project. In *Postmodern culture*. H. Foster (ed.). London: Pluto.

Habermas, J. 1987a. *The philosophical discourse of modernity*, trans. T. McCarthy. Cambridge: Polity Press.

Habermas, J. 1987b. *The theory of communicative action: vol. 2. Lifeworld and system; a critique of functionalist reason*, trans. T. McCarthy. Boston: Beacon Press.

Hacking, I. 1982. Language, truth and reason. In *Rationality and relativism*. S. Lukes & M. Hollis (eds). Oxford: Blackwell.

Hacking, I. 1983a. *Representing and intervening: introductory topics in the philosophy of natural science*. Cambridge: Cambridge University Press.

Hacking, I. 1983b. The accumulation of styles of scientific reasoning. In *Kant oder Hegel? Uber formen der Begrundung in der Philosophie*. D. Henrich (ed.). Stuttgart: Klett-Cotta.

Hacking, I. 1986. Making up people. In *Reconstructing individualism*. T. C. Heller, M. Sosna, D. Wellsemy (eds). Stanford: Stanford University Press.

Hacking, I. 1988. The participant irrealist at large in the laboratory. *British Journal of the Philosophy of Science* 39, 277 – 294.

Hacking, I. 1990. *The taming of chance*. Cambridge: Cambridge University Press.

Hacking, I. 1992a. The self-vindication of the laboratory sciences. In *Science as practice and culture*. A. Pickering (ed.). Chicago: University of Chicago Press.

Hacking, I 1992b. Statistical language, statistical truth and statistical reason. In *The social dimensions of science*. E. McMullin (ed.). Indiana: University of Notre Dame Press.

Hacking, I. 1992c. World-making by kind-making: child abuse for example. In *How classification work*: Nelson Goodman among the social sciences. M. Douglas & D. Hull (eds). Edinburgh: Edinburgh University Press.

Hacking, I. 1995a. *Re-writing the soul*. Harvard: Harvard University Press.

Hacking, I. 1995b. The looping effects of human kinds. In *Causal cognition: a multidisciplinary debate*. D. Sperber, D. Premack, A. James Premack. Oxford: Clarendon Press.

Hadot, P. 1995. *Philosophy as a way of life, spiritual exercises from Socrates to Foucault*, trans. M. Chase. Oxford: Blackwell.

Hall, J. A. 1979. The curious case of the British intelligentsia. *British Journal of Sociology* 30 (3), 291 – 306.

Hall, J. A. 1985. The intellectuals as new class: reflections on Britain. *Culture, Education and Society* 39 (3), 206 – 220.

Halmos, P. 1979. *The faith of the counselors*. London: Macmillan.

Halsey, A. H. 1965. Universities in advanced society. In *Readings in economic sociology*. N. J. Smelser (ed.). New Jersey: Prentice Hall.

Hamilton, P. 1996. The Enlightenment and the birth of social science. In *Modernity: an introduction to modern societies*. S. Hall, D. Held, D. Hubert, K. Thompson (eds). Oxford: Blackwell.

Hampson, N. 1968. *The Enlightenment*. Harmondsworth: Penguin Books.

Hankins, T. 1970. *Jean d'Alembert: science and the enlightenment*, oxford: Clarendon Press.

Harré, R. 1983. *An introduction to the logic of the sciences*, 2nd edn. London: Macmillan.

Harris, N. 1994. Professional codes and Kantian duties. In *Ethics and the professions*. R. Chadwick (ed.). Aldershot: Avebury Press.

Harvie, C. 1976. *The lights of liberalism: university liberals and the challenge of democracy 1860 – 1886*. London: Allen Lane.

Havel, V. 1986. *Living in truth* (ed. J. Vladislaw). London: Faber.

Heidegger, M. 1966. *Discourse on thinking* (1959), trans. J. M. Anderson and E. H. Freund. New York: Harper & Row.

Heidegger, M. 1975. The origin of the work of art. In *Poetry, language, thought*, trans. A. Hofstadter. New York: Harper & Row.

Heidegger, M. 1977. The age of the world picture (1938). In *The question concerning technology and other essays*, trans. W. Lovitt. New York: Harper & Row.

Heidegger, M. 1981. *Nietzsche, volume one: the will to power as art*, trans. D. Farrell Krell. London: RKP.

Heilbron, J. 1995. *The rise of social theory*, trans. S. Gogol. Cambridge: Polity Press.

Hennis, W. 1988. *Max Weber: essays in reconstruction*, trans. K. Tribe. London: Allen & Unwin.

Hennis, W. 1991. The pitiless 'sobriety of judgement': Max Weber between Carl Menger and Gustav von Schmoller-the academic politics of value freedom. *History of the Human Sciences* 4 (1), 27 – 59.

Hennis, W. 1996. *Max Weber's Wissenschaft vom Menschen: neue studien zur biographie des werks*. Tubingen: Mohr.

Heyck, T. W. 1982. *The transformation of intellectual life in Victorian England*. London: Croom Helm.

Heyck, T. W. 1987. The idea of a university in Britain, 1870 – 1970. *History of European Ideas* 8 (2), 205 – 219.

Hindess, B. 1987. Rationality and the characterization of modern society. In *Max Weber, rationality and modernity*. S. Lash & S. Whimster (eds). London: Allen & Unwin.

Hirst, P. 1989. Endism. *London Review of Books* 23, November 14.

Hirst, P. 1995. Is the university the enemy of ideas?, published as: Education and the production of new ideas. *AA Files* (annals of the Architectural Association of School of Architecture) 29, 44 – 49.

Honigsheim, P. 1968. *On Max Weber*, trans. J. Rytina. New York: Free Press.

Honneth, A. & H. Joas 1988. *Social action and human nature*, trans. R. Meyer. Cambridge: Cambridge University Press.

Hookway, C. 1995. Fallibilism and objectivity: science and ethics. In *World, mind and ethics*: *essays on the ethical philosophy of Bernard Williams*. J. E. J. Altham & R. Harrison (eds). Cambridge: Cambridge University Press.

Hoy, D. & T. McCarthy 1994. *Critical theory*. Oxford: Blackwell.

Hulme, P. & L. Jordanova (eds) 1990. *The Enlightenment and its shadows*. London: Routledge.

Hunter, I. 1988. *Culture and government*: *the emergence of literary education*. London: Macmillan.

Hunter, I. 1990. Personality as a vocation: the political rationality of the humanities. *Economy and Society* 19 (4), 391–430.

Huxley, T. H. 1925. A liberal education and where to find it (1868). In *Science and education* (*collected essays, vol. III*). London: Macmillan.

Illich, I. 1976. *Medical nemesis*. London: Calder & Boyers.

Inkster, I. 1991. *Science and technology in history*: *an approach to industrial development*. London: Macmillan Education.

Irwin, A. 1995. *Citizen science*: *a study of people, expertise and sustainable development*. London: Routledge.

Jacob, J. 1988. *Doctors and rules*: *a sociology of professional values*. London: Routledge.

Jamous, H. & B. Pelloile 1970. Professions or self-perpetuating systems? Changes in the French university-hospital system. In *Professions and professionalization*. J. A. Jackson (ed.). Cambridge: Cambridge University Press.

Johnson, R. V. 1969. *Aestheticism*. London: Methuen.

Johnson, T. 1972. *Professions and power*. London: Macmillan.

Kamper, D. 1993. *Geschichte und menschliche Natur*: *Die Tragweite gegenwärtiger Anthropologiekritik*. Munich: Hauser.

Kant, I. 1970. An answer to the question: 'What is enlightenment?' (1784). In *Political writings*, trans. H. B. Nisbet, H. Reiss (ed.). Cambridge: Cambridge University Press.

Kant, I. 1978. *Anthropology from a pragmatic point of view* (1798), trans. V. L. Dawdell. London: Feffer & Simons.

Kelly, M. (ed.) 1994. *Critique and power*: *re-casting the Foucault-Habermas debate*. Cambridge, Mass.: MIT Press.

Kendall, T. & N. Crossley, 1996. Governing love: on the tactical control of countertransference in the psychoanalytic community. *Economy and Society* 25 (2), 178 – 194.

Khilnani, S. 1993. *Arguing revolution*: *the intellectual left in post-war France*. New Haven: Yale University Press.

Kirk, N. 1994. History, languages, ideas and post-modernism: a materialist view. *Social history* 19, 21 – 41.

Kneymeyer, F. - L. 1980. Polizei. *Economy and Society* 9 (2), 172 – 196.

Kuhn, T. 1979. *The essential tension*. Chicago: University of Chicago Press.

Kumar, K. 1979. *Prophecy and progress*: Harmondsworth: Penlican Books.

Kuspit, D. 1993. *The cult of the avant-garde artist*. Cambridge: Cambridge University Press.

Larson, M. G. 1984. The production of expertise and the constitution of expert power. In *The authority of experts*: *studies in history and theory*. T. L. Haskell (ed.). Bloomington: Indiana.

Larson, M. G. 1991. *The rise of professionalisation*. Cambridge: Cambridge University Press.

Lassman, P. & I. Velody 1989. Science, disenchantment and the search for meaning. In *Max Weber on 'science as a vocation'*. P. Lassman and I. Velody (eds). London: Unwin Hyman.

Latour, B. 1986. Visualisation and cognition: thinking with eyes and hands. In *Knowledge and society*, *vol. 6*. H. Kuchlick (ed.). Greenwich: JAI Press.

Latour, B. 1987. *Science in action*. Harvard: University of Harvard Press.

Latour, B. 1988a. *The pasteurization of France*, trans. A. Sheridan & J. Law. Cambridge, Mass.: Harvard University Press.

Latour, B. 1988b. The politics of explanation. In *Knowledge and reflexivity*: *new frontiers in the sociology of knowledge*. S. Woolgar (ed.). London: Sage.

Latour, B. 1992. One more turn after the social turn. In *The social dimensions of sci-*

ence. E. McMullin (ed.). Notre Dame: University of Notre Dame Press.

Latour, B. 1993a. *We have never been modern*, trans. C. Porter. Hemel Hempstead: Harvester-Wheatsheaf.

Latour, B. 1993b. Pasteur on lactic acid yeast: a partial semiotic analysis. *Configurations* 1 (1), 129 – 146.

Latour, B. 1996. *Aramis, or the love of technology*. Cambridge, Mass.: Harvard University Press.

Latour, B. & S. Woolgar 1979. *Laboratory life: the construction of scientific facts*. Princeton, NJ: Princeton University Press.

Lawson, H. & L. Appignanesi (eds). 1989. *Dismantling truth*. New York: Weidenfeld & Nicholson.

Lipietz, A. 1987. *Mirages and miracles: the crisis of global fordism*, trans. D. Macey. London: Verso.

Lovibond, S. 1983. *Realism and imagination in ethics*. Oxford: Blackwell.

Lynch, M. 1984. *Art and artifact in laboratory science; a study of shop work and shop talk in a research laboratory*. London: Routledge RKP.

Lynch, M. & S. Woolgar (eds) 1988. *Representation in scientific practice*. Cambridge, Mass.: MIT Press.

Lyon, D. 1986. From postmodernism to the information society. *Sociology*. 20, 577 – 588.

Lyotard, J. – F. 1984a. *The postmodern condition: a report on knowledge*, trans. G. Bennington & B. Massumi. Manchester: Manchester University Press.

Lyotard, J. – F. 1984b. The sublime and the avant-garde. *Art forum*. 22, 36 – 43.

Lyotard, J. – F. 1992. *The postmodern explained to children*. London: Turnaround.

Lyotard, J. – F. & J. – L. Thébaud 1985. *Just gaming*. Manchester: Manchester University Press.

McCormack, W. J. 1994. *From Burke to Beckett: ascendancy, tradition and betrayal in literary history*. Cork: Cork University Press.

Macey, D. 1995. Michel Foucault; J'accuse. *New Formations* 25, 5 – 13.

Machlup, F. 1962. *The production and distribution of knowledge in the United States*.

Princeton, NJ: Princeton University Press.

Machlup, F. 1981. *Knowledge and knowledge production*. Princeton, NJ: Princeton University Press.

Mackenzie, D. 1981. *Statistics in Britain, 1865 - 1930*. Edinburgh: Edinburgh University Press.

MacIntyre, A. 1981. *After virtue: a study in moral theory*. London: Duckworth.

MacIntyre, A. 1990. *Three rival versions of moral enquiry*. London: Duckworth.

Maffesoli, M. 1985. Le paradigme esthétique: la sociologie comme art. *Sociologie et sociétés* XVII, 33 - 39.

Malpas, J. 1996. Speaking the truth. *Economy and Society* 25 (2), 156 - 177.

Mannheim, K. 1936. *Ideology and utopia: an introduction to the sociology of knowledge*, trans. L. Wirth & E. Shils. New York: Harcourt & Brace.

Martin, L., H. Gutman, P. Hutton (eds) 1988. *Technologies of the self*. London: Tavistock.

Marx, K. & F. Engels 1976. *The German ideology* (1846), in *Collected works*. Vol. 5. London: Lawrence & Wishart.

Merton, R. K. 1968. Science and democratic social structure (1942). In *Social theory and social structure*. New York: Free Press.

Mill, J. S. 1980. On genius (1832). In *The collected works of J. S. Mill*, volume one. J. M. Robson & J. Stichinger (eds). Toronto: Routledge & Kegan Paul.

Mill, J. S. 1992. *On liberty* (1859). London: Everyman.

Miller, P. & N. Rose 1988. The Tavistock programme: the government of subjectivity and social life. *Sociology* 22, 171 - 192.

Miller, P. & N. Rose 1994. On therapeutic authority: psychoanalytic expertise under advanced liberalism. *History of the Human Sciences* 7 (3), 29 - 64.

Mills, C. W. 1963. Situated actions and vocabularies of motive (1940), In *Power, politics and people*. New York: oxford University Press.

Mommsen, W. 1987. Personal conduct and social change. See S. Lash & S. Whimster (eds) *Max Weber, Rationality and Modernity*. London: Allen & Unwin.

Montefiore, A. 1990. The political responsibility of intellectuals. In *The political re-

sponsibility of intellectuals. I. MacLean, A. Montefiore, P. Winch (eds). Cambridge: Cambridge University Press.

Munro, D. J. 1988. *Images of human nature: a Sung portrait*. Princeton: Princeton University Press.

Nietzsche, F. 1969. *Genealogy of morals* (1888), trans. W. Kaufmann. New York: Vintage.

Nietzsche, F. 1974. *The gay science* (1882/1887), trans. W. Kaufmann. New York: Vintage.

Nietzsche, F. 1983a. On the uses and disadvantages of history for life (1874). In *Untimely meditations*, trans. R. J. Hollingdale. Cambridge: Cambridge University Press.

Nietzsche, F. 1983b. Schopenhauer as educator (1874). In *Untimely mediations*, trans. R. J. Holingdale. Cambridge: Cambridge University Press.

Norris, C. 1996. *Reclaiming truth: contribution to a critique of cultural relativism*. London: Lawrence & Wishart.

OECD 1989. *Science and technology indicators: report number 3*. Paris: OECD.

Oakeshott, M. 1989. *The voice of liberal learning*, T. Fuller (ed.). New Haven: Yale University Press.

Oestreich, W. 1982. *Neo-stoicism and the modern state*. Cambridge: Cambridge University Press.

Ong, W. J. 1982. *Orality and literacy: the technologizing of the word*. London: Methuen.

Outhwaite, W. 1987. *New philosophies of social science: realism, hermeneutics and critical theory*. London: Macmillan.

Owen, D. 1991. Autonomy and 'Inner Distance': a trace of Nietzsche in Weber. *History of the Human Sciences* 4 (1), 79-91.

Owen, D. 1994. *Maturity and modernity: Nietzsche, Weber, Foucault and the ambivalence of reason*. London: Routledge.

Owen, D. 1995. Genealogy as exemplary critique: reflections on Foucault and the imagination of the political. *Economy and Society* 24 (4), 489-506.

Owen, D. 1998. Nietzsche, Enlightenment and the problem of noble ethics. In *Nietzsche's futures*. J. Lippit (ed.). London: Macmillan.

Pasquino, P. 1986. Michel Foucault: the will to knowledge (1926 – 1984). *Economy and society* 15 (1), 97 – 109.

Peirce, C. S. 1992. *The essential Peirce: selected philosophical writings*, *volume one*, *1867 – 1893*, N. Houser & C. Kloesel (eds). Indianapolis: Indiana University Press.

Peppiatt, M. 1996. *Francis Bacon: anatomy of an enigma*. London: Weidenfeld & Nicolson.

Perkin, H. 1989. *The rise of professional society: England since 1800*. London: Routledge.

Perkin, H. 1991. *Origins of modern English society* (1969). London: Routledge.

Phillipson, N. 1974. Culture and society in the eighteenth-century province: the case of Edinburgh and the Scottish Enlightenment. In *The University in society: volume II*, L. Stone (ed.). Princeton: Princeton University Press.

Phillipson, N. 1989. *Hume*. London: Weidenfele & Nicolson.

Pocock, J. G. A. 1975. *The Machiavellian moment*. Princeton, NJ: Princeton University Press.

Pocock, J. G. A. 1980. Post-puritan England and the problem of enlightenment. In *Culture and politics from Puritanism to the Enlightenment*. P. Zagorin (ed.). Berkeley: University of California Press.

Pocock, J. G. A. 1984. Verbalizing a political act: towards a politics of speech. In *Language and politics*, M. Shapiro (ed.). New York: New York University Press.

Podro, M. 1982. *The critical historians of art*. New Haven: Yale University Press.

Polanyi, M. 1946. *Science, faith and society*. London: Oxford University Press.

Porter, R. 1981. The Enlightenment in England. See Porter & Teich (1981).

Porter, T. & M. Teich (eds) 1981. *The Enlightenment in national context*. Cambridge, Cambridge University Press.

Poster, M. 1990. *The mode of information: post-structuralism and social context*. Cambridge: Polity Press.

Price, D. de Solla 1963. *Little science, big science*. New York: Columbia University Press.

Prigogine, I, & I. Stengers 1984. *Order out of chaos: man's new dialogue with nature*. London: Heinemann.

Rajchman, J. 1991. *Truth and eros*. London: Routledge.

Rieff. P. 1966. *The triumph of the therapeutic*. London: Chatto & Windus.

Rieff, P. 1983. The impossible culture. *Salmagundi* 58 – 59, 406 – 426.

Rist, J. M. 1978. The Stoic concept of detachment. In *The Stoics*. J. M. Rist (ed.). Berkeley: University of California Press.

Rorty, R. 1989. *Contingency, irony and solidarity*. Cambridge: Cambridge University Press.

Rose, N. 1985. *The psychological complex: psychology, politics and society in England, 1869 – 1939*. London: RKP.

Rose, N. 1990. *Governing the soul: the shaping of the private self*. London: Routledge.

Rose, N. 1992a. *Towards a critical sociology of freedom*. London: Goldsmiths College.

Rose, N. 1992b. Governing the enterprising self. In *The values of the enterprise culture: the moral debate*. P. Heelas & P. Morris (eds). London: Routledge.

Rose, N. 1992c. Engineering the human soul: analyzing psychological expertise. *Science in Context* 5 (2), 351 – 369.

Rose, N. 1994. Expertise and the government of conduct. *Studies in Law, Politics and Society* 14, 359 – 397.

Rose, N. 1996. *Inventing ourselves: psychology, power and personhood*. Cambridge: Cambridge University Press.

Rose, N. & P. Miller 1992. Political Power beyond the state: problematics of government. *British Journal of Sociology* 43 (2), 172 – 205.

Ross, A. 1991. *Strange weather: culture, science and technology in the age of limits*. London: Verso.

Roth, G. 1978. Introduction. See Weber (1978).

Rothblatt, S. 1968. *The revolution of the dons*: *Cambridge and society in Victorian England*. London: Faber.

Ruas, C. 1986. An interview with Michel Foucault. In *Death and the labyrinth*: *the world of Raymond Roussel* (1963), trans. C. Ruas. New York: Doubleday.

Sartre, J. - P. 1948. *Existentialism and humanism* (1946), trans. P. Mairet. London: Methuen.

Sartre, J. - P. 1974 A plea for intellectuals. In *Between existentialism and Marxism*, trans. J. Matthews. London: New Left Books.

Scaff, L. 1989. *Fleeing the iron cage*: *culture, politics and modernity in the thought of Max Weber*. Berkeley: University of California Press.

Schaffer, S. 1988. Astronomers mark time: discipline and the personal equation. *Science in Context* 2 (1), 115 - 146.

Schalk, E. 1986. *From valour to pedigree*: *ideas of nobility in France in the sixteenth and seventeenth centuries*. Princeton: Princeton University Press.

Scheff, T. 1966. *Beingmentally ill*: *a sociological theory*. London: Weidenfeld and Nicolson.

Schiller, F. 1967 *On the aesthetic education of man* (1795), trans. E. Wilkinson & L. A. Willoughby. Oxford: Clarendon Press.

Schluchter, W. 1979. The paradox of rationalization: on the relation of ethics and world. In *Max Weber's vision of history*: *ethics and methods*, G. Roth & W. Schluchter Berkeley: University of California Press.

Schmitt, C. 1996. *The concept of the political* (1932), trans. J. Harvey Lomax. Chicago: University of Chicago Press.

Schroeder, R. 1991. 'Personality' and 'inner distance': the conception of the individual in Max Weber's sociology. *History of the Human Sciences* 4 (1), 61 - 78.

Schroeder, R. 1992. *Max Weber and the sociology of culture*. London: Sage.

Schroeder, R. 1995. Disenchantment and its discontents: Weberian perspectives on science and technology. *Sociological Review* 43 (2), 227 - 250.

Schucking, L. L. 1966. *The sociology of literary taste* (1931). London: Routledge & Kegan Paul.

Searle, J. 1995. *The construction of social reality*. Harmondsworth: Penguin Books.

Shapin, S. 1979. The politics of observation: cerebral anatomy and social interests in the Edinburgh phrenology disputes. In *On the margins of science: the social construction of rejected knowledge*. R. Wallis (ed.). London: Routledge.

Shapin, S. 1982. The history of science and its sociological reconstruction. *History of Science* 20, 157 - 211.

Shapin, S. 1994. *The social history of truth: civility and science in seventeenth-century England*. Chicago: University of Chicago Press.

Shapin, S. & S. Schaffer 1985. *Leviathan and the air-pump: Hobbes, Boyle and the experimental life*. New Jersey: Princeton University Press.

Sinclair, A. 1993. *Francis Bacon: his life and violent times*. London: Sinclair-Stevenson.

Sloterdijk, P. 1987. *Critique of cynical reason*, trans. M. Eldred. Minneapolis: University of Minnesota Press.

Soffer, R. 1994. *Discipline and power: the university, history and the making of an English élite, 1870 - 1930*. Stanford: Stanford University Press.

Stedman Jones, G. 1972. History: the poverty of empiricism. In *Ideology in social science: readings in critical social theory*, R. Blackburn (ed.). London: Fontana.

Stehr, N. 1995. *Knowledge societies*. London: Sage.

Stubbs, W. 1887. *Seventeen lectures on the study of medieval and modern history and kindred subjects*. Oxford: Clarendon Press.

Sylvester, D. 1980. *Interviews with Francis Bacon, 1962 - 1979*. London: Thames & Hudson.

Taylor, C. 1985a. Introduction. In *Philosophy and the human sciences: philosophical papers*, vol. 2. Cambridge: Cambridge University Press.

Taylor, C. 1985b. Kant's theory of freedom. In *Philosophy and the human sciences: philosophical papers*, vol. 2. Cambridge: Cambridge University Press.

Taylor, C. 1989. *Sources of the self: the making of the modern identity*. Cambridge: Cambridge University Press.

Taylor, F. W. 1967. *The principles of scientific management* (1911). New York:

Norton.

Tocqueville, A. 1969. *Democracy in America*. New York: Anchor.

Toulmin, S. 1990. *Cosmopolis: the hidden agenda of modernity*. Chicago: Chicago University Press.

Touraine, A. 1974. The post-industrial society, trans. L. Mayhew. London: Wildwood Press.

Turner, C. 1992. *Politics and modernity in the work of Max Weber*. London: Routledge.

Van Alphen, E. 1992. *Francis Bacon and the loss of self*. London: Reaktion.

Velody, I. 1981. Socialism as a sociological problem. In *Politics and social theory*, P. Lassman (ed.). London: Routledge.

Vernon, J. 1994. Who's afraid of the linguistic turn? The politics of social history and its discontents. *Social History* 19, 81 – 97.

Veyne, P. 1976 *Le pain et le cirque*. Paris: Seuil. (Abridged (1990) as *Bread and circuses*. London: Allen Lane.)

Walzer, M. 1983. *Spheres of justice: a defense of pluralism and equality*. Oxford: Martin Robertson.

Watt, E. D. 1982. *Authority*. London: Croom Helm.

Weber, M. 1949. The meaning of 'ethical neutrality' (1917). In *The methodology of the social sciences*, E. Shils & H. Finch (eds and trans.). New York: Free Press.

Weber, M. 1962. *The religion of China; Confucianism and Taoism*, trans. H. H. Gerth. New York: Free Press.

Weber, M. 1973. The academic freedom of the universities (1909). In *Max Weber on universities: the power of the state and the dignity of the academic calling in Imperial Germany*, E. Shils (ed.). Chicago: University of Chicago Press.

Weber, M. 1978. *Economy and society* (1920), 2 vols. Berkeley: University of California Press.

Weber, M. 1991a. Science as a vocation (1919). In *From Max Weber*, H. Gerth & C. W. Mills (eds and trans.). London: Routledge.

Weber, M. 1991b. Religious rejections of the world and their directions (1915). In

From Max Weber, H. Gerth & C. W. Mills (eds and trans.). London: Routledge.

Weber, M. 1991c. National character and the Junkers (1921). In *From Max Weber*. London: Routledge.

Weber, M. 1992a. Introduction (1920). In *The Protestant ethic and the spirit of capitalism*, trans. T. Parsons. London: Allen & Unwin.

Weber, M. 1992b. *The Protestant ethic and the spirit of capitalism* (1905), trans. T. Parsons. London: Allen & Unwin.

Weber, M. 1994a. The nation state and economic policy (1895). In *Political writings*, trans. R. Spiers, P. Lassman (ed.). Cambridge: Cambridge University Press.

Weber, M. 1994b. The profession and vocation of politics (1919). In *Political writings*, trans. R. Spiers, P. Lassman (ed.). Cambridge: Cambridge University Press.

Weber, M. 1994c. On the situation of constitutional democracy in Russia (1906). In *Political writings*, trans. R. Spiers, P. Lassman (ed.). Cambridge: Cambridge University Press.

Webster, F. 1995. *Theories of the information society*. London: Routledge.

Weinberg, S. 1996. Sokal's Hoax. *The New York Review of Books*, 8 August, 11 – 14.

Williams, B. 1985. *Ethics and the limits of philosophy*. London: Fontana.

Williams, B. 1993. *Shame and necessity*. Berkeley, University of California Press.

Williams, B. 1995. Professional morality and its dispositions. In *Making sense of humanity*. Cambridge: Cambridge University Press.

Williams, R. 1980. The Bloomsbury fraction. In *Problems in materialism and culture*. London: Verso.

Wise, M. (ed.) 1995. *The values of precision*, Princeton: Princeton University Press.

Wittgenstein, L. 1969. *On certainty*, trans. D. Paul and G. Anscombe. Oxford: Blackwell.

Wittgenstein, L. 1994. 'The big typescript'. Excerpted in *The Wittgenstein reader*, A. Kenny (ed.). Oxford: Blackwell.
Wolff, J. 1981. *The social production of art*. London: Macmillan.
Wolpert, L. 1993. *The unnatural nature of science*. London: Faber.
Woodiwiss, A. 1997. Against modernity-a dissident rant. *Economy and Society* 26 (1), 1-21.
Wormald, B. H. G. 1993. *Francis Bacon: history, politics and science 1561 - 1626*. Cambridge: Cambridge University Press.
Wright, A. & A. Treacher (eds) 1982. *The social construction of medical knowledge*. Edinburgh: Edinburgh University Press.
Yeatman, A. 1994. *Postmodern revisionings of the political*. London: Routledge.

索　引

（中译文后面的页码为原著的页码，即本书的边码）

Acton, J.　阿克顿　165
Adorno, T.　赛奥多·阿多诺　5, 109—110, 113
aesthetic enlightenment　美学启蒙　10, 11, 13, 101—124
aesthetic education　美学教育　124, 125—126
aestheticism　美学主义　104—107
aesthetic responsibility　美学责任　119, 120, 121, 122—123
aesthetic truth　美学真理　110—112
art　艺术　111
　　and ethics of truth　艺术和真理伦理学　109—110
　　as ideology　作为意识形态的艺术　107—109
　　creativity and freedom　创造性和自由　116, 117, 119, 122, 123
　　teaching freedom　传授自由　124
　　ethic of the aesthetic　美学伦理
　　the "new"　"新颖"　113—115
　　willing what cannot be willed　希望不能被希望的　118—122
Althusser, L.　路易斯·阿尔都塞　109, 187
altruism　利他主义　163
Anderson, P.　佩里·安德森　161
Anscombe, G.　安斯克姆　95
anthropology　人类学　35—36, 130
　　negative　否定性的人类学　14—15, 130, 132
anti-clericalism　反教权主义　158, 160
anti-foundationism　反基础主义
　　and scientific enlightenment　反基础主义及科学真理　57—65
　　and truth　反基础主义及真理　32—34
anti-simplicism　反简化论　67—69
aristorcarcy　贵族性　83—86
　　of expertise　专门知识的贵族性　86—87
　　of intellect　知识分子的贵族性　174

Aristotle 亚里士多德 131
Arnold, M. 马修·阿诺德 159
art see aesthetic enlightenment "艺术"见"美学启蒙"
Artists, life of 艺术家生活 105, 119, 120, 121
Asceticism 禁欲主义 36—40, 105, 129, 143, 165
authority 权威 71, 72, 73
    of intellectuals 知识分子的权威 151
    and truth 权威和真理 27—29
    see also ethical subjection; expertise 亦见"伦理主体化"；专门知识
autonomy 自主性
    in art 艺术中的自主性 109, 110, 111, 112
    of intellectuals 知识分子的自主性 151
    in social theory 社会理论中的自主性 178—181
avant-garde art 先锋艺术 113—115

Bachelard, G. 加斯顿·巴什拉 48, 49, 52—53
Bacon, Sir F. 弗朗西斯·培根爵士 27—28, 115, 120—122

Baker, K. 贝克尔 42, 43—44, 46—47
Baudelaire, C. 波德莱尔 106
Bauman, Z. 齐格蒙特·鲍曼 4, 90
    on intellectuals 关于知识分子 150—151
    on modernity / postmodernity 关于现代性/后现代性 5, 22—23, 30, 192
    on socialism 关于社会主义 35
Baxandall, M. 巴克桑达尔 111, 112, 123
beauty 美 124
Beckett, S. 贝克特 159
Bell, D. 丹尼尔·贝尔 21
Benda, J. 朱利安·本达 33
Berger, J. 约翰·伯格 114
Berlin, I. 艾赛亚·伯林 180
Bernard Shaw, G. 乔治·萧伯纳 162
Bloomsbury 布卢姆斯伯里文化圈的人 162
Blumenberg, H. 汉斯·布鲁门伯格 26—28
Born, M. 马克斯·玻恩 53, 68
Bourdieu, P. 皮埃尔·布迪厄 89
    on artistocracies 关于贵族性 84

on art　关于艺术　107—108, 110, 111, 113—114, 115, 117
　　on intellectuals　关于知识分子　154, 160
Boyle, R.　罗伯特·玻义耳　50, 54
Burchell, G.　格拉翰姆·伯切尔　132
bureaucracy　科层制　83, 142
Bürger, P.　比尔格　115
Butterfield, H.　赫伯特·巴特菲尔德　167

Calvinism　加尔文主义　142
Canguilheim, G.　乔治·康吉翰　53—56, 62, 90—91, 92
capitalism　资本主义　21, 142, 143
Cassirer, E.　恩斯特·卡西尔　4
Catholicism　天主教教义　157—158
Cavell, S.　斯坦利·卡维尔　116
charisma　魅力　82
Chinese literati　中国文人　81—82, 153
Clark, J. C. D.　J. C. D. 克拉克　85, 87
cognitive ethic　认知伦理　165, 166
Collini, S.　斯蒂芬·科里尼　162—163, 165—166
communism　共产主义　3—4
Comte, A.　奥古斯特·孔德　2

concepts　概念　184
conceptual art　观念艺术　115, 118—119, 123
Condorcet, Marquis de　孔多塞　42—44, 46
Confucianism　儒教　82
conscience　道德良知　66
constructionism　建构主义　24, 51, 60
contingency　偶然性　15, 98, 181
conviction　确信　141, 142, 143, 146
countervailing power　对抗性权力　39
creativity　创造性　62
　　and freedom　创造性和自由　116, 117, 119, 122, 123
　　teaching freedom　传授自由　124
　　of intellectuals　知识分子的创造性　152
critical sociology　批判社会学　189—190
cultural science　文化科学　137, 144, 145, 146
culture　文化　23
Cynicism　犬儒主义　129

Danto, A. C.　丹图　111

Deism 自然神教派 160
Deleuze, G. 德勒兹 127
    on art 关于艺术 111—112, 115
Derrida, J. 雅克·德里达 32
Descartes, R. 笛卡尔 26
diagnostics 诊断学 9—10
Dicey, A. V. 戴西 165
disciplines 学科 184, 187
disinterestedness 无私利性 109, 110, 166
domination 控制 81—83, 188—189
Dreyfusard intellectuals 德雷福菲斯知识分子团体 157—158
Durkheim, E. 埃米尔·涂尔干 68
dynamic nominalism 动态唯名论 94

economics 经济学 21, 188
education 教育
    aesthetic 美学教育 124, 125—126
    universities 大学 171—175, 182—183
Einstein, A. t 爱因斯坦 53
Elias, N. 诺贝特·埃利亚斯 84
élitism 精英主义 187
Elster, J. 埃尔斯特 85—86, 115, 117, 118
empiricism 经验主义 164—166
endism 终结主义 4
English intellectuals *see* intellectuals, English "英国知识分子"见"知识分子,英国"
enlightenment 启蒙 1—16
    agents of 启蒙主体 2
    critical attitude to 对启蒙的批判态度 5—6, 16, 26, 29
    ethics of 启蒙伦理学 15—16, 191—193
    historical period of 启蒙的历史时期 2—3, 42—43
    negative 否定性的启蒙 4—5, 16, 122—123, 124
    overview of aspects of 启蒙面面观回顾 10—14
    politics of 政治学 2—4, 6
    questioning 质疑 125—147
    realism and 现实主义和 7—10
    and truth 真理 24—7
epochal theories 划时代理论 17, 19, 23, 24
essentialism 本质主义 84, 85
ethical conviction 伦理确信 128—129
ethical subjection 伦理主体化 81—86

索引 327

ethics 伦理学 15—16, 25—27, 191—193
 of the aesthetic 美学伦理学 116—118, 119
 and science 伦理学和科学 47—48, 65—67
 and truth 伦理学真理 24—27
exemplarity 示范性 87—89
existentialism 存在主义 155—156
experimentalism 实验主义 49—50
expertise 专门知识
 aristocracies of 贵族性 86—87
 ethical and moral 伦理的和道德的 73—76, 78—80, 88—90, 95

Febians 费边主义者 162
fallibilism 易谬主义 51—56
fascism 法西斯主义 5
feminism 女权主义 10, 190
Feyerabend, P. 保罗·费耶阿本德 32, 62
fideism 信仰主义 33
Fleck, L. 路德维格·弗勒克 60
Focillon, H. 亨利·弗西隆 114
Fordist organizations 福特类组织 21
Foucault, M. 米歇尔·福柯 12, 20, 22, 126—137
 and aesthetics of existence 米歇尔·福柯和存在美学 13, 103—105, 106, 107, 126, 127, 129—130
 asceticism and strategy 禁欲主义和策略 36, 39, 129
 and authority 米歇尔·福柯和权威 80
 conception of ethics 伦理学概念 127, 128, 129
 as critic of enlightenment 米歇尔·福柯作为启蒙评论家 16, 145—147
 and freedom 米歇尔·福柯和自由 127, 130—135
 and governmentality 米歇尔·福柯和治理性 29, 30, 131—135
 history of sexuality 性史 78—79
 on intellectuals 关于知识分子 156—157
 main principles 主要原则 135—136
 and normalization 米歇尔·福柯和正常化 91
 on Raymond Roussel 关于雷蒙·卢塞尔 120
 view of enlightenment 启蒙观 4, 8

foundationalism 基础主义 9
France, intellectualism 法国,理智主义 156, 157—158, 160
freedom 自由 2, 31, 130—135, 146
Freeman, E. 弗里曼 165
Freud, S. 弗洛伊德 78—79
Fukuyama, F. 弗朗西斯·福山 4

Geertz, C. 克利福德·格尔兹 32
Gellner, E. 厄内斯特·盖尔纳 18, 23, 34, 181
gender studies 性别研究 10—11, 190
genius 天才 119
George, S. 斯蒂芬·乔治 105
German intellectualism 德国理智主义 158
Giacometti, A. 阿尔伯特·贾柯梅蒂 115
Goody, J. 杰克·古迪 152
Gordon, C. 科林·高顿 160
　　on expertise 关于专门知识 78
　　on Foucault 关于福柯 4, 8, 29, 31, 146, 156
　　on Weber 关于韦伯 138
Gouldner, A. 古尔德纳 150—151, 154

government 治理 131—135
　　and human plasticity 治理和人类可塑性 72—73
　　of intentions 意图的治理 95—97
　　and truth 治理和真理 29—32
Gramsci, A. 安东尼奥·葛兰西 24, 152, 169
Gray, J. 约翰·格雷 3—4, 9, 180
Guyau, J-M. J-M.古雅乌 83

Haacke, H. 汉斯·哈克 108
Habermas, J. 于尔根·哈贝马斯 4, 13, 77
Hacking, I. 艾恩·哈金
　　dynamic nominalism 动态唯名论 94
　　on intellectuals 关于知识分子 95, 96, 97
　　on science 关于科学 48, 49, 52, 54, 61, 66, 93
　　truth games 真理游戏 25
Hadot, P. 皮埃尔·哈多 36, 37—39
Hall, J. 约翰·霍尔 161
Havel, V. 瓦茨拉夫·哈维尔 169—170
Heidegger, M. 马丁·海德格尔 25, 109, 110, 113

Hennis, W. 维尔黑姆·亨尼斯 138, 139, 140, 143, 145
Hepworth, B. 芭芭拉·赫普沃斯 117—118
Hirst, P. Q. 保罗·赫斯特 172, 174
historians/historiography 历史学家、编年史 162—169
Hobbes, T. 托马斯·霍布斯 50
humanism 人文主义 43, 135
human nature 人类本性 14—15, 35—36, 130, 132
Hume, D. 大卫·休谟 163—164
Hunter, I. 艾恩·亨特 88—89, 125, 172
Huxley, T. H. T.H.赫胥黎 67, 171

immaturity 不成熟 6, 183
intellectuals 知识分子 13—14, 149—175
 critical aspects 批判面相 153—154
 definitions of 知识分子的界定 151—157
 English 英国知识分子 159—162
 empiricism 经验主义 164—166

enlightenment 启蒙 168—169
historiography 编年史 162—169
 judgement 判断 166—168
 moralists 道德家 162—164
 living in truth 生活在真理之中 169—171
 modernity 现代性 151—157
 truth and time 真理和时间 157—159
 vocation 职业 149—151
intentions 意图 95—97
Ireland, intellectualism 爱尔兰,理智主义 158—159
ironism 讽刺 15

j'accuse model 控诉模式 157, 160, 169
Jacob, J. 约瑟夫·雅各布 86
judgement 判断 136, 166—168, 184

Kant, I. 康德 1, 35—36, 144, 183, 184
knowledge, models of 知识模式 24—25, 46
knowledge-society thesis 知识社会论题 17, 20—24

Kuspit, D. 库斯比特 117

labeling theory 标签理论 94
laboratory sciences 实验科学 48—50, 59
Latour, B. 布鲁诺·拉图尔 41, 42, 45, 50
 anti-foundationalism 反基础主义
learning 学习 20, 171—175, 182—183
liberalism 自由主义 30, 132, 133, 134, 145
literati 文人 81—82, 153
Lovibond, S. 罗维邦 191
 Lyotard, J.-F. 让-弗朗西斯·利奥塔 6, 21, 53, 63, 102, 113, 114S

MacIntyre, A. 阿拉斯代尔·麦金太尔 16, 77, 173, 191, 192
Malpas, J. 玛尔帕斯 26, 32, 185, 193
Mannheim, K. 曼海姆 24
Marx, K. 马克思 158, 164
Maxism 马克思主义 150, 152, 165
maturity 成熟 183, 185

medicine 医学 90—91
memory and intentions 记忆和意图 96, 97
Merton, R. 罗伯特·默顿 65
Mill, J. S. J.S.穆勒 25, 31, 33, 161, 171
modern art 现代艺术 111—112, 114, 115, 116
modernity 现代性 6—7, 8—9, 73, 178, 179, 180, 183
 intellectual 知识分子现代性 151—157
 and knowledge 现代性和知识 22—23
 and philosophical sociology 现代性和哲学社会学 191—192
 and rationalization 现代性和理性化 18—20
 and reductionism 现代性和化约主义 188
Mommsen, W. 沃尔福冈·蒙森 139
Montefiore, A. 蒙蒂菲奥里 170
moral code 道德规则 103, 127, 128
moralists 道德主义者 162—164
morality 道德 103, 192
multiplicity 多元性 165

negative anthropology 否定性的人类学 14—15, 130, 132
negative enlightenment 否定性的启蒙 4—5, 16, 122—123, 124
Newton, Sir I. 伊萨克·牛顿爵士 42, 43
Nietzsche, F. 尼采 28—29, 72, 136, 147, 157, 168
normalization 正常化 75, 90—92, 93
Norris, C. 克里斯托弗·诺里斯 33

Oakeshott, M. 迈克尔·奥克肖特 182, 183
objectivism 客体主义 13
Oestreich, G. 格哈特·奥斯特赖克 73

Pasteur, L. 路易·巴斯德 58
performativity 述行性 89—90
Perkin, H. 珀金 87
personality 个性 65, 143, 144
Phillipson, N. 尼古拉斯·菲利普森 164
philosophical sociology 哲学社会学 191—192
plasticity of humans 人类的可塑性 72—73
Plato 柏拉图 129
Pocock, J. G. A. J.G.A.波考克 160
Polanyi, M. 迈克尔·波兰依 66—67
politics 政治学 3—4, 141—142, 166, 183—185
　　see also government 亦见"治理"
postmodern art 后现代艺术 115
postmodernism 后现代主义 6—7, 8—9, 180, 183, 184, 192—193
Price, D. de Solla 德里克·德·索拉·普莱斯 45
Prigogine, I. 普莱格吉恩 53
professions, sociology of 专业社会学 76—78
projection 计划 9, 47—48
psychoanalysis 心理分析 78—79, 88
psychology 心理学 79—80, 92—95, 96, 98, 144
psychotherapy 心理治疗 96

rationalism 理性主义 3, 12, 13, 46—47, 194
rationalization 理性化 17, 18—20, 144, 180

realism 现实主义 7—10, 12—13
　　in knowledge society 知识社会中的现实主义 24
　　and negative anthropology 现实主义和否定性的人类学 13—14
　　in science 科学中的现实主义 60—61
reason 理性 2, 3
　　and rationalization 理性和理性化 18—20
reductionism 化约论 187, 188, 191
relativism 相对主义 128, 182
　　in science 科学中的相对主义 62, 63, 64, 65
research 研究 171, 182—183
responsibility towards truth 对真理的责任 169—171
Rorty, R. 理查德·罗蒂 8, 15, 25—26, 98, 181—182
Rose, N. 尼古拉斯·罗斯
　　on expertise 关于专门知识 73, 74, 75, 78, 79, 89, 90
　　on psychologization 关于心理学化 92, 93, 94
Roth, G. 露斯 82
Russell, B. 伯特兰·罗素 159

Sartre, J.-P. 让-保罗·萨特 151, 155—156, 157, 158

Scaff, L. 斯卡福 105, 143, 144
Schiller, F. 弗里德里希·席勒 13, 124
Schmitt, C. 卡尔·施米特 2
scientific enlightenment 科学启蒙 10, 11, 12, 41—70
　　and anti-science 科学启蒙和反科学 42—44
　　anti-simplicism 反简化论 67—69
　　fallibilism and historicity 易谬主义和历史性 51—56
　　projection and detachment 计划和超然 47—48
　　social science 社会科学 46—47, 54, 56, 57—65
　　and society 科学启蒙和社会 44—46
scientists 科学家 26, 65—67
Scotland, intellectualism 苏格兰理智主义 158
Searle, J. 约翰·塞尔 33
self and selfhood 自我和个性 71, 72, 97—98, 143
Sloterdijk, P. 彼德·斯洛特迪基克 5
socialism 社会主义 35
social science 社会科学 2, 46—47, 54, 56, 57—65
social theory 社会理论 16, 34—

35, 36—37, 178—181, 193—194
    epochal 划时代的社会理论 17, 19, 23, 24
    learning and politics 学习和政治 181—185
    see also modernity; postmodernism 亦见"现代性;后现代性"
sociology 社会学 2, 34—35, 185—188
    of creativity 创造性社会学 117
    critical 批判社会学 189—190
    economic 经济社会学 21, 188
    of knowledge 知识社会学 24
    philosophical 哲学社会学 191—192
    of professions 专业社会学 76—78
    of science see scientific enlightenment "科学社会学"见"科学启蒙"
Socrates 苏格拉底 129
solidarity 团结 189
Stengers, I. 斯坦格斯 53
Stoicism 斯多葛主义 37, 68, 81, 127
strategy and enlightenment 策略和启蒙 15, 39, 64, 182
Stubbs, W. 斯塔布斯 166—167

subjectivism 主体主义 13, 18, 19, 143
supplementary-dualist theories 补充二元主义理论 19

Taylor, C. 查尔斯·泰勒 27, 35
Taylor, F. W. F.W.泰勒 21
therapeutic enlightenment 治疗启蒙 10, 11, 12—13, 71—79
    aristocracy 贵族性 83—86, 86—87
    ethical subjection 伦理主体化 81—86
    exemplarity 示范性 87—89
    exertise: ethical and moral 专门知识:伦理的和道德的 73—76, 78—80, 86—87, 88—90, 95
    governing intentions 治理意图 95—97
    normalization 正常化 75, 90—92, 93
    performativity 述行性 89—90
    plasticity 可塑性 72—73
    psychologization 心理学化 79—80, 92—95, 96, 144
    sociology of professions 专业社会学 76—78
    utopian ethics 乌托邦伦理学 97—99

Tocqueville, A. 托克维尔 85—86
Truscot, B. 布鲁斯·特努斯科特 171
truth 真理
    and anti-foundationalism 真理和反基础主义 32—34
    art and ethics of 艺术和真理伦理学 109—110
    as authority 真理作为权威 27—29, 80
    and enlightenment 这里和启蒙 24—27
    and government 真理和治理 29—32
    history 历史 20
    and postmodernism 真理和后现代主义 193
    responsibility towards 对真理的责任 169—171
    scientific truth 科学真理 48, 59—60
    fallibilism 易谬主义 51—56
Turner, C. 查理·特纳 141

Uviversities 大学 175—176, 182—183
utopianism 乌托邦主义 14, 34—36, 97—99, 130

vocation 职业 76, 142, 144, 169
    enlightenment as 启蒙作为 149—151

Weber, M. 马克斯·韦伯 72, 137—145
    and aestheticism 美学主义 105, 106
    and asceticism 禁欲主义 36—37
    on Chinese *Literati* 关于中国文人 81—82, 153
    and conviction 确信 141, 142, 143, 146
    as critic of enlightenment 作为启蒙评论家 16, 145—147
    and domination/subjection 控制/主体化 81—82, 83, 188
    on intellectuals 关于知识分子 155
    and personality 人格 65, 143, 144
    and rationalization 理性化 18—19, 144
    and science 科学 44, 48—49, 69
    and universality of truth 真理的普遍性 28
    on universities 关于大学

173—174
 and vocation 职业 76—77, 142, 144
Whiggism 辉格主义 164, 167
Wilde, O. 奥斯卡·王尔德 106

Williams, B. 伯纳德·威廉姆斯 47—48, 128—129, 136
Williams, R. 雷蒙·威廉姆斯 162
Wittgenstein, L. 路德维希·维特根斯坦 38, 50

译　后　记

翻译《启蒙面面观》一书实属偶然。其实最初我是希望能翻译常人方法学的有关著作，因为博士论文涉及大量社会学微观理论，使我对现象学社会学、常人方法学等理论产生了浓厚的兴趣。我的导师杨善华教授以及北大另一位以对西方社会学理论研读精深著称的谢立中教授都鼓励我以后在微观社会学理论领域做些事情，所以本人决意在博士毕业后沿着微观社会学的道路继续前进。继续研读最好的方式是读原著，而且要精细地读，当时就想如果有个翻译的任务，就可以迫使自己不偷懒，也顺便做件事情，是一举多得的事情。于是我多方寻求机会，力图能翻译常人方法学的有关原著。

2003年年初，商务印书馆李霞女士联系我说，常人方法学的著作暂时没有，但是手头有一本很有意思的书，希望我能翻译。因为里面提到福柯和韦伯，我就兴致勃勃地接受了这一工作。

没想到，没过多久，我就发现自己高估了自己的能力，低估了这本书的复杂程度。书的主题是启蒙，内容涉及哲学和社会理论诸多问题，并有很多与西方学术传统及西方社会关联的人物与事件，使得我在理解和翻译的过程中都困难重重，翻译速度不尽人意。

译后记

　　这件事情使我真正感到译事之艰辛，使我在以后接手类似工作时慎之又慎。好在商务印书馆诸位与本书有关的编辑都非常宽厚，未对我苛责，并在时间上予以宽限，使我在本书译毕之后有时间自行再认真校读了一遍，大大提高了翻译质量。在此对本书编辑朱泱先生以及李霞女士表示真诚的感谢，没有他们的帮助和信任，我不可能完成这一任务。

　　翻译、校对本书的前后3年间，我在华中科技大学社会学系讲授《社会学原著导读》等课程，对启蒙问题多有涉猎，本书翻译给我很多启迪，我的教学也有助于我加深对本书所论及启蒙问题的理解，这一过程使我深深体会到，作为一个教师，自己的学习、研究活动和教学活动是如何相互促进的，这是莫大的收获，我想，我会沿着这条道路认真走下去。

郑丹丹

2006年11月于喻家山下

图书在版编目(CIP)数据

启蒙面面观:社会理论与真理伦理学/〔英〕奥斯本著;郑丹丹译.—北京:商务印书馆,2007
(现代性研究译丛)
ISBN 7-100-05230-0

I.启… II.①奥…②郑… III.社会学-研究
IV.C91

中国版本图书馆 CIP 数据核字(2006)第 111175 号

所有权利保留。
未经许可,不得以任何方式使用。

现代性研究译丛
启 蒙 面 面 观
——社会理论与真理伦理学
〔英〕托马斯·奥斯本 著
郑丹丹 译

商 务 印 书 馆 出 版
(北京王府井大街36号 邮政编码100710)
商 务 印 书 馆 发 行
北 京 龙 兴 印 刷 厂 印 刷
ISBN 7-100-05230-0/C·147

2007年4月第1版　　开本 850×1168 1/32
2007年4月北京第1次印刷　印张11
印数5000册

定价:20.00元